어디 있느냐?

사무엘하 강해2

어디있느냐?

2014년 4월 5일 초판 1쇄 발행

지은이 서임중

발행처 도서출판 선교횃불

등록일 1999년 9월 21일 제54호

등록주소 서울시 송파구 백제고분로 27길 12(삼전동)

전　화 (02) 2203-2739

팩　스 (02) 2203-2738

이메일 ccm2you@gmail.com

홈페이지 www.ccm2u.com

어디 있느냐?

사무엘하 강해2

서임중 지음

신교횃불

머리말

하나님은 죄를 짓고 두려워 떨고 있는 아담에게 이렇게 물으셨습니다.

"아담아 네가 어디 있느냐?"

어쩌면 이 질문은 오늘을 살고 있는 우리들, 곧 나에게 물으시는 하나님의 말씀입니다.

하나님은 동생을 죽이고 시치미를 떼고 살아가는 가인에게 물으셨습니다.

"가인아 네가 무엇을 하였느냐?"

그런데도 가인은 하나님을 향하여 얼굴을 붉히며 반항을 했습니다.

하나님이 아브라함의 집에서 쫓겨나 사막을 헤메고 있을 때 물으셨습니다.

"하갈아 네가 어디로 가느냐?"

하갈은 이스마엘을 품에 안고 통곡을 했습니다.

때로는 언덕에 올라
한 시간 두 시간 그렇게 하늘을 올려다보면서
나는 누구인가 물어 볼 때가 있습니다.

때로는 불 꺼진 방안에 누워
살아온 세월을 돌아보면서
나는 무엇을 했던가 물어볼 때가 있습니다.

너무도 광대한 우주 속에서
내 존재가 먼지 같이 느껴질 때
나는 어디로 가고 있는가 생각해 봅니다.

늘 무언가를 채우려 해도
채워지지 않는 것들을 위해 발버둥치는
항상 부족함을 느끼는 나는 누구인가?

삶에서 가장 소중한 것은
내가 무엇을 가지고 있느냐가 아니라
내가 누구인지를 깨닫는 것인데……
눈에서 멀어지는 것보다
마음에서 잊혀지는 것이 더 큰 아픔입니다.

내 마음에서 주님이 멀어지는 삶을 살지는 않았는가?

컵을 가지고 스승에게 가는 제자는
컵만큼을 스승에게서 얻습니다.
나는 주님 앞에 무엇을 들고 나왔는가?

미국의 법률학자인 '잉거솔' 이 말했습니다.
"현재는 필연적인 과거의 산물이며 현재는 필연적인 미래의 원인이다"
좋은 원인을 만들지 못하고 좋은 결과를 기대할 수 없습니다.

아담처럼 있어야 할 자리를 떠날 때
가인처럼 하지 말아야 할 일을 주저함 없이 행하며
하갈처럼 갈 곳도 모르고 광야에서 통곡을 하게 됩니다.

목회를 마무리하면서 한국교회에 하고 싶은 말 한 마디가 있습니다.
"나는, 우리는 어디에 있는가?"

이 질문에 진솔하게 대답할 수 있을 때 정도정행(正道正行)이 됩니다.

사무엘하 강해를 하면서 다윗의 삶을 통해 내가 어디에 있어야 하는가를 깨닫게 되었습니다.

다윗을 통해 우리 모두가 어디에 있어야 하는가를 깨달을 수 있었으면 좋겠습니다.

서른다섯 해 목회도, 포항중앙교회에서의 20년 사역도 내려놓습니다. 그리고 기도합니다.

"주님 앞에 서는 그 날까지 주여 여전히 함께하여 주옵소서." 아멘

목회를 마무리하는 2014년 봄에
포항중앙교회 목양실에서
서임중 목사

차 례

1
형통할 때 조심하라

"다윗이 전령을 보내어 그 여자를 자기에게로 데려오게 하고
그 여자가 그 부정함을 깨끗하게 하였으므로
더불어 동침하매 그 여자가 자기 집으로 돌아가니라"
〈사무엘하 11:1~5 중〉

호사다마 (好事多魔)라는 사자성어가 있습니다. 좋은 일에 마가 낀다. 혹은 좋은 일에는 탈이 많다는 뜻입니다. 다른 말로는 호사다방(好事多妨)이라는 말도 있습니다. 이는 좋은 일에는 방해가 많이 따른다는 뜻입니다. 어쩌면 이 말은 우리네 인생 여정을 잘 표현한 말이기도 할 것입니다. 왜냐하면 인생을 살다보면 언제나 좋은 일과 나쁜 일이 교차하며 생기기 때문입니다.

유머 하나를 소개합니다.

신혼여행을 가는 비행기 안에서 신랑이 신부에게 말했습니다. "난 사실 한 쪽 눈이 보이지 않는 불구자요."

신부는 깜짝 놀라며 말했습니다.

"왜 그런 얘기를 진작하지 않았어요? 거짓말로 한 이 결혼은 사기에요. 당장 이혼 소송 할 거에요."

"거짓말이 아니오. 내가 당신에게 보낸 첫 연애편지에 그걸 밝혔소."

집에 돌아 온 신부는 신랑에게 받은 연애편지를 모두 꺼내어 첫 편지를 찾아냈습니다. 그 편지의 첫 구절에 이렇게 쓰여 있었습니다.

"난 당신에게 한 눈에 반했소!"

좋은 일이지만 참 어려운 일이 된 씁쓸한 이야기입니다.

신명기 8장에는 호사다마(好事多魔)를 일깨우는 교훈이 있습니다. 하나님은 모세를 통하여 이스라엘 민족들에게 하나님을 잊지 말라고 당부를 하셨습니다. 특히 배부르고 좋은 집에 살게 되었을 때, 소와 양이 번성하고 은금이 풍성하며 소유가 풍성할 때, 그 때를 조심하라는 것입니다. 왜냐하면 이런 때는 하나님을 잊어버리기 쉽기 때문입니다. 하나님을 잊어버리는 이유가 신명기 8:14입니다.

"네 마음이 교만하여
네 하나님 여호와를 잊어버릴까
염려하노라."

누가 이스라엘을 애굽의 압제에서 구원했습니까? 누가 그 광대하고 위험한 광야, 곧 불 뱀과 전갈이 있고 물이 없는 간조한 땅을 안전하게 지나게 하셨습니까? 누가 반석에서 물을 내셨으며 광야에서 만나를 내려서 먹게 하셨습니까?

하나님이십니다. 하나님께서 그들에게 그렇게 하셨습니다. 그리하신 이유가 신명기 8:16절에 기록되었습니다.

"… 이는 다 너를 낮추시며
너를 시험하사
마침내 네게
복을 주려 하심이었느니라."

그런데 이스라엘은 그 하나님을 배신하고 돌아섰습니다. 하나님의 은혜를 기억하지 않았습니다. 이에 대하여 하나님의 아픈 마음이 17~18절에 나타나 있습니다.

"그러나 네가 마음에 이르기를
내 능력과 내 손의 힘으로
내가 이 재물을 얻었다 말할 것이라.
네 하나님 여호와를 기억하라
그가 네게 재물 얻을 능력을 주셨음이라."

그렇습니다. 참으로 모든 것을 주신 분은 하나님이십니다. 그럼에도 불구하고 이스라엘은 자신들의 지난날의 아픔과 굶주림, 종 되었던 생활의 고통을 깡그리 잊어버렸습니다. 지금 현재 평안하고 형통하게 되면서 모든 것 되시는 하나님을 잊어버린 것입니다. 게다가 우상까지 섬기면서 하나님의 말씀을 청종하지 않게 되었습니다.

이스라엘 백성들이 이 지경까지 가자 하나님께서는 그들에게 경종을 울리십니다. 계속해서 그렇게 나아간다면 결국은 멸망하게 된다는 것을 말입니다.

역대기하 26:16에도 우리가 주목할 말씀이 기록되어 있습니다.

"그가 강성하여지매
그의 마음이 교만하여 악을 행하여
그의 하나님 여호와께 범죄하되
곧 여호와의 성전에 들어가서
향단에 분향하려 한지라."

그는 지난 날 참으로 겸손하고 성실했던 사람이었습니다. 그러나 그는 왕이 되어 강성하게 되자 교만해졌습니다. 그 교만으로 결국은 하나님 앞에 범죄 하고야 만 사람 웃시야를 두고 위의 말씀이 기록된 것입니다.

호세아 13:5~6에도 우리가 주목할 말씀이 기록되었습니다.

"내가 광야 마른 땅에서 너를 알았거늘,

그들이 먹여 준 대로 배가 불렀고
배가 부르니 그들의 마음이 교만하여
이로 말미암아 나를 잊었느니라."

이 모두가 호사다마의 교훈입니다.

이번 본문 또한 호사다마의 대표적인 다윗의 범죄 사건입니다. 다윗이 왕위에 오른 지도 어언 10여년이 지난 어느 날의 사건이 바로 이 본문입니다. 1절 이하를 보면 다윗의 지금 상황이 딱 만사형통이라는 단어를 생각나게 합니다.

다윗의 군대는 이스라엘에게 수치와 모욕을 준 암몬자손을 멸했습니다. 그리고 아직도 전쟁 중에 랍바를 에워쌌습니다. 바로 이런 때에 다윗이 죄를 범했습니다.

여기서 많은 생각을 하게 하는 메시지가 있습니다. 그리고 먼저 하게 되는 질문이 '어떻게 다윗이 이럴 수가 있을까?' 하는 사건입니다.

그러나 이 사건은 오늘을 살아가는 우리로 하여금 우리 자신을 더욱 정직하게 돌아보게 하시는 하나님의 메시지가 되고 있다는 것을 우리는 잊으면 안 됩니다.

우리는 다윗이 본문의 범죄를 하게 된 배경을 낱낱이 살펴볼 필요가 있습니다.

이제 다윗은 그렇게 쫓겨 다니던 도망자의 생활에서 벗어났습니다. 주변 국가들의 집요한 공격도 거의 없고, 이제는 주변 국가들이 오히려 조공을 바치며 화해를 청해 오는 때가 되었습니다. 마지막까지 귀찮게 하던 암몬 자손도 멸하고 수도까지 완전히 포위하여 근심 걱정거리가 없어지는 때입니다. 주변 환경도 이렇게 다 좋고 다윗의 나이도 어느 덧 중년에 이르게 되었습니다.

그런 배경 속에 백성들은 또 전쟁을 하러 갔습니다. 그런데도 왕인 다윗이 낮잠을 잘 상황이었으니 이 때가 얼마나 태평성대이며 만사형통이었겠습니까.

문제는 여기서부터 발단 되었습니다. 다윗 왕은 낮잠을 잘 자고 저녁 때 침상에서 일어났습니다. 그리고 슬슬 옥상을 거닐고 있었습니다. 그런데 그의 눈에 가장 먼저 들어온 것이 있었습니다. 그야말로 정신이 확- 깨는 장면이었습니다. 건너다 보이는 지척에 한 여인이 목욕을 하고 있는 것입니다. 이 여인이 얼마나 아름다워 보이는지 거의 치명적입니다. 과장이 된 것 같습니까? 아닙니다. 2절을 보십시오.

"저녁때에 다윗이 그의 침상에서 일어나
왕궁 옥상에서 거닐다가
그 곳에서 보니 한 여인이 목욕을 하는데
심히 아름다워 보이는지라."

이 구절은 아담과 하와가 범죄 할 때의 장면이 재현된 것처럼 느껴집니다.

“저녁때에 다윗이 그의 침상에서”라고 했습니다. 이 구절은 창세기 3:9의 “아담아 네가 어디 있느냐?” 하는 말씀을 생각하게 합니다. 하나님의 아담을 향한 이 질문은 위치질서와 시간 개념에 대한 것입니다.

다윗의 범죄의 시간과 장소는 죄의 유혹이 가장 가까이 하는 상황이었습니다. 지금 이 저녁때가 어느 때입니까? 백성들이 목숨을 걸고 전쟁을 하고 있는 때입니다. 그런 때에 기록 되어진 그의 침상이 시사하고 있는 것이 무엇이겠습니까? 백성들은 나라를 위하여, 다윗을 위하여 피를 흘리며 싸우고 있는 치열한 전쟁터와 극명한 대비를 이루는 곳을 시사하고 있습니다.

사람이 마땅히 있어야 할 장소에 있지 않으면 시간개념이 없고 그 시간이 범죄의 시간으로 돌변하는 것입니다. 예배드릴 시간에 어디에 있는가? 기도할 시간에, 봉사하고 전도할 시간에 어디에 있는가? 있어야 할 곳에 있지 않고 사용해야 할 시간을 선용하지 않을 때 어떤 형태로든지 범죄의 치명적인 유혹이 오는 것입니다.

“일어나 왕궁 옥상에서 거닐다가 그 곳에서 보니”라고 했습니다. 이 구절은 창세기 4:10을 생각하게 합니다. “네가 무엇을 하였느냐?”

이 질문은 역할질서의 개념입니다. 백성들은 나라를 위하여 싸우고 있는데 다윗은 낮잠을 자고 일어나 왕궁 옥상을 거닐고 있었습니다.

“한 여인이 목욕을 하는데 심히 아름다워 보이는지라”고 했습니다. 이 구절은 창세기 3:6을 생각하게 합니다. “먹음직도 하고 보암직도 하고 지혜롭게 할만큼 탐스럽기도 한지라"

이것은 범죄의 본격적인 출발입니다. 이런 경우를 두고 '눈이 뒤집혔다' 고 하는 것입니다.

그리고 동시에 창세기 4:9을 생각하게 합니다. "네 아우 아벨이 어디 있느냐?"

예, 이 질문은 관계질서의 개념입니다. 비정상적인 관계가 엮어지는 범죄의 과정입니다. 창세기 3장의 원초적 범죄 내용을 다윗이 지금 재현하고 있는 것입니다.

인간의 범죄는 항상 이 3가지 기본 틀을 구성하고 있습니다. 시간과 장소, 그리고 관계라는 세 가지입니다.

어떤 시간에 범죄 합니까? 주님과의 시간이 줄어들고 세상과의 시간이 많아질 때입니다. 그 때 범죄의 유혹이 노도같이 밀려오는 것입니다.

어떤 장소에서 범죄 합니까? 하나님이 함께 하시지 않는 장소는 다 범죄의 유혹이 있는 곳입니다.

어떤 관계로 범죄 합니까? 정상적인 관계가 아닐 때 범죄가 성립됩니다. 인간관계도, 물질관계도, 그 모든 관계가 다 정상을 벗어날 때 그렇습니다.

다윗이 여기에서 무너진 것입니다. 시간적으로 모든 어려움에서 벗어나고 고난과 역경을 극복 한 후였습니다. 장소적으로는 백성들은 전쟁을 하고 있는데 그 곳에 함께 있어야 할 왕이 평안히 자신의 왕궁에서 낮잠을 자고 있었습니다. 관계적으로도 단지 육신적 소욕이 앞선 왕이 엄연히 남편이 있는 한 가정의 유부녀를 탐하는 비정상적인 관계였습니다.

다윗이 어떤 사람이었습니까? 어릴 때 남들의 주목을 받을 만큼 훌륭하고 총명하게 자랐습니다. 청년시절은 고통과 슬픔, 배반과 아픔, 죽음과 좌절의 세월을 보냈던 사람입니다. 그 시기를 보낼 때는 오직 하나님이었습니다. 하나님이 그것을 아셨습니다. 그래서 모든 고난과 역경과 환난과 아픔과 죽음을 물리치시고 이스라엘의 왕이 되게 하셨습니다. 게다가 평안과 번영과 축복으로 인도하셨습니다. 만사가 형통하게 되었습니다. 세상에 부러울 것이 없게 되었습니다.

그런데 바로 그때, 정말 생각지도 못한 그 때 죄의 유혹이 찾아 왔습니다.

성경을 연구해 보면 다윗이 이렇게 될 사람이 아니었습니다. 그래서 어떤 신학자는 그것이 정상이라고도 했습니다. 그렇지 않았으면 다윗은 인간 다윗이 아닌 또 하나의 사이비 이단의 신이 되었을 것이라고 했습니다.

인간은 인간입니다. 외로움도 있고, 범죄도 있고, 회개도 있고, 실패도 있습니다. 그러므로 의인은 없나니 하나도 없다는 말씀은 진리입니다.

그렇다면 왜 다윗이 이렇게 유혹에 빠져 들 수밖에 없었을까요? 그것이 오늘 우리에게 주는 교훈입니다. 결론부터 말씀 드리면 형통할 때 조심해야 한다는 메시지입니다.

왜 형통할 때 조심해야 할까요?

1. 형통할 때 사명에 대해 나태해지기 때문입니다.

1절에서는 "왕들이 출전할 때가 되매"라고 했습니다.

마땅히 자기에게 주어진 직분에 따라 일해야 할 때 일하지 않고 나태해 있으면 죄가 유혹합니다. 본문을 보십시오. '왕들이 출전할 때가 되매' 그렇다면 출전을 해야 합니다. 그런데 다윗은 출전하지 않았습니다. 일을 해야 할 때 일을 하지 않고 있습니다. 그러다가 죄를 범하게 된 것입니다.

그것은 오늘날도 실제로 그렇게 전개 됩니다. 교회에서 하나님이 주신 직분에 따라 사명을 보다 성실하게 수행해야 할 때 뭉기적거리고 있으면 사명을 방해하는 요인들이 나타납니다. 이런저런 유혹들이 다가옵니다. 그러므로 모두가 정신을 똑바로 차리고 죄가 틈타지 못하도록 나태하지 않아야 합니다.

2. 형통할 때 시간이 한가해지기 때문입니다.

2절입니다.

"저녁때에 다윗이 그의 침상에서 일어나
왕궁 옥상에서 거닐다가…"

세상에 이 보다 더 한가한 시간이 어디 있겠습니까. 예, 그렇습니다. 범죄의 유혹은 시간이 한가할 때 파고듭니다. 바쁠 때 죄짓는 사람은 없습니다. 대부분의 범죄는 시간이 남아 돌 때 일어납니다.

그러나 그리스도인은 시간이 한가할 때가 기도할 때입니다. 묵상할 때입니다. 성경 말씀을 읽을 때입니다. 그 시간을 그렇게 사용하지 않으면 범죄의 유혹이 순식간에 소리 없이 심령에 밀려옵니다.

성경은 복 받은 사람이 시간을 어떻게 선용해야 하는가에 대해 시편 1:1에서 교훈했습니다. 시간을 어떻게 써야 하느냐를 교훈하는 말씀입니다.

"복 있는 사람은
악인들의 꾀를 따르지 아니하며
죄인들의 길에 서지 아니하며
오만한 자들의 자리에 앉지 아니하고,
오직 여호와의 율법을 즐거워하여
그의 율법을 주야로 묵상하는도다."

3. 형통할 때 마음의 눈이 곁눈질을 하기 때문입니다.

범죄의 시작은 대부분 눈으로부터 시작됩니다. 그러나 더 원초적인 근원은 마음입니다. 마음이 눈을 열게 합니다.

다윗도 형통하게 되면서 마음이 하나님에게서 각도가 조금 비뚤어져 곁눈질을 하게 된 것입니다. 지난 날 같았으면 침상에서 일어나 하나님을 송축하는 시를 읊었을 것입니다. 그런 다윗이 형통하게 되자 한가로운 마음이 곁눈질을 하면서 범죄하고 말았습니다. 참으로 안타까운 일입니다.

다윗은 범죄 후 철저히 통회하면서 시편 51:10을 고백했습니다.

"하나님이여
내 속에 정한 마음을 창조하시고
내 안에 정직한 영을 새롭게 하소서."

시편 119:37입니다.

"내 눈을 돌이켜
허탄한 것을 보지 말게 하시고
주의 길에서 나를 살아나게 하소서."

주(周)나라 무왕은 건국초기에 국태민안을 위해 심혈을 기울여 정사에 몰두했습니다. 그런 애씀으로 나라가 태평성대를 이루었습니다. 그러자 마음이 느슨해지면서 주변국의 진상품에 곁눈질을 하기 시작했습니다.

이 때 충신 소공이 충언을 드립니다.

"爲山九仞(위산구인) 功虧一簣(공휴일궤)"라는 말입니다. 그 뜻은 부지런히 흙을 날라 99%의 태산을 만들었다 해도 마지막 한 삼태기를 날라다 붓지 않으면 완성할 수 없다는 뜻입니다. 즉 왕이 지금처럼 정사를 보면 모처럼 쌓아올린 주나라도 마지막 한 삼태기의 흙이 부족하여 무너지고 만다는 충언이었습니다.

무왕은 소공의 충언에 정신을 차립니다. 그리고 다시 선정을 베풀며 역사에 위대한 황제로 이름을 남겼습니다.

인간사의 모든 실패와 멸망은 형통할 때 시작됩니다. 약간의 허영이 백 가지 공적을 무너뜨립니다. 작은 틈새가 거대한 배를 가라앉힙니다. 선줄로 생각하면 넘어집니다. 그러므로 우리는 언제나 조심해야 합니다. 특히 형통할 때 더욱 그리해야 합니다.

하나님은 우리에게 은혜를 주셨습니다. 형통한 축복을 입었습니다. 그렇다면 우리가 해야 할 일이 무엇이겠습니까? 당연히 주신 직분에 감사하며 더욱 충성해야 합니다. 더욱 말씀을 읽고 기도하며 전도하고 봉사해야 합니다. 형통할 때 더욱 주님을 생각하고, 주님을 바라보아야 합니다. 왜냐하면 그것이 다윗 같이 위대한 성군도 넘어진 범죄의 유혹을 이길 수 있는 비결이기 때문입니다.

사랑하는 성도 여러분, 언제나 주님과 동행하며 주님 앞에서 하나님의 기쁨으로 사는 코람데오의 성도들이 되시기를 예수님의 이름으로 축복합니다. 아멘!

2
욕심이 잉태될 때

"그가 또 우리아에게 이르되
네 집으로 내려가서 발을 씻으라 하니
우리아가 왕궁에서 나가매"
〈사무엘하 11:6~13 중〉

아주 착하고 가난한 50대 부부가 선하고 아름답게 살았습니다. 어느 날 하늘에서 이 50대 부부의 소원을 들어 주기로 하고 천사가 내려왔습니다. 그래서 먼저 부인에게 소원을 물었습니다.

"반평생 함께 해준 사랑하는 남편이 고생만 하고 지금까지 여행 한번 가보지를 못해서 마음이 아픕니다. 그러니 더 늙기 전에 함께 세계 일주 여행을 하며 둘만의 행복한 시간을 보내고 싶습니다."

그 말을 들은 천사는 소원을 들어 주겠다고 했습니다. 또 천사는 남편에게 소원을 물었습니다. 남편은 아내가 듣지 못하는 곳으로 천사를 데리고 갔습니다. 그리고 이렇게 말했습니다.

"저는 저보다 훨씬 젊은 20년 연하의 여자와 함께 살아 보는 게 소원이요."

천사는 당장 들어 주겠다고 했습니다. 그리고는 그 남편을 갑자기 70대로 만들어 주었습니다.

욕심이라는 본성은 참 묘한 것입니다. 많이 가지면 더 많이 가지고 싶고, 높이 올라가면 더 높이 올라가고 싶습니다.

인간의 죄성 가운데 가장 무서운 것이 욕심입니다. 욕심은 무엇을 탐내거나 분수에 지나치게 하고자 하는 마음입니다. 같은 말이지만 욕심(慾心)의 시작이 욕념(欲念)이며 그 간절함이 욕망(慾望)입니다. 그리고 그 행위는 욕기(慾氣)입니다.

옛 어른들은 절대로 욕심을 부리지 말라고 당부들을 하셨습니다. '욕심이 사람 죽인다'는 말, '욕심이 눈을 가린다', '욕심이 사납다'는 말은 인간생활의 파멸을 경계하는 교훈입니다. 이것은 욕심이 지나치면 사리를 분별하지 못하고 멸망에 이르게 되기 때문에 통용된 말입니다.

영어권에서는 일반적인 욕심을 greed라고 합니다. 이것은 천박한 느낌을 주는 말입니다. 그런데 greed보다 더 강조된 뜻으로 사용하는 avarice가 있습니다. 이것은 탐욕(貪慾), 허욕(虛慾)의 실상을 나타냅니다. 또 desire라는 단어도 있습니다. 이것은 정신적 또는 육체적 욕망을 나타내는 말로써 sexual desire(성욕)의 뜻으로도 쓰입니다. lust라는 단어도 있습니다. 이는 바람직하지 못한 것에 대한 강한 욕망을 뜻합니다. 그리고 appetite라는 단어도 있는데 이 단어는 식욕, 성욕 등 육체적인 욕망을 채우려는 마음을 말합니다.

욕심 중에도 건강한 욕심이 있습니다. 이 욕심을 ambition이라고 하는데 대망, 야망을 뜻합니다.

욕심을 움켜쥠이라고 한다면 욕심의 반대는 나눔, 그리고 베풂입니다. 그래서 나눔을 행복이라고 하며 우리 삶에서 욕심 없이 베풀 때 천국을 맛볼 수 있다는 것입니다.

욕심에 관한 말씀이 야고보 1:15입니다. 우리가 너무나 잘 아는 교훈적인 말씀입니다.

"욕심이 잉태한즉 죄를 낳고
죄가 장성한즉 사망을 낳느니라."

욕심은 죄라는 말씀입니다. 그렇습니다. 창세기 3:5이 죄의 시작인데 그것이 욕심으로부터 시작되었습니다. 그 욕심은 인간이 하나님과 같이 되고자 했던 마음이었습니다. 창세기 3:5을 보겠습니다.

"너희가 그것을 먹는 날에는
너희 눈이 밝아져 하나님과 같이 되어
선악을 알 줄 하나님이 아심이니라."

이 같은 뱀의 말을 듣고 여자가 선악을 알게 하는 나무를 보았습니다. 그러자 신기한 일이 벌어졌습니다. 그것이 6절에 기록되어 있습니다.

"… 먹음직도 하고 보암직도 하고
지혜롭게 할 만큼
탐스럽기도 한 나무인지라
여자가 그 열매를 따먹고
자기와 함께 있는 남편에게도 주매
그도 먹은지라."

이것이 죄의 시작이었습니다. 그 시작이 하나님과 같이 되고자 하는 욕심 때문이었습니다. 하나님은 아담과 하와에게는 물론 오늘 우리에게도 풍족하게 누릴 수 있는 복을 주셨습니다. 독생자 예수님까지도 아끼지 않고 주셨습니다. 그리고 믿는 자에게 영생과 천국까지도 주셨습니다. 더 이상 무엇을 바라겠습니까.

그럼에도 인간은 자기 욕심에 미혹되어 하나님을 향해 감사치 않습니다. 늘 욕심에 사로잡혀 불평불만을 멈추지 않습니다. 그러나 이것은 멸망으로 가는 길입니다.

우리가 기억하여 구별해야 할 것 욕심과 소망은 다르다는 것입니다. 아주 간단하게 설명하면 "내 아이가 잘되기를 바라는 것"은 소망입니다. 그러나 "내 아이만 잘되기를 바라는 것"은 욕심입니다. 부자가 되고자 하는 것은 소망입니다. 그러나 나만 부자가 되어야 한다는 것은 욕심입니다.

은혜 받은 성도의 삶은 내 것에서 우리의 것으로 생각도 마음도 일상생활도 바뀝니다. 그리고 그 삶은 이미 천국 생활입니다. 그러나 끝없이 내 가정, 내 자식, 내 것에 사로잡힌 사람은 그 생활 자체가 이미 지옥입니다.

욕심에는 5욕(慾)이 있습니다. 재물욕, 명예욕, 식욕, 색욕, 수면욕입니다. 이번 본문의 다윗은 이 색욕에 사로잡혀 죄를 지었습니다.

본문의 내용을 분석하기 전에 다음 12장에 나오는 8~9절을 먼저 보겠습니다.

"네 주인의 집을 네게 주고
네 주인의 아내들을 네 품에 두고
이스라엘과 유다 족속을 네게 맡겼느니라.
만일 그것이 부족하였을 것 같으면
내가 네게 이것 저것을 더 주었으리라.
그러한데 어찌하여 네가
여호와의 말씀을 업신여기고
나 보기에 악을 행하였느냐
네가 칼로 헷 사람 우리아를 치되
암몬 자손의 칼로 죽이고
그의 아내를 빼앗아 네 아내로 삼았도다."

정말 무섭고도 놀라운 질책의 말씀이 아닐 수 없습니다.

말씀의 내용을 다시 정리해 옮기면 이런 것입니다.

"다윗아, 내가 너에게 주지 않은 것이 무엇이냐? 모든 것을 주었지 않느냐? 너는 아내도 많지 않느냐. 그런데 왜 욕심을 부려서 하나 뿐인 우리아의 아내를 빼앗아 네 아내로 삼았느냐?"

맞습니다. 다윗의 욕심이 잉태됨으로 죄를 낳게 된 그야말로 사건입니다.

이 말씀 속에는 오늘을 살아가는 우리 자신을 돌아보게 하는 메시지가 있습니다.

밧세바가 잉태 되었다는 전갈을 받은 다윗은 드디어 본격적인 죄악의 마음을 품습니다. 그리고 그 죄악의 마음은 행동으로 나타나기 시작했습니다. 그 1차 죄의 행동이 이 본문이고 2차 행동이 다음 14절 이하입니다.

다윗은 가장 충성스러운 요압에게 우리아를 보내라는 기별을 합니다. 다윗의 명을 받은 요압은 전쟁 중에 있는 우리아를 왕궁으로 보내 왕을 알현하게 했습니다. 다윗은 우리아에게 전장의 상황을 세세히 묻습니다. 겉으로는 자신의 군사들을 걱정하는 성군인 척 하고 있는 것입니다. 그러나 그 속에는 이미 죄를 품고 있었습니다.

전장의 보고를 받은 다윗은 우리아에게 매우 수고했다고 칭찬을 합니다. 그리고는 집에 가서 전장의 수고를 씻고 맛난 음식도 먹으며 쉬라고 포상휴가를 내립니다.

이렇게 하는 이유는 밧세바의 태중(胎中)에 있는 자신의 아이를 우리아의 아이로 둔갑시키려는 무서운 죄의 발상이 숨어 있었습니다. 참으로 욕심이 잉태되면 죄를 낳고, 죄가 자라면 사망을 낳게 되는 과정을 우리는 보고 있습니다.

우리아는 동료들이 생사를 걸고 전장에서 싸우고 있는데 혼자 집에서 포상휴가를 누리며 아내와 함께 할 수 없었습니다. 그래서 왕궁 문에서 왕궁 수비대와 함께 그 밤을 지냈습니다.

그 다음날 다윗에게 들리는 보고는 우리아가 집에 가지 않았다는 것입니다. 그러자 다윗은 다음날 다시 강제적으로 포상휴가를 명합니다. 그러나 우리아는 그 날도 집에 가서 쉬지 않고 다시 또 왕궁 수비대와 함께 밤을 지냅니다. 이것이 본문 전체의 내용입니다.

여기 우리가 주목할 가슴 아린 구절이 있습니다. 바로 11절의 우리야의 말입니다.

"우리아가 다윗에게 아뢰되
언약궤와 이스라엘과 유다가
야영 중에 있고
내 주 요압과 내 왕의 부하들이
바깥들에 진 치고 있거늘
내가 어찌 내 집으로 가서 먹고 마시고
 내 처와 같이 자리이까
내가 이 일을 행하지 아니하기로
왕의 살아 계심과 왕의 혼의 살아 계심을 두고
 맹세하나이다 하니라."

세상 어디에 이런 충신이 있겠습니까. 그런데도 다윗은 자신의 욕심 때문에 이 충신을 결국은 파국으로 몰아갑니다.

욕심은 자신을 병들게 할 뿐만 아니라 상대방도 병들게 합니다. 욕심은 자기를 죽게 할 뿐만 아니라 상대방도 죽게 합니다.

욕심과 관련된 실험보고서가 있습니다. 우리 하나를 만들어 그 중간을 철망으로 가로막아 두 개의 공간을 만들었습니다. 한 쪽에는 개를, 다른 한쪽에는 토끼를 집어넣었습니다. 그리고 개에게는 먹이를 조금만 주었습니다. 배가 고픈 개는 철조망 건너 토끼를 잡아먹고 싶은 욕심으로 계속 짖어댔습니다. 토끼는 공포심에서 항상 쪼그리고 있었습니다.

몇 달 후 건강을 조사하여 보았는데 토끼는 위장장애를 일으켜 소화를 시키지 못 하였고, 개는 욕구불만으로 맥이 빠져 있었습니다.

다시 몇 달 후 개와 토끼를 해부하여 보았습니다. 모두 심장, 신장, 위, 간장 조직이 상해 있었습니다. 모두 건강이 극도로 쇠약해 있었습니다.

그리고 두 번째 실험이 계속되었습니다. 토끼를 넣었던 우리를 비워두고 개에게는 전처럼 조금씩만 먹이를 주었습니다. 그리고 몇 달이 지나 개를 해부하여 보았습니다. 그런데 이번에는 개의 내장에 아무 병도 없었습니다.

결론은, 욕구불만이 없어진 그 개는 병이 들지 않았음이 판명되었습니다. 개 앞에 토끼가 있을 때와 없을 때의 상황이 달랐습니다. 욕심이 있었을 때와 욕심이 없었을 때의 상태가 달랐습니다.

욕심은 자신을 병들게 합니다. 동시에 그 상대방까지 병들게 하고 맙니다. 욕심은 결국 죽음에 이르는 것입니다. 야고보 1:15의 말씀은 정확무오합니다.

"욕심이 잉태한즉 죄를 낳고
죄가 장성한즉 사망을 낳느니라"

다시 본문으로 돌아가겠습니다.

5절에서 다윗이 밧세바가 잉태된 사실을 보고 받았을 때 취한 행동이 6절입니다. 요압에게 기별을 하여 "우리아를 내게 보내라."고 합니다. 자신이 지은 죄를 은폐하기 위한 1단계 전략입니다.

그렇다고 하나님의 눈을 속일 수 있을까요? 천만에요! 어림 반 푼어치도 없는 일입니다. 이 때 다윗은 두 손 들고, 무릎 꿇고 회개해야 마땅했습니다. 그런데 다윗은 그리하지 않았습니다. 오히려 죄를 은폐하기 위하여 전략을 세운 것입니다.

우리가 주목할 것은 밧세바가 잉태 소식을 다윗에게 알리게 된 상황을 추론해 보면 밧세바와 간음한 후 적어도 1~2개월은 지났다는 것입니다. 즉 여인의 생리 현상이 멈추고 입덧이 날 때까지는 적어도 1~2개월이 지나야 합니다. 다시 말하면 다윗은 이 기간 동안 자신이 지은 죄를 생각지도 않았고 회개할 마음도 갖지 않았다는 것입니다. 그러다가 어느 날 밧세바의 잉태 소식을 듣고 혼비백산하여 생각해 낸 것이 다음 죄를 짓는 단계로 접어들게 된 것입니다.

하나님은 그 때나 지금이나 죄를 범한 사람에게는 회개할 기회를 주시는 줄 믿으시기 바랍니다.

9절 말씀을 보면 우리아가 다윗의 포상휴가를 누리지 않고 왕궁 뜰에서 왕궁 수비대와 함께 밤을 보냈다는 보고를 합니다. 그런 보고를 받았을 그 때가 다윗이 하나님의 뜻을 헤아리고 회개할 기회였습니다.

치열한 전장에서 돌아온 우리아가 집에 가서 포상휴가를 즐기지 않은 것은 상식적으로 납득이 안 되는 일입니다. 여러분 같으면 과연 가당키나 할 일입니까?

우리아의 이런 모습은 하나님의 섭리였습니다. 다윗으로 하여금 회개할 기회를 주시는 하나님의 마음이 드러난 상황이었습니다. 그런데 다윗은 그것을 헤아리지 못합니다. 그래서 오히려 그 다음날에는 꼭 집에 가서 쉬라고 명령을 내립니다.

사람은 한 번 죄를 지으면 그 죄를 은폐하기 위해 또 다른 죄를 짓게 되는 것을 여기서 보게 됩니다. 죄를 지었으면 회개가 최선이요 최고의 방법입니다. 그런데 마귀는 우리로 하여금 회개하도록 내버려두지 않습니다.

10~13절까지 내용을 가만히 묵상해 보면 하나님의 성령과 마귀의 악령이 투쟁하는 장면을 연상할 수 있습니다. 왜냐하면 하나님의 성령은 우리아를 통해 다윗이 회개하도록 상황을 전개하고, 마귀의 악한 영은 우리아를 통해 다윗이 계속 죄를 발전시켜 가도록 상황을 전개하는 것을 볼 수 있기 때문입니다.

지난 세월 평소의 다윗을 연구하면 이렇게 철저하게 타락한 마음을 가질 그가 아닙니다. 그러나 여기서는 욕심을 물리치지 못하고 죄를 범한 다윗을 마귀가 단단히 붙잡고 더욱 죄를 진행하게 하는 것을 느낄 수 있는 장면입니다.

이렇게 마귀가 역사하는 기간 동안 다윗에게 나타난 현상을 보면 이 때의 다윗은 마귀의 권세에 잡혀 질질 끌려 다니고 있는 형편없이 타락한 모습입니다.

다윗의 공의도 보이지 않습니다. 그의 기도도 보이지 않습니다. 또한 그의 자애도 보이지 않습니다. 오히려 하나님의 율법을 무시하고 있습니다. 비열하기 짝이 없는 수단과 방법을 총동원해서 자신의 죄를 숨기려고만 합니다. 죄와 관련도 없는 요압을 비롯한 신하들을 자신의 범죄 상황에 끌어 들여 공범이 되게 합니다.

이것이 하나님의 마음에 합한 자의 모습입니까?

아닙니다. 절대로 아닙니다. 지금 이 모습은 철저하게 마귀의 조종을 받고 있는 다윗의 욕심이 잉태한 결과입니다.

여기서 깨닫는 것이 있습니다. 인간은 누구나 죄를 지을 수 있다는 것입니다. 그래서 하나님께서는 '의인은 없나니 하나도 없다'고 하셨습니다.

그렇습니다. 그렇지만 그런 가운데서도 다만 다른 것이 있다면 죄를 지었을지라도 주님 앞에 두 손을 들어야 한다는 것입니다. 죄를 깨우쳐주실 때는 무릎을 꿇어야 합니다. 그것이 성도의 가야 할 길이요 행해야 할 결단입니다.

세계의 부호 록펠러의 손자가 뉴욕 할렘 가에 있는 흑인 마을에서 구멍가게를 열었습니다. 특별한 사람이 특별한 일을 하니 언론이 가만 두지를 않았습니다.

"당신은 왜 이런 곳에서 이런 일을 합니까?"

"이건 내가 하고 싶은 일이기 때문입니다. 돈 벌려고 할렘 가에 들어온 것이 아니라 그들을 위하여 일하고 봉사하고 싶기 때문입니다."

그는 뉴욕에서 가장 불행한 할렘가의 흑인을 사랑하게 되었습니다.

이 사건은 돈과 일의 가치개념을 생각하게 하는 이야기입니다.

돈에 자신의 가치를 두면 물질적인 욕심을 가지게 됩니다. 물질에 욕심을 가지게 되면 부모도, 형제도, 하나님도 보이지 않습니다. 오직 자기만 보입니다. 그래서 점점 돈의 노예로 전락해 갑니다.

명예와 권력에 대한 가치 개념이 바로 세워지지 못하면 그 명예와 권력으로 선한 일을 하기는커녕 자기 자신의 욕심을 이루기 위한 수단으로 사용하여 결국 그 욕심이 자기를 사망으로 인도하게 됩니다.

교회에서 직분에 대한 가치개념이 바르지 못하면 목사든, 장로든, 집사, 권사든 그 직분을 통해 하나님의 뜻을 나타내지 못하고 자신을 위한 욕심의 수단으로 사용하면서 더럽고, 추하고, 교만하게 되어 스스로 멸망하게 됩니다.

우리는 언제 죽을지 모릅니다. 어디에서 어떻게 죽을지도 모릅니다. 오늘이라는 날에, 아니 바로 이 다음 순간에 죽을지도 모릅니다.

그렇다면, 참으로 심각하고도 중요한 질문이 하나 있습니다.

"지금 여기서 나는 어떻게 살아야 하는가?"

이 질문에 대한 대답은 전적으로 여러분의 몫입니다. 아멘!

결론입니다.

먹든지 마시든지, 무엇을 하든지 하나님을 생각해야 합니다. 자기를 먼저 생각하면 욕심이 됩니다. 그 욕심은 반드시 죄를 잉태하게 됩니다. 죄를 잉태하면 반드시 죄의 결과가 따라옵니다.

시도 때도 없이 우리를 공격하는 욕심인 죄의 유혹을 말씀과 기도로 이기십시다. 죄는 우는 사자와 같이 삼킬 자를 찾고 있습니다. 호시탐탐 기회를 엿보고 있습니다. 언제나 우리 곁을 서성입니다. 때로는 자신을 광명의 천사로 가장을 하고 다가와 살랑거리며 속삭입니다. 광명의 천사로 가장을 했으니 얼마나 아름답겠습니까. 마음이 얼마나 혹해 지겠습니까.

그러나 정신을 차리십시오. 그 간드러진 소리에 귀를 기울이지 마십시오. 그 아름다운 모습에 정신을 빼앗기지 말아야 합니다. 죄와는 눈도 맞추지 말아야 합니다. 죄와 눈을 맞추고 바라보며 미소라도 지어보십시오. 그 때부터 옳다구나 하고 여러분의 마음에 슬그머니 또아리를 트는 뱀처럼 자리를 잡을 것입니다. 그것은 이미 사망으로 가는 출발점입니다. 여러분을 처참하게 부수고야 말 것입니다.

죄를 눈으로 바라보시겠습니까?

눈을 맞추고 웃음을 흘리며 유혹을 하고 유혹을 받으시겠습니까?

단호히 고개를 돌리십시오! 눈을 맞추지 마십시오! 죄가 틈을 탑니다.

우리의 눈은 하나님을 바라보는 눈이어야 합니다. 비둘기 같이 순결한 눈과 하나님의 마음을 가진 복된 저와 여러분이 되시기를 예수님의 이름으로 축복합니다. 아멘!

3
죄가 장성할 때

"그 편지에 써서 이르기를
너희가 우리아를 맹렬한 싸움에 앞세워 두고
너희는 뒤로 물러가서 그로 맞아 죽게 하라 하였더라"
〈사무엘하 11:14~27 중〉

신원문화사에서 기획한 '톨스토이 선집'이 있습니다. 그 선집 '톨스토이와의 만남'의 세 번째 책이 [인생일기]입니다. 이 책 15쪽에는 '돌과 두 여인'이라는 이야기가 소개되어 있습니다. 내용은 죄에 관한 톨스토이의 해박한 이해가 주제입니다.

어떤 두 여인이 교시(敎示)를 얻기 위하여 노인을 찾아갔습니다. 그 중 한 여인은 자기 자신을 죄를 범한 죄인으로 생각하고 있었습니다. 그녀는 젊었을 때 첫 남편을 버리고 다른 남편을 맞이한 것을 지금까지 괴로워하고 있었습니다.

또 한 여인은 지금까지 양심에 어긋난 일을 하지 않고 살아왔으므로 죄 따위는 생각지도 않는 스스로 만족하는 여인이었습니다.

첫 번째 여인은 눈물을 흘리면서 자기가 지은 죄를 고백하면서 용서 받을 수 없는 것으로 생각했습니다. 그러나 다른 한 여인은 자기는 아무 죄가 없다고 대답을 했습니다.

노인은 첫 번째 여인에게 말했습니다.

"너는 지금 당장 밖에 나가 큰 돌 하나를 가져오되 가능한 한 네가 들 수 있는 큰 것으로 가져 오라."고 했고, 두 번째 여인에게는 "너는 가능한 한 작은 돌들을 가져오되 네가 들 수 있을 만큼 가지고 오라."고 하고는 자루 하나를 주었습니다.

두 여인은 노인이 시키는 대로 즉시 밖으로 나가서는 큰 돌과 작은 돌을 가지고 돌아왔습니다. 이때에 노인은 다시 말하기를 이번에는 그 돌들을 있던 자리에 다시 갖다 놓고 오라고 했습니다. 그랬더니 큰 돌을 갖고 온 여인은 있던 자리를 알고 있었기에 그대로 그 돌을 제 자리에 갖다 놓을 수 있었습니다. 그러나 작은 돌을 한 자루 담아온 여인은 갖고 온 것을 어디에서 가져왔는지 다 헤아릴 수 없었기 때문에 그냥 그대로 들고 돌아왔습니다.

그 때 노인이 교시(教示)를 했습니다.

"죄라는 것은 바로 이런 것이다. 큰 죄는 언제나 기억이 되기 때문에 자신이 죄인임을 깨닫고 사람들 앞에서 겸손해질 수가 있지만, 작은 죄는 속히 잊어버리기 때문에 자기는 죄가 없는 줄 알고 다른 사람들을 비방하기 때문에 더 큰 죄에 빠지게 되는 것이다."

어쩌면 이 두 번째 여인이 오늘을 살아가는 우리의 모습이 아닐까 하는 생각이 듭니다.

이렇게 좋은 날에 들으면 머리가 아프고 듣기 민망스럽겠지만 지난 주간에 일어난 신문 사회면에 올라온 몇 가지 소식을 소개하려고 합니다.

경기도 광명에서는 53살 어머니가 22살 난 아들에게 술 마시고 외박했다고 꾸중을 했습니다. 그랬더니 그것이 듣기 싫었던 아들이 어머니의 목을 조르고 주먹으로 때려서 입건이 된 사건이 있었습니다.

또 만 13살짜리 아들이 집에 불을 질러 일가족을 몰살한 사건이 발생을 했습니다.

광주에서는 85세 노모를 흉기로 찔러 죽인 51세 아들이 구속되기도 했습니다.

인천에서는 40대 주부가 전 남편과 두 자녀를 흉기로 찔러 상처를 입히고 달아났다가 자수를 했습니다. 딸과 아들은 살았지만 남편은 치료를 받다가 죽었습니다.

서울에서는 어머니를 흉기로 찔러 죽인 31살 아들이 구속되었습니다. 이 사건의 경위가 기가 막히는데 그 아들은 잘못된 종교에 빠져 괴성을 지르는 등 이상 현상을 보이다가 급기야는 어머니를 하늘나라로 보내드리기 위해 죽였다는 것입니다. 기가 막혀서 그야말로 유구무언이 되는 사건입니다.

이처럼 요즘 사람들이 제 정신이 아닙니다. 이런 모든 현상들은 한마디로 영혼이 파괴된 현상입니다. 자기가 하는 일이 죄인지도 모르고 저지르게 되는 사악한 죄가 행동화된 사건들입니다.

인간이라면 누구나 죄를 짓습니다. 이 세상에 의인은 없습니다. 참으로 하나도 없습니다. 그렇다면 우리는 다시 야고보서 1:15을 묵상해 보아야 합니다.

"욕심이 잉태한즉 죄를 낳고
죄가 장성한즉 사망을 낳느니라."

분명하게 "죄가 장성한즉 사망을 낳는다."고 했습니다.

그러면 죄를 지으면 다 죽음에 이르는 것일까요? 말씀 드린 것처럼 매일처럼 일어나는 숱한 사건 사고의 죄악된 일의 범죄자들은 다 죽음에 이르는 것일까요?

이 문제를 잠깐 정리하고 본문을 살피는 것이 좋겠습니다. 먼저 요한일서 5:16 ~ 17절을 함께 보겠습니다.

"누구든지 형제가
사망에 이르지 아니하는 죄
범하는 것을 보거든 구하라.
그리하면 사망에 이르지 아니하는
범죄자들을 위하여
그에게 생명을 주시리라.
사망에 이르는 죄가 있으니
이에 관하여 나는 구하라 하지 않노라.
모든 불의가 죄로되
사망에 이르지 아니하는 죄도 있도다."

이 말씀은 매우 중요한 구절입니다. 야고보서에서는 죄의 삯이 사망이라고 했습니다. 그런데 요한일서에서는 사망에 이르지 않는 죄가 있다고 합니다. 그러면 요한이 말하는 사망에 이르는 죄와 또 사망에 이르지 않는 죄란 어떤 것일까요?

간단하게 설명하면 사하심을 얻을 수 있는 죄와 사하심을 얻을 수 없는 죄로 이해하면 답이 됩니다.

마태복음 12:31은 사하심을 얻지 못하는 죄에 대하여 말씀하고 있습니다. 그것은 성령을 훼방하는 죄라고 하였습니다. 결국 성령 훼방 죄는 사망에 이르는 죄라는 것입니다. 성령 훼방 죄란 성령의 하시는 일을 방해하는 것입니다.

그럼 성령의 하시는 일이 무엇일까요?

예수님은 성령님을 소개하면서 요한복음 14:26에서 이렇게 말씀하셨습니다.

"보혜사 곧 아버지께서
내 이름으로 보내실 성령 그가
너희에게 모든 것을 가르치고
내가 너희에게 말한 모든 것을
생각나게 하리라."

그리고 요한복음 16:8에서는 이렇게 소개했습니다.

"그가 와서
죄에 대하여, 의에 대하여,
심판에 대하여
세상을 책망하시리라."

그리고 뒤 이어 자세한 설명을 하셨습니다. '죄에 대하여'란 예수님을 믿지 않는 것입니다. 그리고 '의에 대하여'란 예수님의 완전한 의를 말합니다.

바리새인들과 서기관들은 인간의 의를 세우려고 하나님의 의에 복종하지 않았습니다. 그래서 의로운 예수님을 십자가에 못 박은 것입니다.

'심판에 대하여'란 이처럼 예수님을 영접하지 않은 죄로 인하여 의의 심판을 받을 수밖에 없는 것입니다. 즉 죄와 의와 심판에 대하여 성령님은 가르치고 생각나게 하며 책망하여 인간으로 하여금 예수님을 구주로 믿고 구원을 얻게 하는 사역을 하시는 것입니다. 그런데 이와 같은 성령님의 사역을 훼방하는 죄가 바로 사망에 이르는 죄라는 것입니다.

그것을 보다 구체적으로 표현하면 회개하지 않는 것입니다. 그렇기 때문에 사함을 받지 못하는 죄는 성령님의 사역을 거역하는 것, 즉 회개하지 않는 것입니다. 이것은 구원에 이를 수 없는 죄로써 참혹한 심판입니다.

그렇다면 사망에 이르지 않는 죄는 무엇일까요?

인간은 누구나 죄인입니다. 요한일서 1:8에서는 '죄 없다 하는 사람은 스스로 속이는 것이라'고 했습니다. 그런데 예수님을 믿는 사람은 예외입니다.

요한일서는 그래서 중요한 기독론입니다. 먼저 요한일서 2:1을 소개합니다.

"나의 자녀들아
내가 이것을 너희에게 씀은
너희로 죄를 범하지 않게 하려 함이라.
만일 누가 죄를 범하여도
아버지 앞에서 우리에게 대언자가 있으니
곧 의로우신 예수 그리스도시라."

그리고 요한일서 1:9을 다시 소개합니다.

"만일 우리가 우리 죄를 자백하면
그는 미쁘시고 의로우사 우리 죄를 사하시며
우리를 모든 불의에서 깨끗하게 하실 것이요."

이와 같은 말씀을 종합하면 인간은 누구나 죄인이라는 것입니다. 그러나 예수 그리스도를 믿으면 그리스도의 의가 우리 죄를 사하시며 모든 죄에서 깨끗케 하신다는 것입니다. 이것이 은혜입니다.

이렇게 죄의 삯은 사망이라는 말씀을 바르게 이해하고 다윗의 범죄를 들여다보아야 올바른 성경의 메시지를 받을 수 있습니다.

이제 본문으로 돌아가겠습니다.

앞서 말씀을 공부한대로 다윗은 자신의 범죄 행위를 은폐하려고 전장의 우리아를 불러들입니다. 그리고 포상휴가라는 명목으로 우리아를 집으로 보내 아내와 있게 하여 자신의 죄를 덮으려는 완전범죄를 꿈꿉니다. 그러나 충성스러운 우리아로 인해 이 모든 계획이 수포로 돌아갔습니다.

우리의 성군 다윗이 여기서 정신을 차렸으면 얼마나 좋았겠습니까. 그러나 결국 그는 더욱 극악한 곳으로 나아갑니다. 자신의 죄를 은폐하려던 계획이 우리아의 선한 열심으로 인해 수포로 돌아가자 우리아를 죽일 결심을 합니다. 몇 날을 좋은 말로 꼬드겨 봐도 도무지 그 우직한 충정이 집으로 가서 아내와 지내지 않는 것입니다.

뜻을 이루지 못한 다윗은 결국 우리아를 다시 전쟁터로 보냅니다. 보내면서 그에게 편지를 들려 보냅니다. 우리아는 그 편지가 어떤 내용인지도 모르고 군왕의 편지니 소중히 품에 품고 갔을 것입니다.

그 모습이 참으로 슬프기 짝이 없는 것은 자신을 죽이라는 편지를 자신이 가지고 가고 있다는 것입니다.

다윗이 요압에게 보낸 편지에는 우리아를 가장 치열한 전선에 배치하였다가 그를 적군의 손에 죽게 하라는 명령이 담겨 있었습니다. 다윗의 편지를 받은 요압은 왕의 명령대로 적군들이 있는 곳에 우리아를 배치하여 결국 그를 죽게 만들었습니다. 다윗은 자기 부하의 아내인 밧세바를 간음을 하고 그를 기만했으며, 마침내 그를 죽인 것입니다. 여기서 끝나지 않습니다.

다윗은 밧세바가 우리아의 장례를 마치자 사람을 보내서 밧세바를 데려오게 합니다. 그리고 자기의 아내를 삼습니다.

이것은 죄에 죄를 더하는 것입니다. 우리아를 죽이고 밧세바를 자기 아내로 삼으면 밧세바가 아이를 낳아도 정당한 자신의 아이가 되므로 간음죄를 면할 수 있기 때문에 이렇게 한 것입니다.

당시의 간음죄는 지위고하를 무론하고 돌로 쳐 죽이도록 법으로 명시되어 있었습니다. 이런 연유로 다윗은 이런 이중 삼중의 죄를 짓게 된 것입니다.

여기서 짚고 넘어갈 것이 하나 있습니다. 이렇게 악랄한 죄를 저지른 다윗이 어찌 사망에 이르지 않았을까 하는 것입니다. 오히려 그가 하나님의 마음에 합한 자라는 축복을 받았습니다. 그리고 예수님의 족보의 조상이 되기까지 했습니다. 그렇게 그의 아내가 된 밧세바를 통해 낳은 솔로몬이 왕위를 이어갔습니다. 또한 그는 이름하여 성군(聖君)이 되었습니다.

어떻게 이 극악한 죄인 다윗의 삶이 이렇게 될 수 있었을까요?

위에서 말씀드린 대로 다윗은 죄를 짓고 의지적으로 죄를 은폐하려 했지만 선지자의 날카로운 책망을 듣는 순간 철저히 회개를 하였습니다. 그래서 하나님은 그 죄를 깨끗이 사하여 주셨습니다. 다윗의 이 악랄한 죄마저도 진실로 통렬히 회개함으로 모두 사함을 받은 것입니다. 물론 죄의 값은 톡톡히 치렀습니다. 그러나 이것이 사망에 이르는 죄가 되지는 않았다는 것입니다.

그렇다면 일상적으로 죄를 지어도 괜찮은 것일까요?

그것이야말로 큰일 날 일입니다. 그것이 바로 성령의 역사를 거스르는 사망에 이르게 되는 것임을 잊어서는 안 됩니다.

예수님은 베드로의 발을 씻기는 사건을 통해 분명하게 원죄의 사함과 자범죄의 사함에 대해 말씀 하셨습니다. 원죄의 사함은 예수님을 믿음으로 사함을 받고, 자범죄는 회개함으로 사함을 얻습니다.

그렇다고 날마다 의지적으로 자범죄를 범하고 회개하면 될까요? 어림도 없는 말씀입니다. 요한복음 8:11에서 이에 대하여 잘 설명하고 있습니다. 간음죄로 붙잡힌 현장범인 여자가 끌려 왔을 때 예수님께서 말씀 하셨습니다.

"… 예수께서 이르시되
나도 너를 정죄하지 아니하노니
가서 다시는 죄를 범하지 말라 하시니라."

그리고 12절을 주목해야 합니다.

"예수께서 또 말씀하여 이르시되
나는 세상의 빛이니 나를 따르는 자는
어둠에 다니지 아니하고

생명의 빛을 얻으리라."

즉 회개하고 예수님을 믿는 사람이라면 '다시 죄를 짓지 않는다'는 것입니다. 다시 죄를 반복한다면 그것은 예수님을 믿지 않는 것이 되는 것입니다. 그래서 야고보서 2:17~18을 통해 분명하게 이해를 하도록 하였습니다.

"이와 같이 행함이 없는 믿음은
그 자체가 죽은 것이라.
어떤 사람은 말하기를
너는 믿음이 있고 나는 행함이 있으니
행함이 없는 네 믿음을 내게 보이라
나는 행함으로 내 믿음을
네게 보이리라 하리라."

진실로 예수님을 믿는 사람이라면 의지적으로 죄를 짓지 않는다는 것입니다. 그리스도인은 예수님과 같이 빛 가운데서 생활한다는 것입니다.

빛은 영적으로 3가지 중요한 작용을 합니다.

첫째는 밝혀 주어 알도록 작용합니다. 이는 계시를 의미합니다.

둘째는 구원하여 주는 것입니다. 이는 믿음을 의미합니다.

셋째는 깨끗케 해 주는 작용입니다. 이는 성결을 의미합니다.

무슨 뜻이냐 하면, 회개한 사람은 이렇게 일상을 살아가고 그렇게 살기를 힘쓴다는 것입니다.

이래도 죄를 짓겠습니까? 안됩니다. 그러므로 죄를 짓는 행위는 바로 성령님의 사역을 훼방하는 죄가 됨을 깨달아야 합니다.

에베소서 5:8~9에서는 회개한 성도의 모습을 밝히 말씀하고 계십니다.

"너희가 전에는 어둠이더니
이제는 주 안에서 빛이라
빛의 자녀들처럼 행하라.
빛의 열매는 모든 착함과
의로움과 진실함에 있느니라."

그렇습니다. 이것이 그리스도인의 삶입니다. 그리스도인의 모습입니다.

이제 우리는 다윗을 통해 오늘의 메시지를 받을 수 있습니다.

욕심은 우리로 하여금 죄를 짓게 합니다. 죄를 회개하지 않고 방치해 두면 성령님의 사역을 방해하는 것으로 자라서 결국 그것으로 인하여 사망에 이르게 됩니다.

그러므로 부지중에 실수를 하거나 잠깐 믿음에서 떠나 죄를 범하였을지라도 말씀을 통해 주님 앞에 회개하고 사함을 받는 성도가 되어야 합니다.

죄가 자꾸 자라면 결국 성령님의 사역을 방해합니다. 성령님을 근심하게 합니다. 그러다 결국 믿음에서 떠나게 되고 사망에 이르게 됩니다.

죄가 장성하여 죄를 범하는 인간의 실상을 성경은 분명하게 드러내고 있습니다.

하나님을 찾지 않는다고 했습니다(롬3:11). 자꾸만 곁길로 간다고 했습니다(롬3:12). 곁길이 죄의 길입니다. 입에 저주와 악담이 채워진다고 했습니다(롬3:14). 발은 피 흘리는데 빨라진다고 했습니다(롬3:15). 하나님을 두려워하지 않는다고 했습니다(롬3:18).

그렇게 한 결과가 무엇일까요?

하나님의 낯을 보지 못합니다(창4:14). 하나님이 버리십니다(삼상15:23). 뼈가 쇠약해지고(시32:3) 자손 삼사 대까지 진노를 면치 못합니다(시37:38, 출34:7). 물론 하나님의 영광에 이르지 못합니다(롬3:23). 하나님의 나라를 유업으로 얻지 못합니다(갈5:21). 결국 사망에 이르게 됩니다(롬5:12).

이래도 죄를 짓겠습니까?

지은 죄를 회개하지 않고 계속 자라게 두시겠습니까? 안됩니다. 죄가 장성할 때는 결국이 죽음입니다. 그러므로 욕심을 너무 부리지 말아야합니다. 설혹 부지중에 죄를 지었을지라도 말씀을 통해 회개하고 사함을 받아야합니다. 그리고 돌이켜 주 안에서 빛의 자녀로 살아야 합니다.

그 어떤 죄라도 성령님의 도우심으로 깨닫고 회개하고 결단하며 더욱 믿음으로 하나님 앞으로 나아가야 합니다.

이 은혜가 오늘 말씀 앞에 있는 모든 분들과 함께 하시기를 예수님의 이름으로 축복합니다. 아멘!

4
당신이 그 사람이라

"그러한데 어찌하여 네가
여호와의 말씀을 업신여기고
나 보기에 악을 행하였느냐"
〈사무엘하 12:1~14 중〉

인간의 생활언어 중 자아성찰(自我省察)이라는 말은 늘 자신을 돌아보게 하는 명구(名句)입니다. 그럼에도 불구하고 대부분의 사람들은 자기 자신을 보지 못합니다. 그래서 예수님도 남의 눈에 티는 보이지만 자기 자신의 눈에 들보는 보지 못한다고 깨우치셨습니다.

높이 나는 새가 멀리 본다는 말이 있습니다. 높이 올라갔다가 떨어지면 충격이 그만큼 크다는 말도 있습니다. 높이 자리한 사람이 무너질 때는 온 세상이 흔들린다는 말도 있습니다.

이번 본문의 이야기는 정말 드라마틱한 한 편의 영화를 보는 듯 다윗의 상황이 그러했습니다. 다윗은 높이 나는 새처럼 살았습니다. 그래서 늘 일반 사람들이 보지 못하는 것을 보고 그렇게 멋있는 하나님 신앙으로 생활을 했습니다.

다윗은 누구보다 높이 올라갔습니다. 이새의 말째 아들로 양치기였던 그가 이스라엘의 왕이 되었습니다. 다윗은 사울의 위를 하나님으로부터 물려받은 높이 자리매김을 한 당대 최고의 왕이었습니다. 온 주변 국가가 조공을 바치고 화해를 해 오며 그들의 섬김을 받는 자리에 앉은 그였습니다.

그런 다윗이 순간적으로 눈앞의 것을 보았습니다. 그는 곤두박질쳤습니다. 처참하게 무너지고 말았습니다.

11장에서 다윗은 낮잠을 자고 일어나 여자를 보고 음욕의 유혹을 물리치지 못합니다. 자신의 충복들은 지금 생명을 걸고 전쟁에 나가 나라를 위해 싸우고 있습니다. 그런데 그 충복의 아내를 보고 음욕을 품습니다. 그 유부녀를 자신의 왕궁으로 불러들입니다. 그리고 간음죄를 범합니다. 그 여인이 임신을 하게 되었습니다. 그러자 여인은 사실을 다윗에게 알립니다.

소식을 들은 다윗은 간음한 자는 지위고하를 막론하고 돌로 쳐 죽이라는 모세의 율법이 생각났습니다. 그러자 자기만 살려고 더 악한 죄를 기획하고 진행시킵니다. 자신의 충복의 아내를 범한 것도 모자라 그 여인의 남편이요 자신의 충복인 우리아를 불러들여 기만합니다. 그것이 뜻을 이루지 못하자 마침내는 죽여 버리고 맙니다. 그토록 순전한 자신의 충신 우리아를 전쟁터에서 죽게 하라는 무서운 살인교사 죄를 더하기 해 갔던 것입니다.

그리고도 눈 하나 까딱하지 않고 그 여인을 자신의 궁으로 데려와 아내를 삼습니다. 아무 일도 일어나지 않았습니다. 그렇게 1여년이 흘러갑니다.

그러던 어느 날, 참으로 놀라운 일이 다윗에게 일어났습니다. 본문의 1절 상반 절 내용입니다.

"여호와께서 나단을 다윗에게 보내시니
그가 다윗에게 가서 그에게 이르되…"

주목할 말씀이 시작되었습니다. "여호와께서 나단을 다윗에게 보내시니"

그렇습니다. 나단이 다윗을 보고 싶어서 간 것이 아닙니다. 나단이 다윗을 책망하고 싶어서 가는 것이 아닙니다. 하나님께서 보내시니 간 것입니다. 하나님께서 말씀을 전하라 하시니 가서 전하는 것입니다.

다윗을 찾아간 나단의 드라마틱한 이야기가 2절 이하에서 시작되었습니다.

한 성읍에 부자와 가난한 사람이 함께 살고 있었습니다. 부자는 양과 소가 많았지만 가난한 사람은 양 새끼 한 마리를 키우고 있었습니다.

어느 날 부잣집에 손님이 왔습니다. 그러자 부자는 손님을 대접하는 아름다운 미덕을 나타냅니다. 그런데 문제는 자기 집 양이나 소를 잡아 대접한 것이 아니라 가난한 사람의 한 마리뿐인 양 새끼를 빼앗아다가 잡아서 손님을 대접했습니다.

명색이 성군 다윗이 이 이야기를 듣고 어떻게 반응을 했을까요? 본문 5절에서 나타나는 그의 반응을 함께 보겠습니다.

"다윗이 그 사람으로 말미암아 노하여
나단에게 이르되
여호와의 살아 계심을 두고 맹세하노니
이 일을 행한 그 사람은
마땅히 죽을 자라."

이것을 공동번역으로 보면 더욱 리얼한 표현으로 기록되어 있습니다.

"저런 죽일 놈!
세상에 그럴 수가 있느냐?"

맞습니다. "저런 죽일 놈"이 맞습니다.

그런데 이어지는 7절 상반절의 나단 선지자의 다음 말이 온 몸이 오싹해지도록 서릿발 같습니다.

"나단이 다윗에게 이르되
당신이 그 사람이라…"

대갈일성(大喝一聲) 했습니다. 그리고 나단은 조목조목 따져 다윗을 향한 하나님의 마음을 전했습니다. 12절까지 길게 이어지는 내용을 정리하면 이렇습니다.

하나님은 다윗을 이스라엘 왕으로 기름 붓기 위하여 사울의 칼에서 수없이 구원하셨습니다. 사울의 모든 것을 다윗 당신에게 다 주셨습니다. 나라도 주셨고, 백성도 맡기셨으며, 이것저것 아니 주신 것이 없습니다. 만약 그것이 부족하였다면 이것저것 더 주셨을 것입니다. 하나님은 그렇게나 다윗 당신을 사랑하셨습니다.

그런데도 감히 당신은 하나님의 말씀을 업신여기고 하나님 앞에서 악을 행하여 암몬자손의 칼로 우리아를 죽이고, 그의 아내를 빼앗아 자신의 아내로 삼았소? 당신이 그렇게 했으니 하나님께서 어찌 가만히 계시겠느냐고 말씀하셨소.

이런 마음을 전하시는 하나님의 마음은 찢어지는 아픔이었습니다. 아프지만 하나님은 다윗을 책망하시면서 징계를 경고하셨습니다.

칼이 다윗 네 집에서 영원토록 떠나지 않으리라는 것입니다. 네 집에 재앙을 내리시겠다고 했습니다. 다윗의 눈앞에서 다윗의 아들이 다윗의 아내를 빼앗아 이웃에게 줄 것이며 그 사람들이 백주에 다윗의 아내들과 동침을 하게 되리라고 했습니다. 다윗 너는 은밀히 행하였지만 하나님 나는 온 이스라엘 앞에서 이 일을 드러내어 행하리라고 하셨습니다.

여러분 같으면 이 상황에 마음이 어떻겠습니까? 한 마디로 혼비백산할 것입니다. 온 몸이 벌벌 떨릴 것입니다. 어떻게 해야 할지 마음도 몸도 갈피를 잡지 못할 것입니다. "당신이 그 사람이라!" 대갈일성 쏘아 붙인 후 질풍노도 같이 꾸짖으시는 하나님의 말씀 앞에 뭘 어떻게 할 수 있단 말입니까.

이런 하나님의 말씀 앞에 반응하는 다윗의 모습을 보십시다. 13절입니다.

"다윗이 나단에게 이르되
내가 여호와께 죄를 범하였노라.…"

이 모습이 바로 다윗이 사울과 다른 점입니다. 하나님의 종이 잘못을 책망하자 즉시 무릎을 꿇고 자기 죄를 인정하며 자복한 것입니다.

비슷한 책망 앞에서 사울이 반응한 내용이 사무엘상 15장에 기록되어 있습니다.

아말렉과의 전쟁에서 사울은 하나님의 말씀을 거역하고 죄를 범하게 됨으로 사무엘이 사울 왕을 책망하면서 죄를 일깨웁니다. 그런데 사울의 반응은 다윗과는 정 반대였습니다. 사무엘상 15:30이 사울의 반응입니다.

"사울이 이르되
내가 범죄하였을지라도 이제 청하옵나니

내 백성의 장로들 앞과 이스라엘 앞에서
나를 높이사 나와 함께 돌아가서
내가 당신의 하나님 여호와께
경배하게 하소서 하더라."

사무엘의 책망 앞에서 사울은 끝까지 자기를 높입니다. 그러나 다윗은 나단의 책망 앞에서 곧 바로 무릎을 꿇고 죄를 자복했습니다. 바로 이것이 사울에게서는 전혀 찾아볼 수 없는 다윗과 다른 점입니다.

비록 죄를 범한 다윗이었지만 말씀 앞에 즉각적으로 죄를 자복하고 그 하나님 앞에 무릎을 꿇었습니다. 그 어떤 구차한 변명도 하지 않았습니다.

그런 다윗을 향한 하나님의 은총이 나단을 통해 다시 선언되었습니다. 13절 이하의 내용으로 하나님께서 다윗의 죄를 사하셨다는 선언입니다. 다윗의 죄는 마땅히 죽어야 할 것이지만 하나님께서 그리 하시지 않겠다는 것입니다. 그러나 지은 죗값은 치러야 했습니다. 그래서 밧세바와의 불륜으로 태어난 아이는 반드시 죽을 것이라는 것입니다.

14절, 바로 이 구절이 대속의 은총을 예시하는 하나님의 진리입니다. 죽어야 할 다윗이 죽지 않고 그로 말미암아 태어난 아무 죄도 없는 아이가 죽는 것입니다.

기억하시기 바랍니다. 여러분이 하나님 앞에 죄를 범하면 다음 세대가 그 진노를 피할 수 없다는 사실 말입니다.

여러분은 창세기 26장에서 하나님께서 이삭을 축복하실 때의 내용을 기억하실 것입니다. 이삭에게 하나님께서 말씀하셨습니다.

내가 너와 함께 하리라. 내게 네게 복을 주고 모든 땅을 너와 네 자손에게 주리라. 네 자손을 하늘의 별처럼 번성하게 하리라. 네 자손으로 말미암아 천하 만민이 복을 받으리라.

왜 그렇게 말씀하셨을까요? 창세기 26:5이 이 말씀의 근거입니다.

"이는 아브라함이 내 말을 순종하고
내 명령과 내 계명과 내 율례와
내 법도를 지켰음이라 하시니라."

아브라함 때문에 아들 이삭이 복을 받고 그 후손이 복을 받게 된 말씀입니다.

그리고 또 주목할 한 곳이 있습니다. 열왕기상 11장의 사건입니다.

솔로몬이 바로의 딸을 사랑했습니다. 더 나아가 이방 여자들을 사랑했습니다. 모압, 암몬, 에돔, 시돈, 헷 여인들입니다. 정치적인 정략결혼도 있었지만 누구든지 마음에 들면 아내로, 후궁으로 삼았다는 말입니다. 그래서 후궁이 700명이며, 첩이 300명입니다.

이들이 솔로몬으로 하여금 자기들이 섬기는 우상을 섬기게 했습니다. 그리고 솔로몬은 그렇게 서서히 하나님으로부터 멀어지기 시작했습니다. 그 사실을 열왕기상 11:9이 보여줍니다.

"솔로몬이 마음을 돌려
이스라엘의 하나님 여호와를 떠나므로
여호와께서 그에게 진노하시니라."

그 진노의 내용이 서릿발 같습니다. 다른 신을 따르지 말라 하셨으나 그가 여호와의 명령을 지키지 않았으므로, 법도와 계명과 율례를 지키지 않았다고 했습니다. 그러므로 반드시 이스라엘을 솔로몬에게서 빼앗아 네 신하에게 주리라는 청천벽력 같은 말씀이 떨어졌습니다.

그럼에도 이어지는 말씀이 주목할 부분 열왕기상 11:12~13입니다.

"그러나 네 아버지 다윗을 위하여
네 세대에는 이 일을 행하지 아니하고
네 아들의 손에서 빼앗으려니와,
오직 내가 이 나라를 다 빼앗지 아니하고
내 종 다윗과 내가 택한 예루살렘을 위하여
한 지파를 네 아들에게 주리라 하셨더라."

다시 말하면 한 마디로 끝장을 내야 되겠지만 아버지 다윗 때문에 그 정도로 해 둔다는 말씀입니다. 참으로 오금이 저리는 사건이며 무서운 말씀입니다. 내가 하나님 앞에 잘못하면 나로 말미암아 다음 세대가 찢어진다는 말씀입니다.

본문의 다윗의 범죄 사건이 주는 메시지가 무엇인지 아시겠습니까?

신실하고 정말 하나님을 사랑하는 다윗 같은 믿음의 사람도 죄를 짓는다는 사실입니다.

그러면 구원받은 사람도 죄를 짓는가?

예수님은 이 문제에 대해서 이미 목욕한 사람은 발만 씻으면 된다는 말씀을 통해 답을 주셨습니다. 누구나 죄를 지을 수 있지만 예수님께서 우리가 지은 죄, 그리고 지을 죄까지도 사하시기 위하여 십자가를 지셨다는 것입니다.

그래서 구원은 행위로 얻는 것이 아니라 믿음으로 얻는 선물이라는 것입니다.

장래가 촉망되는 집사님 한 분이 시험에 들었습니다. 그래서 늘 걱정을 하며 기도하고 있었습니다. 어느 날 한 밤중에 그가 목사관 문을 두드렸습니다.

"목사님 괴롭습니다. 죽고 싶습니다. 이래서는 안 된다는 것을 알지만 안 됩니다. 술이 나를 이 지경으로 몰아갑니다. 어떡하면 좋습니까? 내가 용서 받을 수 있을까요? 구원받을 수 있을까요?"

나는 아무 말 없이 그 집사님을 품에 안았습니다. 그리고 몇 분의 시간이 흐르는데 갑자기 이 집사님이 흐느끼며 통곡을 하기 시작했습니다.

"나를 인간되게 하시려고 그렇게 애쓰셨는데 나는 버러지만도 못합니다. 아버지, 아버지……."

나중에야 알았지만 어릴 때 아버지를 잃은 이 사람은 울면서 목사인 저를 아버지라고 불렀던 것입니다.

사람은 자기가 죄를 지으면서도 그것이 죄인 줄 알지 못하면서 살아갑니다. 그래서 하나님께서는 다윗에게 나단을 보내셨던 것처럼 오늘도 예배를 통해 우리의 삶을 말씀의 거울 앞에서 보게 하십니다. 말씀의 거울 앞에 자신을 비춰보니 우리의 죄가 보입니다. 그러나 다윗처럼 회개하면 용서를 받지만 사울처럼 자기를 끝까지 높이고 회개하지 않으면 그것으로 모두가 끝입니다.

다윗이 왜 위대한 사람이겠습니까?

10절 상반절의 한 구절이 다윗으로 하여금 못 견디게 하였습니다.

"이제 네가 나를 업신여기고…"

이 말씀 앞에 다윗은 "내가 하나님을 업신여겼다니…" 하며 고꾸라진 것입니다.

이 말씀을 쉽게 바꾸어 설명하면 이렇습니다.

"다윗아, 네가 내 마음을 짓밟았구나."

다윗은 그대로 무너져 내렸습니다. 견딜 수가 없었습니다. 그리고 날마다 침상을 눈물로 띄우고 요를 적시며 회개했습니다(시6:6). 바로 이것을 하나님께서 받으시고 용서하셨던 것입니다. 그리고 다윗으로 하여금 성군이 되게 하셨습니다. 마침내 그는 하나님의 마음에 합한 자가 되었습니다.

말씀의 결론입니다.

인간은 누구나 죄를 짓습니다. 그러나 판단하시는 분은 하나님뿐이십니다. 세상 사람들의 규범으로, 상황으로 죄다, 아니다가 문제가 아닙니다. 하나님께서 어떻게 보시느냐가 중요한 것입니다.

하나님 앞에서 우리 모두가 다윗 같이 살기를 바랍니다. 하나님 앞에서 우리 모두가 다윗의 마음이기를 축복합니다.

그렇습니다. 이번 본문의 사건은 다윗을 통해 오늘 우리의 모습을 드러내시고자 하는 하나님의 마음입니다.

자기 자신이 죽일 놈인데 정작 다른 사람을 향해 죽일 놈이라고 하는 오늘 우리의 모습을 이 사건을 거울처럼 세워놓고 보라는 것입니다.

내가 죄를 지으면 "그럴 수도 있지." 라고 합니다. 그러나 남이 죄를 지으면 "이런 죽일 놈" 이라고 합니다.

다윗도 예외는 아니었습니다. 그러나 하나님은 그 때나 지금이나 "죽일 놈"은 너 자신이라고 말씀하십니다. 이것이 오늘 말씀의 핵심입니다.

말씀을 맺습니다.

성도 여러분, 우리 모두 오늘을 살아가면서 완벽한 사람이 될 수는 없습니다. 죄를 짓지 않을 수 없습니다. 우리는 날마다 발에 먼지가 묻는 삶을 살아갑니다.

그러나 중요한 것은 자의든 타의든, 의식적이든 무의식적이든 일상을 통해 짓는 죄도 말씀 앞에서 씻어야 한다는 것입니다. 그것이 살 길입니다. 그리할 때 죽일 놈이 살아서 은총을 입는 것입니다.

모두 한 번 따라하십시오.

"내가 바로 그 사람입니다."

"내가 바로 죽일 놈입니다."

이 고백이 우리의 진정한 회개가 되어 주님 앞에 새롭게 은총을 입는 시간이 되시기를 예수님의 이름으로 축복합니다. 아멘!

5
심기일전(心機一轉)

"… 다윗이 땅에서 일어나 몸을 씻고 기름을 바르고 의복을 갈아입고
여호와의 전에 들어가서 경배하고…중략…
음식을 그 앞에 차리게 하고 먹은지라…"
〈사무엘하 12:15~25 중〉

인간이란, 타인이 어떤 일을 겪을 때 그것이 좋은 일이든 나쁜 일이든 나와는 상관없는 일이라고 생각하기가 쉽습니다. 그러나 막상 그 나쁜 일이 나에게 닥칠 때는 극복하는 지혜를 발휘하지 못해서 좌절하고 절망하는 경우가 있습니다. 이럴 때 마음을 가다듬고 새롭게 결단하고 일어서는 경우를 심기일전(心機一轉)이라고 합니다.

심기일전(心機一轉)이란 어떤 계기를 통해 지금까지 가졌던 마음을 버리고 완전히 새롭게 달라지는 경우를 뜻하는 말입니다.

실패한 상황에서 다시 일어서는 경우에 있어서 "이번 일의 실패를 심기일전의 기회로 삼았다"고 합니다. 심기일전(心機一轉)! 즉 어떤 계기로 지금까지의 생각을 확 바꾸었다는 뜻입니다.

다윗의 범죄 사건을 조목조목 일깨워 책망한 나단은 집으로 돌아

갔습니다. 하나님은 하나님의 사람 다윗을 더욱 존귀하게 사용하시려고 나단을 도구로 사용하셨다는 것을 우리는 알 수 있습니다.

예나 지금이나 하나님께서는 사람을 통해 돕기도 하시고 또 사람을 통해서 책망도 하십니다. 또한 사람을 통해서 하나님의 뜻을 이루어 가십니다. 아멘!

본문을 통해 나타난 나단의 사역은 첫째는 다윗을 회개시키는 것입니다. 둘째는 하나님의 심판이 무섭다는 것을 일깨우고 있습니다. 셋째는 그러면서도 자비하신 하나님의 사랑을 선포하고 있습니다.

이번 본문은 다윗의 심기일전(心機一轉)입니다.

하나님께서 보내신 선지자 나단의 책망 앞에 진심으로 회개한 다윗에게 놀라운 일이 일어났습니다. 그 일은 다윗과 밧세바를 통해 출생한 아이가 앓게 된 것입니다. 중요한 것은 이 아이가 앓게 된 이유입니다. 15절을 함께 보겠습니다.

"우리아의 아내가 다윗에게 낳은 아이를
여호와께서 치시매 심히 앓는지라."

참으로 가슴 아픈 일입니다. 다윗은 자기가 지은 죄를 회개했습니다. 그러나 하나님은 그 죄의 결과로 잉태된 생명은 그냥 두시지 않으셨습니다.

다윗에게는 자기가 지은 죄로 자신이 징계를 받는 것은 차라리 견디기 수월한 일입니다. 그런데 자신의 죄로 인하여 아이가 아픕니다. 그에게 이것은 정말 견디기 힘든 고통이었습니다.

부모 된 우리의 마음이 그렇지 않습니까. 아이가 갑자기 심하게 아프고 손을 쓸 수 없으면 우리의 심장이 다 타들어가는 것 같지 않습니까. 다윗도 바로 그런 지경이 되었습니다. 어쩌면 하나님은 이것을 아셨기 때문에 죄의 값이 얼마나 고통스러운 것인가를 다윗으로 하여금 겪고 깨닫기를 원하셨는지도 모릅니다.

물론 다윗은 이것이 하나님의 진노의 징표임을 깨달았습니다. 그래서 더욱 겸비한 자세로 아이의 생명을 위하여 밤이 새도록 땅에 엎드려 간구했습니다.

이것을 보는 시종들의 마음은 또 어떠했겠습니까. 그들은 너무 안타까워 다윗을 공궤하려고 했습니다. 그래도 그는 시종들의 섬김을 받으려하지 않았습니다. 부축을 하려해도 허락지 않았습니다.

다윗의 이 자세는 부성애(父性愛)의 절정입니다. 뿐만 아니라 하나님 앞에서의 진솔한 회개의 마음이 취한 아비로서의 긍휼을 구하는 거짓 없는 간곡한 자세였습니다.

이미 나단의 책망 가운데도 아이가 반드시 죽으리라는 것이 있었습니다. 그러나 다윗은 자신으로 인해 아이가 죽는 것을 숙명으로 받아들이고 아무 것도 하지 않은 채 앉아 있을 수는 없었습니다. 자신의 어린 아이가 아픈 중에 죽어가고 있습니다. 그것도 아비인 자신의 죄로 인하여. 그것을 가만히 앉아 견딜 수가 없었습니다. 그래서 그는 하나님 앞에서 어린아이처럼 울며 땅에 엎드려 밤 새워 기도했습니다. 그 마음이, 그 자세가, 그 간구가 얼마나 애절하고 간곡

했겠습니까.

얼마나 그랬을까요? 하루? 이틀? 사흘? 아닙니다. 7일 동안을 다윗은 그렇게 식음을 전폐하고 구푸려 울며 기도하고 또 간구했습니다.

신하들의 수종을 받지 않았습니다. 음식도 먹지 않았습니다. 울고 또 울었습니다. 그러나 결과는 7일 만에 아이가 죽었습니다. 그것이 18절 상반절입니다.

"이레 만에 그 아이가 죽으니라.…"

일주일이나 식음을 전폐하고 울면서 하나님 앞에 아이를 살려주시기를 구하는 다윗의 간구에도 불구하고 아이는 죽고 말았습니다.

그러자 신하들이 큰 걱정에 빠졌습니다. 저렇게 금식하고 울며 밤새워 기도했는데 아이가 죽었으니 어떻게 하면 좋겠느냐는 것입니다. 아이가 죽은 것을 어떻게 왕께 고할 수 있겠느냐는 것입니다. 아이가 살았을 때도 자신들의 말을 듣지 않았는데 아이가 죽었으니 이제 무슨 말을 해야 하겠느냐는 것입니다.

신하들의 수군거림을 다윗이 들었습니다. 그리고 아이가 죽었다는 것을 깨달았습니다. 다윗은 신하들에게 묻습니다. '아이가 죽었느냐?' 그러자 신하들이 두려워하는 마음으로 그렇다고 합니다. 죽었다고 합니다.

그러자 여기서 놀랍게도 상황의 반전이 일어납니다. 아이가 죽었음을 고하기 두려워하는 신하들의 걱정과 두려움을 깨고 완전한 역전이 일어납니다. 20절을 볼까요?

"다윗이 땅에서 일어나 몸을 씻고
기름을 바르고 의복을 갈아입고
여호와의 전에 들어가서 경배하고
왕궁으로 돌아와 명령하여
음식을 그 앞에 차리게 하고 먹은지라."

신하들은 놀라지 않을 수 없었습니다. 아이를 살려달라고 7일 동안이나 그렇게 밤 새워 울며 기도했던 왕입니다. 그런데, 그 아이가 죽었다는데 언제 그랬느냐는 듯이 기도를 그치고 땅에서 일어났습니다. 그리고 씻고 기름을 바르고 의복을 갈아입었습니다. 그러더니 성전으로 올라가 경배를 드립니다. 다시 궁으로 돌아오더니 음식을 차리도록 명령을 하여 식사를 하는 것입니다. 신하들은 완전히 어안이 벙벙해졌습니다. 도대체 이것을 어떻게 이해해야 하는 지 신하들은 알 수가 없었습니다. 그래서 21절에서 질문을 합니다.

"그의 신하들이 그에게 이르되
아이가 살았을 때에는 그를 위하여
금식하고 우시더니
죽은 후에는 일어나서 잡수시니

이 일이 어찌 됨이니이까?"

이에 대한 다윗의 대답이 이번 말씀의 핵심내용이며 오늘의 메시지입니다. 그것을 두 가지로 요약하겠습니다.

첫째, 인간의 도리(道理)를 교훈했습니다(22절).

"이르되 아이가 살았을 때에
내가 금식하고 운 것은
혹시 여호와께서 나를 불쌍히 여기사
아이를 살려 주실는지
누가 알까 생각함이거니와."

이 말씀에서 하나님에 대한 다윗의 믿음의 도리(道理)를 엿볼 수 있습니다. 즉, 앓고 있는 자식에 대한 아버지로서의 도리입니다. 아이가 살았을 동안에는 아이에 대한 하나님의 은총을 구하는 것이 아비로서의 도리라고 생각했다는 것입니다.

"…여호와께서 나를 불쌍히 여기사…"

그렇습니다. 이것이 다윗의 하나님에 대한 마음입니다. 하나님은 죽이기도 하시고 살리기도 하시는 생명의 주가 되심을 다윗은 믿었습니다. 그래서 비록 자신이 죄를 지었지만, 그래서 아이가 아프게 되었지만, 자신의 엎드려서 회개하며 아이를 낫게 해 주시기를 구하는 아비의 마음을 헤아리시고 불쌍히 여겨 아이를 살려 주실 수도 있다는 믿음이 다윗의 마음이었습니다. 이것이 하나님을 향한 믿음의 자세입니다.

여기서 깨닫는 또 하나의 중요한 것이 있습니다. 생명이 있는 한은 소망이 있으며, 소망이 있는 동안에는 기도할 여지가 있다는 것입니다.

둘째는 바른 신앙생활을 교훈했습니다(23절).

"지금은 죽었으니 내가 어찌 금식하랴
내가 다시 돌아오게 할 수 있느냐
나는 그에게로 가려니와
그는 내게로 돌아오지 아니하리라 하니라."

다윗의 이 말은 무슨 일이든지 결과에 순응하는 그의 중심자세입니다.

인간생활의 범사는 모두 하나님의 섭리가 있고 뜻이 있습니다. 그것을 깨달았을 때 요셉은 17년 동안을 인내하며 살았습니다. 혈육들에 의해 노예로 팔려온 세월이었지만 불평하지 않았습니다. 원망도 하지 않았습니다. 아픔과 고난을 견디었습니다. 억울함도 참고 그 어떤 상황도 극복해 나갔습니다. 자신에게 일어나는 모든 일에는 하나님의 뜻이 있다는 것을 보는 영안을 열고 있었기 때문에 그런 삶이 가능했던 요셉이었습니다.

여기서 우리가 또 한 가지 배우는 것이 있습니다. 그것은 아이가 죽은 후에 다윗이 심기일전(心機一轉)하고 있는 모습입니다.

우리는 창세기 22장의 모리아 산의 번제 사건을 잘 알고 있습니다. 하나님께서 아브라함에게 그가 100세가 되었을 때 주신 아들 이삭을 번제로 드리라고 했습니다. 그 청천벽력 같은 순간을 맞았을 때 아브라함의 자세가 바로 오늘 다윗의 마음자세와 같았습니다.

아브라함은 '왜?'냐고 하나님께 묻지 않았습니다. 아들을 주신분이 하나님이시고 또 그 아들을 번제로 바치라는 분도 하나님이시니 아브라함은 말씀대로 순종하여 행하는 것 외에 할 수 있는 것이 없었습니다. 그인들 왜 고통스럽고 번민이 없었겠습니까. 그도 다윗처럼 고통스러웠습니다. 그럼에도 불구하고 아브라함은 하나님의 말씀에 순복했습니다. 그의 그 중심의 행함이 바로 여호와 이레의 은총을 불러온 사건이 되었습니다.

욥도 그랬습니다. 10명의 아들딸이 한꺼번에 죽었습니다. 모든 소유물이 한 순간에 사라지고 말았습니다. 설상가상으로 온 몸은 악창으로 만신창이가 되었습니다. 그런데 욥이 어떻게 반응합니까? 욥기 1:20~22 내용을 함께 봅시다.

"욥이 일어나 겉옷을 찢고 머리털을 밀고

땅에 엎드려 예배하며 이르되
내가 모태에서 알몸으로 나왔사온즉
또한 알몸이 그리로 돌아가올지라.
주신 이도 여호와시요
거두신 이도 여호와시오니
여호와의 이름이
찬송을 받으실지니이다 하고,
이 모든 일에 욥이 범죄하지 아니하고
하나님을 향하여 원망하지 아니하니라."

이런 욥을 두고 일어나는 욥기 2장의 상황으로 올라가면 기가 막힌 장면이 기록되어 있습니다. 욥기 2:9의 내용입니다.

"그의 아내가 그에게 이르되
당신이 그래도
자기의 온전함을 굳게 지키느냐
하나님을 욕하고 죽으라."

돕는 배필로 지음 받은 욥의 아내가 남편 욥에게 하는 말이 이렇습니다. 그런데 이런 말을 하는 아내를 향한 욥의 반응이 참으로 대단합니다. 그것이 욥기 2:10입니다.

"그가 이르되 그대의 말이
한 어리석은 여자의 말 같도다.
우리가 하나님께 복을 받았은즉
화도 받지 아니하겠느냐 하고
이 모든 일에 욥이
입술로 범죄하지 아니하니라."

이렇게 모든 환경으로부터 자신의 하나님을 향한 믿음의 정절을 지킨 욥의 결과가 욥기 42장에서 더할 수 없는 포상의 백미로 안겨옵니다. 10절입니다.

"…여호와께서 욥의 곤경을 돌이키시고
여호와께서 욥에게 이전 모든 소유보다
갑절이나 주신지라.…"

그렇습니다.

살아가는 동안 나에게 이루어지는 좋은 결과만 하나님의 뜻이라고 받아들이는 것은 올바른 신앙이 아닙니다. 어떤 결과든 그 결과에 순응할 수 있는 자세가 필요합니다. 그래서 항상 기뻐하라는 것입니다. 쉬지 말고 기도하라는 것입니다. 범사에 감사하라는 것입니다.

고3 수험생이 있는 집에서 다반사로 있는 일입니다. 수능시험을

칩니다. 그러면 생각보다 점수가 더 오를 수도 있고 낮을 수도 있습니다. 그런데 올랐다고 하나님 앞에 감사하는 경우보다는 낮아졌기 때문에 좌절하는 사람들이 더 많다는 것입니다. 이것을 우리는 부인하지 않습니다. 심한 경우에는 실제로 교회를 떠난 학생들도 있습니다. 절망하여 믿음생활이 허우적거리는 집사님도 있습니다.

여러분은 어떠십니까?

곧 있을 항존직분자 피택에 많은 분들이 청원을 하게 된 것은 참으로 아름답고 감사한 일입니다.

중요한 것은 그 많은 사람들이 다 피택 될 수는 없다는 것입니다. 피택이 된다고 그 사람이 피택 되지 않은 사람보다 월등하게 우수한가 하면 꼭 그렇지는 않다는 것입니다. 그야말로 도토리 키 재기처럼 상황이 그렇습니다.

그럼에도 불구하고 공시된 정원으로 피택을 해야 하기 때문에 어떤 이는 선택이 되기도 하고 또 어떤 이는 선택을 받지 못하기도 합니다.

그래서 결과가 발표될 때까지는 당사자는 물론 전 교인이 기도합니다. 기도 내용은 각자가 다를 것입니다. 모두가 다 자기가 선택되기를 기도할 것입니다. 그럼에도 불구하고 결과는 자신이 선택이 되지 않을 수도 있습니다. 그럴 때 어떻게 해야겠습니까? 오늘 본문의 다윗처럼 심기일전(心機一轉)하는 것이 필요합니다.

과거에는 선택되지 못했다고 교회를 옮긴 사람도 있었습니다. 시험에 들어 교회에도 안 나오는 사람이 있었습니다. 과연 그들이 하나님을 믿는 신앙인일까요? 그들은 왜 항존직분자가 되려고 했을까요?

이 질문에 보다 근원적인 마음의 대답이 요구됩니다. 하나님은 그 대답을 듣고 싶어 하십니다.

이번 본문의 다윗을 통해 우리는 오늘을 살아가는 동안 참으로 좋은 교훈을 받게 됩니다.

심기일전하고 일어난 다윗에게 돌아온 결과는 어떤 것이었을까요?

하나님은 다윗에게 전대미문의 사람 솔로몬을 아들로 주셨습니다. 그를 이름하여 '여디디아' 라고 하셨습니다. '하나님께 사랑을 받는 자' 라는 뜻입니다. 하나님께 사랑을 받는 아들을 다윗에게 주신 것입니다.

그리고 다윗은 성군이 되었습니다. 하나님의 마음에 합한 자가 되었습니다. 그 족보에서 예수 그리스도께서 탄생하셨습니다.

우리가 잊지 말아야 할 것은 그런 것들이 중요한 것이 아니라는 것입니다. 거기서 멈추면 하나님의 뜻을 올바로 깨닫지 못합니다. 더 나아가 더 넓고 깊은 것을 보아야 합니다.

현실적으로 죄는 다윗이 지었습니다. 그 죄의 행진에 우리아가 죽습니다. 그 죄의 결과에 아이가 죽습니다. 죄는 다윗이 지었는데 하나님께서는 그 다윗은 살리셨습니다. 죄도 없는 우리아가 죽었고 아이가 죽었습니다.

이것이 무엇을 뜻하는지 아시겠습니까? 바로 대속의 은총의 메시지입니다. 그래서 우리아와 아이는 예수 그리스도의 그림자입니다. 여기서 성립되는 것이 로마서 3:20입니다.

"그러므로 율법의 행위로 그의 앞에
의롭다 하심을 얻을 육체가 없나니
율법으로는 죄를 깨달음이니라."

로마서 3:28에서 이 사실을 확증했습니다.

"그러므로
사람이 의롭다 하심을 얻는 것은
율법의 행위에 있지 않고
믿음으로 되는 줄 우리가 인정하노라."

다윗은 행위로는 의롭다 인정함을 받을 수가 없습니다. 그러나 오직 하나, 하나님을 믿는 믿음으로 의롭다함을 얻게 된 것입니다.

사랑하는 성도 여러분! 그래서 오늘 우리도 심기일전이 필요합니다.

그러므로 어떤 상황 가운데서도 예수 그리스도의 은혜의 법 안에서 감사함으로 반응하는 삶을 살아야 합니다.

어려운 일, 힘든 상황 가운데 놓였을지라도, 더욱 심기일전하며 일어서시는 저와 여러분이 되시기를 예수님의 이름으로 축복합니다. 아멘!

6
주님께 영광

"이제 왕은 그 백성의 남은 군사를 모아…중략…
이 성읍을 쳐서 점령하소서…중략…
내 이름으로 일컬음을 받을까 두려워하나이다"
〈사무엘하 12:26~31 중〉

지난 한 주간 동안은 중국 선교지를 돌아보고 집회도 은혜 가운데 잘 인도하고 돌아왔습니다. 중국 장가항 포스코 사장은 우리교회 출신 김용민 집사님입니다. 그런가 하면 포스코에서 퇴직하여 회사를 설립하고 교민사회를 이끌어 가면서 장가항 교회를 설립한 분이 또 우리교회 출신 민성기 집사님입니다. 고맙게도 김집사님은 장가항 포스코를 너무나도 잘 경영하고 있어 참으로 고맙고 대견스러웠습니다. 그 분들의 지극한 섬김과 사랑을 받으면서 집회도 은혜 가운데 잘 마무리 했습니다.

우리 교회도 언젠가는 포스코 사장이 배출되기를 소망하는 꿈이 이루어지기를 기도했습니다. 그런데 포항을 떠난 지 10여 년이 된 장가항 포스코 사장인 김용민 집사님이나 (주)우신 사장인 민성기 집사님을 통해 하나님께서 그 꿈을 이루어 주셨습니다. 하도 고마워 격려를 했더니 자신들이 이렇게 할 수 있었던 것이 모두가 포항중앙교회에서 배운 것이라고 겸손의 말씀들을 했습니다. 뿐만 아니라 오랜 세월이 지났음에도 아직도 못난 저를 담임목사로 생각하고 섬기고 존중해 주셨습니다. 그 모습 가운데서 큰 인물들의 공통점이 새삼 생각이 났습니다.

언젠가 우리 교회 교인 중 어느 분이 '포스코 직원 때문에 담임목사의 목회가 힘들다.'는 오해를 살 만한 말을 한 일이 있습니다. 그로 인해 포항제일교회 L장로님이 전화로 근황을 문안하시면서 하신 말씀이 있습니다.

"목사님, 저희들 포스코 OB들은 박태준 회장님에게 세례를 베푸신 서목사님을 박회장님과 같이 존경하고 사랑합니다. 목사님을 존중하지 않는 포스코맨은 누구도 저희들이 용납하지 않습니다."

참으로 고마운 위로와 격려의 말씀이라 늘 마음에 남아있습니다. 저는 그때 저 자신과 주님과의 관계를 깊이 새겼습니다.

이해관계로 인해 득실을 계산하여 배반하고 뒤통수를 치는 치졸한 행동을 하는 것이 오늘날 우리 사회입니다. 그런데 그 속에서 그리스도인들조차 그렇게 살아간다면, 그것은 참으로 시정잡배만도 못한 삶이라는 생각을 다시금 했습니다. 아니 어쩌면 교회 안에서 사회보다 그런 면에서는 더 추악한 행동이 일어나고 있는지도 모릅니다. 그것은 교회가 사회 통념 속에 통용되는 법리적 장치가 아닌 사랑의 법이라는 인간본성의 영적, 양심적 장치에 의존하여 나아가고 있기 때문인지도 모릅니다.

그러나 교회가 그 사랑의 법이 상실될 때 하나님의 역사는 중단된다는 것을 우리는 역사를 통해 너무도 분명하게 보아왔습니다. 마치 반면의 거울과도 같이 말입니다. 그렇기 때문에 오늘도 우리는 오직 주님의 마음으로 힘들고 어려워도 각자의 십자가를 지고 주님을 따라가는 십자가 군병이 되어 나아갑니다.

저는 예수님을 처음 믿을 때 마음에 못처럼 박힌 말씀이 있습니다. 그 말씀이 지금까지 살아 제 안에 변함없이 숨 쉬고 있음을 느낍니다. 갈라디아서 2:20의 말씀입니다.

"내가 그리스도와 함께
십자가에 못 박혔나니
그런즉 이제는 내가 사는 것이 아니요
오직 내 안에 그리스도께서 사시는 것이라
이제 내가 육체 가운데 사는 것은
나를 사랑하사 나를 위하여
자기 자신을 버리신 하나님의 아들을 믿는
믿음 안에서 사는 것이라."

나 서임중은 죽었기 때문에 서임중을 위한 그 어떤 것도 이미 끝났습니다. 있다면 오직 주님만을 위한 것이 그 때부터의 삶의 목표이며 방향이 되었습니다. 그래서 목사가 되었습니다.

목회를 시작하면서 로마서 14:7~8을 즐겨 읽습니다.

"우리 중에 누구든지
자기를 위하여 사는 자가 없고
자기를 위하여 죽는 자도 없도다.
우리가 살아도 주를 위하여 살고
죽어도 주를 위하여 죽나니
그러므로 사나 죽으나
우리가 주의 것이로다."

이 말씀 때문에 목사 안수를 받으면서 "주님의 나귀가 되겠습니다."라고 서원을 했습니다. 그 서원 때문에 때로는 너무 벅차고 힘든 일정이 주어져도 그것을 소화하면서 갑니다. 나귀로서 주님을 태우고 말씀 사역을 하는 일에는 때로는 뼈가 부서지는 것 같은 고통이 있어도 그것을 감내하면서도 한 걸음 한 걸음 나아갑니다. 이 말씀 때문에 목사로 사역하면서 세상적인 모든 것을 단절했습니다. 이 말씀 때문에 주님의 기쁨이 되는 일이라면 물불을 안 가리는 헌신이 가능했습니다.

그래서 때로는 이것 때문에 독불장군이라는 말도 들었습니다. 이것 때문에 덕이 없는 사람이라는 말도 들었습니다. 또 그렇기 때문에 카리스마가 너무 강하다는 말도 들었으며, 숱한 아픔과 오해와 반목과 질시도 받았습니다.

그래도 상관없습니다. 나를 통해서 그리스도께서 존귀하게 되고, 그리스도의 이름이 높여진다면, 그리스도 나의 주님의 영광만 드러난다면, 나 하나의 삶은 짓밟혀도 괜찮습니다.

그러나, 친히 십자가에 못 박혀 죽으시고 탄생시킨 예수 그리스도의 교회를 분열시키고 그리스도의 영광을 파괴하려는 것이 있다면, 그것만큼은 그 어떤 세력도 절대로 용납할 수 없습니다. 왜냐하면 '오직 주님께만 영광'이라는 제 삶과 목회의 표방 때문입니다.

그러면 목사의 판단과 목회가 100% 옳기만 할까요?

그렇지 않습니다. 그렇기 때문에 당회라는 통제기관이 존재합니다. 당회라는 통제 기관을 통해서 목사의 목회를 조절하고 방향감각을 잃지 않게 하는 것입니다. 그러므로 여기에 장로교회의 강점이 있는 것입니다.

우리 교회는 60년 이상을 이 아름다운 교리와 목회와 신앙의 바탕 위에 오늘 여기에 이르렀습니다.

신앙생활의 불평이 어디서 나옵니까? 감사가 없는 삶에서 나오는 필연적 과정입니다. 교회 일을 하면서 왜 시끄럽고 문제가 제기 되는가 하면, 명목상은 의를 앞세우고 하나님의 영광이라는 말을 앞세우지만, 그것을 가만히 되새김질해 보면 다 자기의 영광을 위한 것이 동기가 되기 때문입니다.

교회에서의 의는 공의회의 결정을 순복하는 데서 출발 됩니다. 공의회의 결정은 개개인의 생각과 마음에 절대로 다 맞지 않습니다. 그런 것을 맞지 않는다고 자기 생각을 의라는 옷을 입혀 공의회의 결정에 순복하지 않으면, 그 때 문제가 제기되고 시끄럽게 되는 것입니다. 그래서 분열이 되는 것입니다. 그러면 결국은 공멸이라는 참담한 영적 폐허 위에 서게 되는 것입니다. 이런 과정과 결과들을 우리는 역사 속에서 수도 없이 보아 왔습니다.

이번 본문은 우리가 교회 공동체 생활을 할 때 주목할 메시지가 있습니다. 자칫 스쳐 읽으면 보지 못하고 지나칠 수 있는 부분입니다. 그래서 세심히 주목할 부분입니다. 그것이 28절입니다.

"이제 왕은 그 백성의 남은 군사를 모아
그 성에 맞서 진 치고
이 성읍을 쳐서 점령하소서.
내가 이 성읍을 점령하면
이 성읍이 내 이름으로 일컬음을 받을까
두려워하나이다."

이 내용은 이미 읽은 본문을 통해 여러분도 이해가 되리라 생각합니다. 본문은 이스라엘이 당시 암몬 자손의 왕성인 랍바를 완전히 함락하고 암몬을 온전히 정복한 내용입니다.

그런데 중요한 것은 군대장관 요압이 암몬을 완전히 정복할 시점에서 다윗 왕에게 전령을 보낸 내용이 이 28절입니다.

이제 랍바 성만 함락시키면 암몬은 완전 정복인 상황이 되었습니다. 그것을 잘 아는 군대장관 요압이 구태여 성의 점령을 보류하고 다윗 왕에게로 전령을 보낸 것입니다. 왜냐하면 승전하는 전세를 몰아 자기가 그 랍바 성을 정복하게 되면 자기 이름이 높여질까봐 염려를 한 것입니다. 그래서 주군인 다윗으로 하여금 전군을 이끌고 와서 친히 랍바성을 함락하여 암몬을 정복한 것이 다윗임을 만천하에 드러내라는 것입니다.

이것은 이런 참모를 거느린 다윗의 복입니다.

전령을 통해 전갈을 받은 다윗은 군대를 이끌고 옵니다. 그리고 친히 랍바성을 공격하여 함락시키고 완전히 암몬을 정복합니다.

여기에서 몇 가지 정리해야 할 것이 있습니다.

첫째는 다윗의 범죄 이후에도 하나님은 다윗에게 승리를 안겨 주셨다는 사실입니다. 그것은 다윗과의 언약을 신실하게 지키시는 하나님의 뜻입니다.

둘째는 암몬 왕 하눈에게 당한 이스라엘의 모욕을 다윗으로 하여금 갚을 수 있게 하셨다는 것입니다. 신실한 자를 업신여기고 공의로운 자를 모욕하는 자는 반드시 심판하시는 하나님의 뜻입니다.

셋째는 전쟁을 어느 정도 마무리 할 수 있게 되었을 뿐만 아니라 나라를 태평하게 반석 위에 올려놓게 되었습니다. 이는 그의 백성들을 지키시고 사랑하시는 하나님의 뜻입니다.

넷째는 군대장관 요압이 자신의 공적과 명성을 쌓을 수 있는 기회를 포기하고 주군(主君) 다윗의 명성을 먼저 생각하며 그 자신의 모든 공적을 주군에게로 돌렸다는 것입니다. 이는 진정한 충성이 무엇인가를 드러내는 하나님의 뜻입니다.

여기서 우리에게 주시는 하나님의 메시지가 무엇이겠습니까?

예, 그렇습니다. 오늘 우리 그리스도인들의 신앙생활이 주님 앞에서 이래야 한다는 교훈입니다. 이것을 믿는다면 우리는 이번 본문이 주는 메시지를 우리 삶에서 결코 간과해서는 안 될 것입니다.

요압을 통해 오늘 우리의 모습을 새롭게 조명합니다. 작은 일 하나만 해 놓아도 자기 공과를 드러내어야 직성이 풀리는 사람이 있습니다.

교회 일을 하면서 자기 이름이 드러나지 않으면 화를 내고 짜증을 내며 교회를 어지럽히는 사람도 있습니다.

무슨 일에든지 주님의 영광이 먼저가 아니고 교회의 유익이 먼저가 아니며 철저하게 자기 자신이 앞서야 직성이 풀리는 사람도 있습니다.

주님은 그런 사람들에게 오늘 요압의 모습을 거울로 비춰보게 하셨습니다. 그리고 자기 자신을 발견하게 하시는 것입니다.

'염불보다 젯밥에 마음이 있다.'는 말이 있습니다. 이것은 본질은 뒤로 하고 비본질을 앞세운다는 말이기도 합니다.

우리는 하나님을 믿는 사람들입니다. 하나님을 믿는 사람이라면 그로 인하여 하나님의 이름이 높여져야 합니다. 피로 값 주고 세우신 예수 그리스도의 교회가 높여져야 합니다.

예수님께서 마태복음 16장에서 구속사의 비밀을 처음 드러내셨을 때 베드로가 무엇이라고 했는지 아십니까? 예수님은 죽어서도 안 되고 죽지 않는다고 호언하였습니다. 그러자 예수님께서 베드로에게 말씀하셨습니다. 마태복음 16:23입니다.

"예수께서 돌이키시며
베드로에게 이르시되
사탄아 내 뒤로 물러 가라.
너는 나를 넘어지게 하는 자로다.
네가 하나님의 일을 생각하지 아니하고
도리어 사람의 일을 생각하는도다."

그렇습니다. 하나님의 일을 생각지 않는 사람의 해석입니다.

종종 목회를 하다보면 다양한 이슈가 발생합니다. 어떤 문제든 찬반으로 공론화 됩니다. 그런 찬반의 공론화의 공통점은 공동체를 위해서라는 명분입니다. 그리고 결과는 두 가지로 나누어집니다. 하나는 어떤 이슈도 조용히 멋지게 마무리 됩니다. 다른 하나는 분쟁과 분열과 공멸로 마무리 됩니다. 전자는 교회를 먼저 생각하기 때문이고 후자는 자기를 먼저 생각하기 때문입니다.

다윗과 사울의 차이가 무엇인지 아십니까?

두 사람 다 하나님 앞에서 죄를 지었습니다. 두 사람 다 선지자에게 책망을 동일하게 받았습니다. 그런데 그 결과는 엄청난 차이를 가져왔습니다. 사울은 하나님께 버림을 받았고 다윗은 영원한 영광을 입었습니다.

그 이유가 무엇일까요?

사울은 사무엘의 책망을 받았을 때 하나님의 마음을 헤아리지 않았습니다. 앞에서 일을 진행하는 사무엘의 입장을 생각하지 않았습니다. 오히려 그보다는 먼저 자기 자신의 위신과 자존심과 이름을 앞세웠습니다. 그것을 그 어떤 것보다 중히 여겼습니다.

그러나 다윗은 나단의 책망을 받았을 때에 먼저 하나님의 마음을 헤아렸습니다. 자기가 하나님의 마음을 짓밟았다는 책망 앞에 견딜 수가 없었습니다. 그래서 자기 자신의 위신과 자존심과 이름은 다 버리고 땅에 고꾸라지면서 회개하며 웁니다. 하나님의 영광을 높이기 위해 울고 또 울었습니다.

이것이 믿음의 사람 신앙인과 불신앙의 사람의 차이입니다. 이것이 통념상 인격자와 비인격자의 차이입니다. 이것이 지혜로운 자와 미련한 자의 차이입니다.

하나님은 하나님의 백성이 하나님의 영광을 가로 채는 일을 가장 싫어하십니다. 하나님은 당신의 영광을 누구에게도 빼앗기지 않으시는 분이십니다. 하나님의 영광을 가로 채다 그 즉시 충이 먹어 죽은 자도 있습니다(행12:23). 그것을 알아야 합니다. 그것을 알 때 오직 주님께서 기뻐하시는 삶이 가능하게 됩니다.

오직 주님의 영광으로 살아가는 사람이 어떤 사람일까요?

성경의 몇 곳에서 말씀을 보겠습니다. 먼저 로마서 14:6입니다.

"… 먹는 자도 주를 위하여 먹으니
이는 하나님께 감사함이요
먹지 않는 자도
주를 위하여 먹지 아니하며
하나님께 감사하느니라."

빌립보서 1:20~21은 살든지 죽든지 입니다.

"… 살든지 죽든지 내 몸에서
그리스도가 존귀하게 되게 하려 하나니
이는 내게 사는 것이 그리스도니
죽는 것도 유익함이라."

고린도전서 10:31은 먹든지 마시든지 무엇을 하든지입니다.

"너희가 먹든지 마시든지 무엇을 하든지
다 하나님의 영광을 위하여 하라."

고린도후서 5:9은 거하든지 떠나든지 입니다.

"그런즉 우리는 몸으로 있든지 떠나든지
주를 기쁘시게 하는 자가 되기를 힘쓰노라."

데살로니가전서 5:10은 자든지 깨닫든지 입니다.

"예수께서 우리를 위하여 죽으사
우리로 하여금 깨어 있든지 자든지
자기와 함께 살게 하려 하셨느니라."

베드로전서 4:11은 무슨 말을 하든지 무슨 일을 하든지입니다.

"만일 누가 말하려면
하나님의 말씀을 하는 것 같이 하고
누가 봉사하려면
하나님이 공급하시는 힘으로
하는 것 같이 하라.…"

이 모든 말씀은 세상적인 부귀영화를 분토처럼 버리고 오직 하나님의 영광을 위하여 일생을 살았던 사도 바울을 통해 말씀하시는 하나님의 말씀입니다.

오늘 우리의 근본 문제는 하나님을 멀리하는 데서 시작됩니다. 하나님을 가까이 하시기를 축복합니다. 하나님을 가까이 하면 마음이 낮아집니다. 하나님을 가까이 하면 평안하고 행복해 집니다. 하나님을 가까이 하면 정직하고 순전해 집니다.

저의 큰 손녀 혜원이는 초콜릿을 참 좋아합니다. 혜원이가 세 살

때였습니다. 혜원이의 건강을 위해서 며느리는 혜원이에게서 약속을 받아냅니다. 하루에 한 알씩만 주겠다는 것입니다. 그리고 하루에 한 알씩만 주었습니다. 어느 날 혜원이가 제게 와서 자꾸만 보너스로 초콜릿 한 개를 더 달라는 요구를 합니다.

여러분 같으면 아이의 건강을 앞세워 엄마가 약속한 것을 지키시겠습니까? 저는 도저히 그 약속을 지킬 수가 없었습니다. 그래서 혜원이에게 긴히 당부를 했습니다.

"혜원아, 엄마가 하루에 한 개만 먹자고 약속했지? 오늘은 특별히 할아버지가 엄마한테 이야기 할 테니 한 개만 더 먹자, 알았지?"

아이의 얼굴은 금방 천국이 되었습니다.

식탁위에 있는 초콜릿을 가지러 간 혜원이를 안 보는 척 하고 살펴보았습니다. 그런데 놀라운 일이 일어났습니다. 한 개를 오른손에 잡더니 뚜껑을 닫으려다가 그 오른손의 초콜릿을 왼손에 옮겨 쥐고 다시 한 개를 잡는 것이었습니다. 그러면서 연신 할아버지인 저를 살피는 것입니다. 그래도 못 본 척 하면서 앉아 있는데 혜원이는 기어코 초콜릿 두 개를 손에 들고 자기 방으로 들어가는 것입니다.

그 순간 내 가슴이 쿵쿵 뛰기 시작했고 불안했습니다. 초콜릿 한 개를 더 먹어서가 아닙니다. 세 살짜리가 벌써 속인다는 사실에 마음이 떨린 것입니다. 한 참 만에 혜원이가 나왔습니다.

"혜원이 초콜릿 맛있었어?"

배시시 웃으면서 "예"라고 하는 대답은 이미 죄지은 자의 마음이 드러나고 있었습니다.

"그래 맛있었겠네? 할아버지도 한 개 먹고 싶지만 나중에 혜원이 한 개 더 먹으라고 참아야지."

그랬더니 아이가 금방 얼굴 표정이 달라집니다. 그리고는 곧 얼굴이 실룩거리더니 닭똥 같은 눈물을 흘립니다.

"왜? 혜원이 초콜릿 더 먹고 싶어?"

"아니에요. 사실은 아까 초콜릿 두 개를 먹었어요."

그리고는 그냥 제 품에 와락 달려들어 어쩔 줄 몰라 하면서 울음을 터트렸습니다.

그 순간 조금 전까지 그렇게 요동치던 제 가슴이 정상적으로 박동하며 고요로 채워졌습니다. 그리고 저의 눈이 감사의 마음으로 젖어 들었습니다.

"하나님 감사합니다. 정직하게 이야기하는 혜원이를 복되게 하심을 감사합니다."

그리고는 아이를 달래고 정직하게 이야기 한 것이 할아버지는 너무너무 행복하다고 아이에게 다정히 일러 주었습니다.

어린 세 살 박이 손녀였던 혜원이와의 꿈엔들 잊힐 리 없는 감동적인 추억입니다.

우리 모두는 하나님 앞에서 수도 없이 잘못을 저지르면서 살아갑니다. 괜찮습니다. 어린 저의 손녀 혜원이처럼 도무지 참을 수 없는 유혹에 잘못을 저질렀을 지라도 말씀 앞에서 나를 비춰보고 정직하게 하나님 품으로 돌아가십시다.

그리고 다시는 죄 짓지 마십시다. 죄와 싸우되 피 흘리기까지 하는 복된 삶을 사십시다. 그것이 오직 하나님께 영광을 돌리는 삶입니다.

우리 모두가 그렇게 살아가기를 예수님의 이름으로 축복합니다. 아멘!

7
어리석은 일을 행하지 말라

"그가 그에게 대답하되
아니라 내 오라버니여 나를 욕되게 하지 말라
이런 일은 이스라엘에서 마땅히 행하지 못할 것이니
이 어리석은 일을 행하지 말라"
〈사무엘하 13:1~22 중〉

여씨춘추(呂氏春秋)의 〈찰금편(察今篇)〉에 각주구검(刻舟求劍)의 유래가 기록되어 전래되고 있습니다.

중국 초(楚)나라 사람이 배를 타고 강을 건너다가 들고 있던 칼을 물속에 빠뜨렸습니다. 그러자 그는 곧 칼을 빠뜨린 뱃전에 칼자국을 내어 표시를 해 두었습니다. 이윽고 배가 언덕에 와 닿자 칼자국이 있는 뱃전 밑 물속으로 뛰어들었습니다. 그러나 그 곳에 칼이 있을 리가 없었습니다.

이와 같이 어리석고 미련하여 융통성이 없이 행하는 것을 일컬어 '각주구검'(刻舟求劍)이라고 말을 합니다.

융통성이 없음을 뜻하는 다른 말로 수주대토(守株待兎)가 있습니다. 한 가지 일에만 얽매여 발전을 모르는 어리석은 사람을 비유적으로 이르는 말입니다.

이럴 때 우매(愚昧)라는 말을 덧붙여 사용하기도 합니다. 진실은 모르고, 자기가 알고 있는 것이 거짓인데 그것이 진실인 것으로 착각을 하고 있는 경우를 말합니다.

'개구리가 하늘을 날다.'라는 이야기가 있습니다. 연못가에 사는 개구리의 소원은 훨훨 날아다니는 새들처럼 자기도 공중을 한번 날아 보는 것이었습니다.

어느 날 그 연못가에 황새 한 마리가 날아들어 먹이를 먹고 있었습니다. 개구리는 황새에게 부탁을 합니다. 자기를 한 번만 하늘을 날게 해 달라는 것입니다. 우여곡절 끝에 개구리는 황새의 다리를 꼭 붙잡고 하늘로 날아오르기로 했습니다.

개구리가 난생처음 하늘을 날고 보니 얼마나 황홀했는지 모릅니다. 그러자 자기도 하늘을 날았다고 자랑을 하고 싶었습니다. 그래서 저 아래 지상의 연못가에 있는 자기 동료 개구리들에게 그 사실을 뽐내며 자랑하고 싶어서 소리를 치기 시작했습니다. 개구리가 자기 동료 개구리를 향해서 "야~~ 내가 하늘을 날아간다."라고 하면서 잡았던 황새 다리를 놓고 만세를 불렀습니다. 순간 수천 길 아래로 곤두박질쳐 떨어지며 개구리는 즉사하고 말았습니다.

"내가~~~!"라고 하는 순간에 일어난 일입니다.

어떻게 자기가 해서 그렇게 되었습니까. 단지 자신은 황새의 다리를 잡고 있었을 뿐입니다. 그런데 "내가~~"라고 우쭐대며 뽐내려고 하다가 순식간에 그렇게 되고 말았습니다.

"내가"라는 말이 얼마나 무섭고 비참하며 하나님 앞에서 미운 말인지 새삼 돌아보게 하는 이야기입니다.

누가복음 12장에도 이와 같은 이야기가 있습니다. 어리석은 부자를 비유로 하신 말씀으로 그 본문을 보면 12:17~19까지의 세 절 안에서 "내가"라는 말이 여섯 번이나 나옵니다. 어떻게 "내가"입니까. 하나님이지.

개구리나 어리석은 부자의 이야기는 어쩌면 오늘을 살아가는 우리의 이야기인지도 모릅니다.

우리는 창세기 26장의 이삭의 축복을 늘 묵상합니다. 26:12~13을 보겠습니다.

"이삭이 그 땅에서 농사하여
그 해에 백배나 얻었고
여호와께서 복을 주시므로,
그 사람이 창대하고 왕성하여
마침내 거부가 되어."

그 땅이 어떤 땅인지 아십니까? 척박하고 황무지 같은 땅입니다. 뿐만 아니라 이삭의 땅이 아닌 블레셋 사람의 땅을 빌린 것입니다.

그 해가 어떤 해인가 하면 온 블레셋 사람들이 농사를 지었는데 흉년이 들었던 해였습니다. 거기서 이삭이 농사를 지었는데 백배를 거두었습니다.

어떻게 그렇게 많은 추수를 할 수 있었는가에 대하여 성경은 "여호와께서 복을 주시므로"라고 기록하고 있습니다. 하나님께서 복을 주셨기 때문에 이삭이 창대하고 왕성하여 마침내 거부가 되었다는 것입니다.

여기에서는 "내가"라는 말이 비집고 들어갈 틈이 그 어디에도 없습니다. 오직 하나님, 하나님 그분께서 하셨다는 것입니다. 그것이 축복의 비결입니다.

그런데 오늘날 우리는 너무도 "내가"라는 말을 많이 사용합니다. 하나님의 일을 하면서도 "내가"입니다. 내 생각, 내 말, 내 판단, 내가 하는 일……. 모든 일상에서 오직 "내가"가 앞섭니다.

그것이 하나님 앞에서 얼마나 어리석은 언행인지를 그렇게 말하는 사람들은 알지 못합니다. 그것이 하나님의 마음을 얼마나 섭섭하게 하는 것인지 전혀 모릅니다. 그렇게 하는 것이 하나님의 진노를 불러오는 지름길이라는 것도 그들은 모릅니다.

그러나 은혜 받은 성도는 압니다. 그래서 고린도전서 15:10이 축복의 메시지입니다.

"그러나 내가 나 된 것은
하나님의 은혜로 된 것이니
내게 주신 그의 은혜가 헛되지 아니하여
내가 모든 사도보다 더 많이 수고하였으나
내가 한 것이 아니요

오직 나와 함께 하신
하나님의 은혜로라."

농사는 이삭이 지었습니다. 사업은 내가 했습니다. 목회는 내가 했습니다. 그러나 백 배를 거두고 번영하며 부흥하게 하신 분은 오직 하나님이십니다. 아멘!

누가복음 12장의 어리석은 부자의 강조점이 무엇입니까? "내가 이렇게 하리라."입니다.

내가 도대체 뭘 어떻게 하겠다는 것입니까?

예, 곡간도 헐고 더 크게 짓겠다는 것입니다. 곡식과 물건을 그곳에 가득 쌓아 놓고 이제는 평안히 쉬고 먹고 마시고 즐거워하자는 것입니다. 그렇게 말하는 그 어디에도 하나님께서 들어가실 자리가 전혀 없습니다.

그가 말을 마치기가 무섭게 곧 바로 떨어진 하나님의 말씀이 20절입니다.

"하나님은 이르시되
어리석은 자여 오늘 밤에
네 영혼을 도로 찾으리니
그러면 네 준비한 것이
누구의 것이 되겠느냐?"

이게 무슨 뜻이겠습니까?

아무리 내가 하고자 한다고 해도 하나님이 No! 하시면 안 된다는 말씀입니다. 하나님께서 하셔야만 온전히 된다는 말씀입니다.

어떤 자가 어리석은 자입니까?

내가 했다고 여기는 사람입니다. 내가 하고자 한다면 무엇이든지 한다는 사람입니다. 내 것이라고 여기며 사는 사람입니다. 모든 판단의 기준이 자기 자신인 사람입니다.

그런 사람을 잠언 1:7에서 무엇이라고 하셨는지 아십니까?

"여호와를 경외하는 것이
지식의 근본이거늘
미련한 자는
지혜와 훈계를 멸시하느니라."

그렇습니다. "'내가" 앞서는 사람은 어떤 훈계도 듣지 않습니다. 훈계를 멸시하는 자는 미련한 자입니다.

우리가 살아가는 삶의 내용을 조금만 주의하여 보면 나름대로 똑똑하다는 사람들이 의외로 어리석은 삶을 살아가는 것을 봅니다. 왜 그럴까요?

지난 주간에는 이것저것 생각할 일이 하도 많아서 머리도 식힐 겸 서점에 가서 책을 한 권 사서 읽었습니다. 책의 제목은 세계가 주목하고 있는 경제학자이자 수석 투자전략가인 '마이클 모부신'의 『왜 똑똑한 사람이 어리석은 결정을 내릴까?』입니다.

책 제목이 주는 만큼의 충족 되어진 내용은 얻지 못했지만 이 책을 통해 한 가지 정리되는 것이 있었습니다. 그것은 똑똑하다고 칭함을 받는 사람들이 그만큼 일도 똑똑하게만 결정하는 건 아닌 듯싶다는 것입니다.

우리가 사는 사회에서 사람들은 누구나 자신이 평균이상은 된다고 생각합니다. 자신을 평균이하라고 생각하는 사람은 그리 많지 않습니다. '마이클 모부신'은 그런 사람들에 대한 객관적인 시각이 얼마나 중요한 것인가를 다양한 fact를 통해 진단하고 분석하고 적용했습니다.

그의 '긍정적 착각과 지나친 낙관'을 피하라는 권고는 매우 가슴에 남았습니다. 동시에 무슨 일을 할 때 들려오는 떠도는 이야기들은 분명한 증거가 아니라고 명시를 하면서 '소문'이라는 것을 경계할 것을 지적하고 있습니다.

자기가 똑똑하다는 자가당착에 빠져서 자기가 하는 말과 행동이 언제나 옳다고 여기는 똑똑한 사람이 어리석은 결정을 내리는 경우가 있습니다. 그런 경우의 대부분이 자기 의(義)에 도취되기 때문입니다.

얼마 전 우리는 광주에 계시는 김명성 장로님을 초청하여 간증집회를 했습니다. 간증을 들으면서 드는 생각은 그야말로 '유구무언'이었습니다.

그 장로님의 일생을 함축한 말씀 앞에서 그 누구도 감히 이의를 제기할 수 없었을 것입니다. 뿐만 아니라 '요즈음 교회 안에는 믿음 없는 항존직분자들이 너무 많다'는 장로님의 울부짖는 듯한 절규 앞에 더욱 유구무언이었습니다.

그런 항존직분자들의 논리는 언제나 공의(公義)를 말하나 사욕을 채우는 것이라고 일갈했습니다.

그러면서 '우리가 진정 예수 그리스도의 누룩이 되어 교회가 영적으로 충만할 때 그 누룩이 자연스럽게 사회를 부풀려 복음화가 된다.'는 것을 결론으로 말씀을 맺었습니다.

예, 그렇습니다. 그래서 믿음이 없이는 하나님을 기쁘시게 할 수 없다고 했습니다. 믿음이 없는 사람은 어리석은 짓을 할 수 밖에 없습니다. 하나님은 그 사실을 이번 본문을 통해서 우리에게 강조하고 계십니다.

이번 본문은 읽기조차 민망스러운 이야기입니다. 부끄럽기 그지없는 사건입니다. 사람이 이토록 악한가를 생각하게 합니다. 하나님을 떠난 사람이 아니라면 어떻게 이렇게 악독한 생각과 행동을 할 수 있을까 하는 생각이 듭니다. 다윗 같은 위대한 성군에게 어떻게 이런 아들이 있을까 싶습니다.

그럼에도 이 사건이 성경에 기록되어 있는 이유는 분명합니다. 오늘을 살아가는 우리로 하여금 이처럼 어리석은 짓을 해서는 안 된다는 것을 깨우쳐 주시기 위한 것입니다.

다윗에게는 암논이라는 장남이 있습니다. 그런데 그가 이복 누이 다말을 사모하게 되었습니다. 그러면서 그 마음이 타락하며 오직 다

말을 품고 싶은 욕망에 사로잡히고 맙니다. 마침내 암논은 그 욕망을 채우려고 무서운 계획을 세웁니다. 그리고 결국 하나님 앞에서 범죄를 저지르게 되는데 그것이 이 본문입니다.

암논에게는 사촌이면서 아주 가까이 지내는 친구가 있었습니다. 그의 이름은 요나답입니다. 그런데 애석하게도 그 요나답이 희대의 간교한 자였습니다. 타락한 마음의 암논과 사악한 마음의 요나답이 친구니 그들 사이에서 무슨 선한 것이 나오겠습니까. 그들이 나누는 이야기는 결국 간악한 범죄사건으로 이어지게 됩니다. 참으로 무서운 역사가 진행되어갑니다.

요나답은 암논이 상사병에 걸린 것을 알게 되었습니다. 그러자 그는 암논 왕자의 위치를 이용하여 죄의 욕망을 채울 수 있는 교활한 방법을 알려줍니다. 암논이 그것을 듣고 보니 아주 그럴 듯한 꾀입니다. 이 어리석은 암논은 결국 요나답의 악한 꾀에 빠져 달콤한 죄의 수렁으로 걸어 들어갑니다.

그 꾀라는 것은 암논이 병든 척하고 있다가 아버지 다윗이 문병을 오면 이복 누이 다말로 하여금 음식을 만들어 먹이게 해 달라고 청을 하라는 것입니다. 그렇게 누이를 가까이 오게 하여 원하는 욕구를 채우라는 것입니다.

병든 오라비가 누이동생이 만든 과자를 먹으면 낫겠다고 하는데 그것을 하지 못하게 할 아버지가 어디에 있겠습니까. 또한 그런 말을 하는 이복 오라비의 심중에 여동생을 범하려는 엄청난 죄를 품고 있을 것이라는 생각인들 어떻게 하겠습니까. 이렇게 누구의 의심도 사지 않고 연모하는 여인을 가까이 오게 할 기회를 만든 것입니다.

드디어 암논은 아버지가 문병을 오자 요나답의 꾀대로 요청을 합니다. 그러자 다윗은 단 번에 그의 청을 들어줍니다. 그리고 딸 다말에게 오라비의 시중을 들도록 명합니다.

다말은 아무 것도 모르고 아버지의 말씀을 따라 병든 오라비에게 먹일 과자를 만들어 가지고 옵니다. 그러자 이 철면피한 악한은 사람들 앞에서는 먹지 않겠다며 주변의 사람들을 다 물리칩니다. 그리고 누이동생으로 하여금 만든 과자를 가지고 자신의 침실로 들어와 먹여달라고 합니다. 추호의 의심도 없는 누이 다말은 오라비의 청을 따라 침실로 들어갑니다. 그러면서 과자를 먹이려하자 암논은 다말이 기절할, 천인공노할 말을 합니다.

사태를 파악한 다말이 아무리 간곡하게 자신에게 죄를 짓지 말라고 간구하지만 그 말을 듣지 않습니다. 그리고 완력으로 그녀를 겁탈하고 맙니다. 이 때 다말이 간곡하게 암논에게 호소하며 절규하는 말이 12절입니다.

"내 오라버니여
나를 욕되게 하지 말라.
이런 일은 이스라엘에서
마땅히 행하지 못할 것이니
이 어리석은 일을 행하지 말라."

이 말은 다말의 말이 아니라 다말을 통해 말씀하시는 하나님의 말씀입니다. 그럼에도 불구하고 귀를 닫아버린 암논은 정욕의 노예가 되어 요나답의 계교를 따라 누이를 힘으로 겁탈하고 맙니다.

이것은 실로 하나님 앞에서 가문을 더럽히고 이스라엘을 더럽히는 범죄를 행한 것입니다.

"이 어리석은 일을 행하지 말라!"

이 말씀은 우리의 마음에 깊이 담아 두어야 할 말씀입니다.

어떤 범죄 현장이든지 범죄가 성립되기까지는 계획이 있습니다. 그 계획은 참으로 묘한 것으로써 악한 생각을 가진 자들의 공통된 생각의 연합으로 진행이 됩니다.

암논과 요나답의 만남은 사악한 생각을 가진 자들의 연합이었습니다. 사악한 생각을 가진 자들은 둘만 모여도 더러운 모의(謀議)가 이루어집니다. 그리고 그 악한 모의는 자기들의 입장에서는 최고의 판단이며 최선의 결정이 되면서 악의 절정으로 치닫게 됩니다.

예, 물론입니다. 물론 하나님은 그것을 그냥 두시지 않습니다. 그럼에도 불구하고 악의 무리들의 계교는 공동체 전체를 흔들어버리고, 공동체 전체의 평화를 깨뜨리며 하나님의 거룩한 뜻을 짓밟는 것으로 발전되어 갑니다.

암논과 요나답의 더러운 연합은 다윗 가(家)를 슬픔으로 몰아넣습니다. 하나님의 거룩한 섭리를 더럽힙니다.

밧세바와의 범죄 이후 하나님께서 나단을 통해 말씀하시던 징계의 시작이 여기서부터 출발되었습니다. 그리고 이 악인들의 마지막은 비참한 최후를 맞게 됩니다.

우리가 여기서 주목할 것은 사악한 생각을 하는 자들의 특징은 자신들이 꾀하는 것이 자기들의 생각에는 옳다는 것입니다. 그래서 공동체 전체의 안녕과 질서를 파괴하면서도 그것이 선이라고 생각하고 행동한다는 것입니다.

성경은 이런 사건을 수 없이 기록하고 있습니다.

민수기 16장의 사건 하나를 소개합니다.

고라는 모세의 사촌입니다. 그는 모세가 하는 일을 사사건건 걸고 넘어지면서 모세의 지도력을 약화시키는데 앞장 선 지도자였습니다.

처음에는 뜻이 맞는 고라와 다단과 아비람과 온, 이 네 사람이 시작하였습니다. 그리고 서서히 세를 불리더니 드디어 250명의 족장들을 규합합니다. 그렇게 세를 몰아 모세를 대항했습니다.

모세는 이렇게 달래고 저렇게 설명하면서 그것이 하나님 앞에서 옳지 않다고 역설합니다. 그러나 그들은 자기들의 생각과 판단이 옳다고 합니다. 그렇게 여기는 고라 일당은 끝내 모세의 말을 듣지 않습니다. 그리고 전혀 개의치 않고 모세를 향해 공격을 감행 했습니다.

하나님은 더 이상 그들의 교만을 방관할 수 없으셨습니다. 결국 땅을 갈라 그 무리들을 삼키게 합니다. 그리고 모세를 대적하고 일어나 분향하던 250명의 족장들을 불로 살라버리는 무서운 심판을 내리십니다.

성경은 악인들의 사악함이 얼마나 더럽고 무서운가를 이 본문에서도 교훈합니다. 그렇게 누이 다말을 겁탈한 암논은 자신의 육신의 소욕을 채우고는 갑자기 돌변합니다. 누이동생 다말을 사모해서 상사병이 났던 사람이 그 욕망을 해소하자 완전히 다른 사람으로 바뀝니다. 병이 나도록 연모하던 그 열정보다 더 무섭게 다말을 미워합니다. 마치 애지중지 하던 물건을 우여곡절 끝에 취하게 되자 화가 나서 망가뜨리고 패대기를 쳐 박살을 내듯 다말을 그렇게 내 쫓았습니다.

이것이 사단의 특징입니다. 이용 할대로 이용하고, 자기 욕심 챙길 대로 다 챙기고는 완강하게 돌아서 버리는 것, 그것이 사단의 역사입니다. 암논이 똑같이 행동하고 있습니다. 15~17절을 볼까요.

"그리하고 암논이 그를 심히 미워하니
이제 미워하는 미움이
전에 사랑하던 사랑보다 더한지라
암논이 그에게 이르되
일어나 가라 하니,
다말이 그에게 이르되
옳지 아니하다
나를 쫓아보내는 이 큰 악은

아까 내게 행한 그 악보다 더하다 하되
암논이 그를 듣지 아니하고,
그가 부리는 종을 불러 이르되
이 계집을 내게서 이제 내보내고
곧 문빗장을 지르라."

여기서 깨달으시는 것이 무엇입니까?

예, 그렇습니다. 사악한 자들은 절대로 상대방을 배려하거나 이해하지 않습니다. 자기 생각을 선으로 생각하기 때문에 막무가내로 행할 뿐입니다. 무자비합니다. 가차 없이 행합니다. 그러나 그 종국은 파멸입니다. 그것이 죄의 악함이며 죄의 열매입니다.

그래서 사도 바울은 에베소서 5:17을 통해 에베소 교회에 권고했습니다.

"그러므로 어리석은 자가 되지 말고
오직 주의 뜻이 무엇인가 이해하라."

전도서 10:2도 우리가 주목할 말씀입니다.

"지혜자의 마음은 오른쪽에 있고
우매자의 마음은 왼쪽에 있느니라."

여기의 오른편은 의(義), 능력(能力), 긍정, 보호(保護) 등을 상징하고 왼편은 불의(不義), 연약함, 부정(否定), 불만, 불평 등을 상징합니다.

"이 어리석은 일을 행하지 말라!"

다말을 통해 오늘 우리에게 말씀하시는 하나님의 음성을 들으며 우리의 생각과 마음이 항상 오른편에 있기를 예수님의 이름으로 축복합니다. 아멘!

8
뒷맛 좋게 살아야 합니다

"압살롬은 도망하여 그술 왕 암미훌의 아들 달매에게로 갔고
다윗은 날마다 그 아들을 인하여 슬퍼하니라"
〈사무엘하 13:23~39 중〉

한편의 영화를 보았습니다. 제목은 〈부당거래〉였습니다. 개봉된 지 그리 오래 되지 않은 영화로 그 내용은 검찰과 경찰의 내부 비리 폭로성 영화입니다.

참신한 경찰의 활동을 상상하며 상당한 기대를 갖고 보았습니다. 그런데 시간이 갈수록 점점 제 기대와는 어긋난 길로 영화가 흘러가고 있었습니다. 어느 곳 하나 성한 곳 없는 조직의 부패를 드러내며 어떤 면에서는 검찰과 경찰의 실상을 지나치도록 리얼하게 묘사하고 있었습니다. 그것을 보면서 영~ 뒷맛이 개운치 않았습니다.

내가 만약 감독이었다면 경찰이든 검찰이든 부당거래의 현실과 맞서서 그 기관 본연의 의무를 멋있게 수행하는 쪽으로 엔딩을 만들어갔을 것입니다. 그렇게 해서 이 갑갑한 사회현상 속에서 조금이나

마 시청자들의 가슴을 후련하게 해주고 소망을 갖게 했을 것입니다. 그러나 영화는 전혀 딴 판이었습니다.

'이런 작품을 만들 바에는 차라리 조폭 대 조폭의 싸움을 그렸으면 좋았지 않았겠는가. 아무리 그래도 그렇지, 이 나라 치안의 마지막 보루인 검찰과 경찰의 총체적인 부패를 내용으로 한 영화를 만들다니, 관람객들로 하여금 마치 이 나라 검 · 경이 다 그런 것이 아닌가 하는 부정적인 생각을 무의식중에 갖게 하는 것이지 않나' 하는 생각이 들었습니다.

제목이 주는 뉘앙스처럼 현실적으로 부당하고 또 부패로 가득한 이 사회를 고발하는 것은 좋습니다. 영화에 등장하는 인물들도 결코 뒷맛 좋은 삶을 산 것은 아닙니다. 그러나 영화의 스토리와 결말마저도 그렇게 씁쓸하고 비참한 생각이 들 정도로 만든 것은 아무리 생각을 해도 개운치가 않았습니다.

그러면서 우리의 역사를 거슬러 회고해 보았습니다. 역대 대통령의 통치 역사는 어느 한 분도 뒷맛 좋은 분이 계시지 않았습니다. 하나 같이 대통령직에서 물러나실 때는 뒷맛이 좋지 않았습니다.

그래서 우리는 지금 이명박 장로님이 대통령직을 마무리하고 시민으로 돌아오실 때는 역사에 남을 아름답고 뒷맛 좋은 기독교인 이명박 장로님이 되기를 기도하고 있습니다.

그런데 벌써 이런저런 좋지 않은 사건들이 터져 나오고 있습니다. 그래서 마음이 천근만근 무겁고 아픕니다. 남은 시간이라도 어떻게든 아름다운 마무리를 하시고 좋은 미담 사례들을 많이 남기시기를 기도합니다.

'뒷맛'이란 음식을 먹고 난 뒤에 입에서 느끼는 맛입니다. 또한 일을 끝마친 뒤에 남는 여운입니다.

정치, 교육, 문화 예술, 종교 어느 분야에 종사를 하는 누구든지 우리는 뒷맛 좋은 삶을 살아야 합니다.

지금도 매일처럼 안방에 전달되는 소식은 온통 뒷맛 좋지 않은 삶을 살다가 낭패를 당하는 이야기들이 들려옵니다. 이런 이야기들은 귀를 아프게 하는 것이 아니라 마음을 아프게 합니다.

정경유착, 탈세, 지도자들의 윤리와 도덕의 무감각 현상, 거짓말과 사기, 폭력과 살인, 개인적인 이기주의와 집단적 이기주의의 추태, 양심이 없는 듯 행하는 철면피한 행각들 이런 것들이 매일처럼 우리를 어지럽게 합니다.

인류의 스승이요, 20세기의 성자(聖者)이며 세계의 양심으로 불리는 간디가 갈파한 뒷맛 좋지 않은 것의 몇 가지가 있습니다.

"우리를 파멸시키는 것이 일곱 가지가 있는데 첫째는 원칙 없는 정치요, 둘째는 근로 없는 축재며, 셋째는 양심 없는 쾌락이다. 넷째는 인격 없는 지식이요, 다섯째는 도의 없는 기업이며, 여섯째는 인간성 없는 과학이다. 그리고 일곱째는 희생 없는 신앙이다."

간디가 갈파한 대로 이와 같은 삶은 참으로 뒷맛이 좋지 않은 삶입니다.

교회도 예외는 아님을 우리는 보고 듣고 있습니다. 그러나 참으로 간절히 원하고 바라는 것은, 우리는 그렇게 살아서는 안 된다는 것입니다.

이번 본문은 뒷맛이 개운치 않은 다윗가(家)의 사건입니다. 다윗의 범죄로 인하여 다윗가(家)에 불어 닥친 시련이 13~20장까지 이어집니다. 그 중 이 본문은 가장 가슴 아픈 사건 중의 하나입니다.

지난 번 말씀을 살펴 본대로 오라비 암논이 이복 여동생 다말을 강간하고 2년이 지났습니다. 다말의 친 오라비 압살롬은 동생을 그 지경으로 만든 암논에 대하여 복수의 칼날을 갈고 살았습니다. 암논을 죽일 계획을 무려 2년에 걸쳐 치밀하게 준비한 것입니다. 압살롬은 그런 무서운 계획을 마음 속 깊이 묻어두고 철저하게 은폐했습니다. 시편 55:21이 마치 압살롬을 두고 기록한 내용 같습니다.

"그의 입은 우유 기름보다 미끄러우나
그의 마음은 전쟁이요
그의 말은 기름보다 유하나
실상은 뽑힌 칼이로다."

2년 동안 이런 마음으로 살았으니 압살롬 그 자신인들 얼마나 괴로운 세월을 보냈겠습니까. 그 삶 자체가 이미 압살롬 자신에게는 저주였습니다. 이런 마음의 압살롬은 결국 자신이 계획한 일에 착수합니다. 암논을 죽입니다. 그런 압살롬도 결국 뒷맛이 좋지 않은 삶을 살다가 그 마지막이 참으로 비참하게 됩니다.

본문에서 압살롬은 자기 집에서 큰 잔치를 베풀었습니다. 그리고 그 잔치에 모든 왕자들을 초청합니다. 겉으로 보기에는 평화입니다. 시간이 가면서 모두가 부어라 마셔라 하며 유흥이 절정에 이르렀습니다. 그 때 압살롬은 사환들을 시켜 순식간에 암논을 죽이게 합니다. 이로 인한 다윗가의 아픔은 장장 20장까지 길게 이어집니다.

여기서 우리는 뒷맛이 아주 나쁜 다윗가의 상황을 한 편의 드라마처럼 보게 됩니다. 다윗의 장남 암논은 2년 전 이복누이를 겁탈하고 버린 뒷맛 좋지 않은 삶으로 인해 그 최후가 비참하게 끝나는 일생을 마무리했습니다.

그리고 이 이복형제 압살롬의 복수로 인해 다윗의 아들들은 큰 공포에 질려 혼비백산하며 달아납니다. 모두가 보고 있는 목전에서 형제가 형제를 모살했으니 그 충격이 얼마나 컸겠습니까.

압살롬이 왕의 아들들을 모두 죽이고 하나도 남지 않았다는 침소봉대 된 비보가 다윗에게 날아듭니다. 다윗은 너무 놀라서 하늘이 무너지는 것 같았습니다. 한 날 한 시에 아들을 다 잃었는데 그것이 다른 사람도 아닌 자신의 아들에 의해서라니 그 충격은 이루 말로 다할 수 없는 것이었습니다. 그는 옷을 찢으며 땅에 엎어져버렸습니다. 숨인들 제대로 쉬어졌겠습니까. 놀란 신하들도 함께 옷을 찢으며 다윗과 함께 합니다.

그때 암논으로 하여금 이복누이를 겁탈하도록 종용했던 요나답이 나서며 그렇지는 않을 것이라고 합니다. 사태의 추이를 짐작한 그는 모두 죽은 것이 아니라 암논만 죽었을 것이라고 말을 한 것입니다.

이 간악한 요나답의 간사함도 훗날 결국 자기 자신의 무덤을 파는 행위로 끝납니다. 이 또한 결코 뒷맛 좋은 삶이 되지 못합니다.

이 일 후에 다윗의 왕자들은 압살롬을 두려워합니다. 형제가 형제를 두려워하게 되었다는 말입니다. 그리고 압살롬은 살인자가 되어 어머니의 고향 족속에게로 도망을 갑니다.

다윗은 아들을 벌해야 함에도 벌하지도 못하고 고통의 세월을 엮어갑니다. 왜 그렇겠습니까? 자신의 범죄함의 결과라는 것을 너무 잘 알고 있었기 때문입니다. 그러면서 비록 가문을 먹칠하고 나라를 비통하게 한 아들 압살롬이지만 그를 그리워하면서 슬픈 세월을 보냅니다. 그 세월이 3년입니다. 3년이라는 긴 세월을 다윗은 그렇게 아들과 생이별을 하고 살아야 했습니다.

슬픈 다윗, 모살자로서 도망자가 된 아들 압살롬, 이복 오라비에게 성폭행을 당한 딸 다말, 형제에게 칼 맞아죽은 아들 암논, 이 일이 있도록 종용한 조카 요나답, 형제들이 서로를 두려워하게 된 왕자들의 형제우애의 박살, 이 모든 것 중에 그 어느 것도 뒷맛 좋은 삶이 없습니다. 모두가 뒷맛이 좋지 않은 고통스러운 모습입니다.

여기서 우리는 사무엘하 12:10을 다시 읽어볼 필요가 있습니다.

"이제 네가 나를 업신여기고
헷 사람 우리아의 아내를 빼앗아
네 아내로 삼았은즉
칼이 네 집에서
영원토록 떠나지 아니하리라."

즉 다윗의 밧세바와의 불륜으로 인하여 다윗가에 내려진 하나님의 심판의 서막이 올라 서서히 진행되고 있는 것입니다. 이 얼마나 불행한 일들인지 모릅니다. 그야말로 뒷맛이 좋지 않습니다. 좋지 않은 정도가 아닙니다. 단장(斷腸)의 고통을 감당해야 하는 아픈 상황들입니다.

사랑하는 성도 여러분! 이 참혹함이 느껴지십니까? 그냥 느끼는 정도만 되어서는 안 됩니다. 이와 같이 뒷맛이 좋지 않은 삶을 살다가는 모두가 그 마지막이 깨어진다는 것을 알아야합니다. 하나님께서 이러한 과정들을 보여주실 때 우리 자신의 모습을 거울처럼 들여다 볼 수 있어야 합니다. 두려워 떨어야 합니다. 죄가 어떤 결과를 가져오는지 철저하게 깨달아야 합니다. 그래서 죄는 그 모양조차도, 장난으로라도 취하지 말아야 합니다.

성경에는 뒷맛 좋지 않은 이야기들이 아주 많이 기록되어 오늘 우리들에게 보여주고 있습니다. 왜 그렇게 하겠습니까? 우리 모든 성도들이 그것을 거울로 삼으라는 것입니다. 비춰보고 자신을 단속하고 다스리라는 것입니다.

가인이 동생 아벨을 돌로 쳐 죽인 것도 그렇습니다.

자식을 하나님보다 더 사랑하다가 가문이 문을 닫게 된 엘리 제사장의 역사도 그렇습니다.

초대 이스라엘의 왕이 되었지만 하나님의 은혜를 잊어버리고 불순종하여 버림받고 가문이 멸망한 사울의 이야기도 그렇습니다.

멋지게 사명을 감당하다가 들릴라의 품에서 비참한 결과를 맞은 삼손의 이야기도 그렇습니다.

왕권으로 제사장의 권위를 실추시켜 나병의 저주를 받고 말년에 비참하게 별궁 신세를 져야 했던 웃시야의 이야기도 그렇습니다.

은 30에 예수님을 팔아먹은 가룟 유다의 이야기도 그렇습니다.

그래서 사도 바울은 고린도전서 10장 6절에서 이런 일들이 우리로 하여금 거울이 된다고 깨우쳤던 것입니다. 그러면서 우리는 그들과 같이 하지 말자고 간곡하게 권고하며 11~12절에서는 다시 한 번 반복하여 자만하지 말라고 경고합니다.

"이러한 일은
우리의 본보기가 되어
우리로 하여금
그들이 악을 즐겨 한 것 같이
즐겨 하는 자가 되지 않게
하려 함이니"

"그들에게 일어난 이런 일은
본보기가 되고
또한 말세를 만난
우리를 깨우치기 위하여 기록되었느니라
그런즉 선 줄로 생각하는 자는
넘어질까 조심하라"

살펴보면 우리의 삶의 현장에서도 끊임없이 이런 일들이 일어나고 있습니다. 원로목사와 담임목사의 갈등, 임지도 없는데 목회자에게 사임을 강요하는 교회, 이런 저런 일들로 교회가 분쟁으로 분열되는 이야기, 교회 지도자들이 일으키는 세상에서 존경받지 못할 일련의 사건 사고들, 그리스도인이 세상의 것이 전부인 양 세속적이고 현세적인 것들에 넋을 놓고 따라가는 이야기 등 온통 그런 일들이 난무하고 있습니다.

그렇게 정신을 차리지 못하고 있다가 낭패를 당하는 아픈 이야기들이 너무 너무 많습니다. 이 모든 것이 뒷맛이 좋지 않은 삶입니다.

이런 속에서 어떻게 하면 진정으로 우리가 뒷맛 좋은 삶을 살 수 있을까요? 어떻게 하는 것이 그리스도인으로서의 바른 삶일까요?

첫째, 우리의 생각을 성령님이 지배하고 다스리도록 초점을 맞추어야 합니다.

로마서 8:6~7입니다.

"육신의 생각은 사망이요
영의 생각은 생명과 평안이니라.
육신의 생각은
하나님과 원수가 되나니
이는 하나님의 법에

굴복하지 아니할 뿐 아니라
할 수도 없음이라."

그렇습니다. 육신의 생각은 우리의 삶을 뒷맛이 좋지 않게 합니다. 죄를 생각하게 하고 그 죄를 짓게 하며 결국은 인생 여정의 실패자가 되게 합니다.

그러나 성령님이 나를 지배하시도록 모든 생각을 그 분께 맞추면 생명이며 평안입니다.

다윗은 이 부분에 대하여 분명하고 정확하게 이해하고 고백을 했습니다. 그것이 시편 51:10~11입니다.

"하나님이여
내 속에 정한 마음을 창조하시고
내 안에 정직한 영을 새롭게 하소서.
나를 주 앞에서 쫓아내지 마시며
주의 성령을 내게서 거두지 마소서."

성령님이 나를 지배하고 나를 다스리시도록 하기 위해서 우리는 기도해야 합니다. 찬송하고 말씀을 읽고 듣고 묵상해야 합니다. 그리고 성령님을 섭섭하게 하지 않도록 순종해야 합니다. 그리할 때 성령님은 나와 함께 하시기를 즐거워하시고 나를 생명과 평안으로 인도하시는 것입니다.

둘째는 오직 주님으로 살아야 합니다.

빌립보서 1:20~21은 참으로 감동 깊은 바울사도의 고백입니다.

"나의 간절한 기대와 소망을 따라
아무 일에든지 부끄러워하지 아니하고
지금도 전과 같이 온전히 담대하여
살든지 죽든지 내 몸에서
그리스도가 존귀하게 되게 하려 하나니,
이는 내게 사는 것이 그리스도니
죽는 것도 유익함이라."

성령님이 나를 지배하고 나를 다스릴 때 이 고백이 오늘 우리에게도 가능할 줄 믿습니다. 이 삶이 뒷맛 좋은 삶입니다. 그렇게 살아야 합니다. 이 고백은 구원받은 자로서의 참된 삶의 고백입니다. 성령님이 나를 지배하시고 내가 그 힘을 의지하여 오직 주님으로 목표를 두고 살아갈 때 뒷맛 좋은 삶이 되는 것입니다.

셋째는 용서하고 사랑하며 살아야 합니다.

레위기 19:18 말씀을 보겠습니다.

"원수를 갚지 말며
동포를 원망하지 말며
네 이웃 사랑하기를
네 자신과 같이 사랑하라
나는 여호와이니라."

마태복음 5:44입니다.

"나는 너희에게 이르노니
너희 원수를 사랑하며
너희를 박해하는 자를 위하여
기도하라."

그렇습니다. 하나님께서 우리에게 말씀하셨습니다. 원수를 용서하고 사랑하며 살아가는 것이 뒷맛 좋은 삶입니다.

헤밍웨이는 갈파했습니다.

"선이란 무엇인가? 뒷맛이 좋은 것이다. 악이란 무엇인가? 뒷맛이 나쁜 것이다"

그렇습니다. 좋은 일을 하고 나면 뒷맛이 좋습니다. 남에게 좋은 일을 하고 나면 긍지와 보람과 만족감이 있습니다. 선한 일을 하고 나면 얼굴이 밝아지고 마음이 기쁩니다. 그러나 남에게 좋지 않은 일을 행하고 나면 뒷맛이 좋지 않습니다. 얼굴이 어둡고 마음이 괴롭습니다.

나만을 생각하면 다른 사람의 입장을 이해하지 못합니다. 그래서 '생각을 할 때는 입장을 바꾸어 놓고 생각하라'는 말이 있습니다. 그것을 역지사지(易地思之)라고 합니다.

우리교회에는 언제나 뒷맛 좋은 삶을 살아가는 성도님들이 얼마나 많은지 모릅니다. 그래서 저는 날마다 감동합니다. 감격해서 울 때가 많습니다.

나를 위한 삶이 아닌 주님을 위한 삶을 사는 것이 뒷맛 좋은 삶입니다. 주님을 위한 삶이란 궁극적으로 오늘 나의 도움이 필요한 사람들을 돕고 사랑하는 삶입니다. 이것이 바로 뒷맛 좋은 삶입니다.

말씀을 맺습니다.

우리는 흥부와 놀부 이야기를 너무나 잘 알고 있습니다. 그리고 모두 한결같이 놀부처럼 살아서는 안 된다고들 말합니다. 왜냐하면 그것은 결코 뒷맛 좋은 삶이 아니기 때문입니다.

멀쩡한 제비 뒷다리를 부러뜨리고 대박을 노리는 놀부가 어떻게 뒷맛 좋은 삶의 사람이겠습니까. 그렇지 않다는 사실은 어린 아이들도 압니다.

사람이든 짐승이든 지금 나의 도움이 필요한 사람을 만날 때 그를 돕고 사랑할 수 있는 삶이 뒷맛 좋은 삶입니다.

시인 '김 하'씨가 엮은 마음을 울리는 55가지 감동 이야기를 엮은 것이 있습니다. 표제는 『세상에서 가장 행복한 느낌』이라는 책입니다. 여기에 '아버지의 노트'라는 감동적인 이야기가 있습니다. 원문을 그대로 옮겨 봅니다.

아버지는 생전에 보물처럼 노트를 쓰곤 하셨습니다. 다른 일엔 일체 비밀이 없으셨지만 오직 노트에 대해서는 함구하셨습니다. 아버지가 돌아가시던 날이 되어서야 비로소 그는 노트를 펴 볼 수 있었습니다. 그 노트에 적힌 것은 가족들의 이름과 친구들의 이름, 그리고 낯선 사람들의 이름이었습니다. 무언가 대단한 것을 생각했던 그는 적잖이 실망했습니다.

"아버지의 노트를 보고 있구나."

그의 모습을 본 어머니가 다가와 인자한 목소리로 말했습니다.

"어머니는 이 노트를 아세요?"

어머니는 그 노트를 들고 한장 한장씩 넘기면서 추억에 잠기시는 듯 했습니다.

"이건 너희 아버지의 기도 노트란다. 매일 밤 한 사람씩 이름을 불러가며 조용히 감사의 기도를 올리곤 하셨지."

청년은 다시 낯선 이름들에 대해 물었습니다.

"이분들은 누구신가요?"

"아버지에게 상처를 주신 분들이란다. 아버지는 매일 그들을 용서하는 기도를 올리셨지."

좋은 것이기 때문에 기뻐하고, 힘들고 고달픈 것이기에 불평한다면 그것은 진정한 뒷맛 좋은 삶이 아닙니다.

뒷맛 좋은 삶이란 어떤 상황에서도 항상 기뻐할 수 있는 삶입니다. 그 이유는 그리스도가 함께 하시기 때문입니다.

그래서 바울은 사나 죽으나 내게 사는 것이 그리스도니 죽는 것도 유익함이라고 고백 할 수 있었던 것입니다. 그러기에 삶의 목적이 오직 그리스도의 복음 전도를 위한 사역이었고 그와 같은 삶은 필연적으로 뒷맛 좋은 삶이 되었던 것입니다.

사랑하는 성도 여러분! 여러분들은 무엇으로 어떻게 뒷맛 좋은 삶을 사시겠습니까?

우리 모두가 하나님 앞에서 뒷맛 좋은 성도로 살기를 예수님의 이름으로 축복합니다. 아멘!

9
믿음으로 걷는 길

"…(생략) 왕의 종 요압이 내게 명하였고 그가 이 모든 말을
왕의 여종의 입에 넣어 주었사오니 이는 왕의 종 요압이
이 일의 형편을 바꾸려 하여 이렇게 함이니이다…(생략)"
〈사무엘하 14:1~20 중〉

오래 전에 러시아의 대문호 레브 톨스토이의 단편소설 가운데 『사람은 무엇으로 사는가?』를 읽었습니다.

가난한 구두수선공 '세묜'이 있었습니다. 그는 너무 가난해서 아내와 옷을 번갈아 가며 입을 정도로 가난했습니다. 어느 날 그는 양가죽을 사러 나갔다가 사지 못하고 집으로 돌아가는 중이었습니다. 교회 옆을 지나고 있는데 교회 뒤쪽에 벌거벗은 한 사람이 웅크리고 앉아있었습니다. 그 사람은 추위에 온 몸이 꽁꽁 언 청년이었습니다. 별로 다가갈 마음이 없던 세묜은 그곳을 그냥 지나쳐왔습니다. 가던 길을 계속 가는데 웬지 양심에 가책이 느껴지는 것입니다. 그는 발길을 돌려 그 남자에게로 돌아갔습니다. 그리고는 자신의 긴 외투와 털장화를 벗어 청년에게 입히고 신겨서 자신의 집으로 데리

고 갔습니다.

'세묜'의 아내 '마트료나'는 빈손으로 돌아온 남편과 낯선 청년을 보고 심술도 나고 화도 났습니다. 그러나 세묜이 '당신의 마음에는 하나님도 없소?'라고 하는 말에 마음의 평정을 찾고 그들에게 식사를 내 놓습니다. 그 청년은 그제서야 처음으로 말없이 웃었습니다. 그 청년의 이름은 '미하일'이었습니다.

청년은 '세묜'의 집에서 구두 수선공의 일을 배우며 6년을 지냅니다. 일을 가르치자 미하일은 세묜보다 일을 더 잘하는 것이었습니다.

1년쯤 지났을 무렵 어느 날 멋진 신사가 찾아왔습니다. 그는 일 년을 신어도 실밥이 터지지 않는 구두를 만들어 달라며 비싼 가죽을 내 놓았습니다. 그러면서 만약 구두가 잘못 되면 감옥에 처넣겠다고 으름장을 놓았습니다. 망설이는 세묜에게 미하일은 주문을 받으라고 합니다.

가죽을 받은 미하일은 그것으로 재단을 하는데 구두의 본이 아닌 슬리퍼 모양을 재단하는 것이었습니다. 놀란 세묜이 야단을 치려고 했습니다. 그런데 그 때 멋진 신사의 하인이 돌아왔습니다. 그리고 하는 말이 신사가 집에 가던 중에 마차에서 죽었다는 것입니다. 그러면서 슬리퍼를 만들어 달라고 합니다.

다시 세월이 흘러 6년의 시간이 흐르는 어느 날이었습니다. 어느 여인이 두 여자 아이의 구두를 만들어 달라고 주문을 했습니다. 이 여인이 주문하는 여자 아이들의 구두는 6년 전에 부모를 잃어버린 아이들의 것으로써 자신이 양녀로 기르는 아이들이라고 했습니다. 쌍둥이의 아버지는 아이들이 태어나기 전에 죽었고, 그 엄마는 아이들을 낳다가 죽었다는 것입니다.

여인은 그들의 이웃에 살고 있었는데 자신에게도 태어난 지 8개월 된 갓난아이가 있었습니다. 그런데 그 아이가 죽게 되었습니다. 그래서 이 여인은 고아인 이 두 쌍둥이를 데려다가 자신의 딸처럼 사랑하며 키워왔다는 것입니다.

이 이야기를 들은 마트료나는 "부모 없이는 살아도 하나님 없이는 살 수 없다."고 합니다.

그 순간 방안이 환해지며 미하일이 천사로 변했습니다.

'미하일'은 6년 전에 하나님으로부터 그 쌍둥이 아이들 엄마의 영혼을 데리고 오라는 명령을 받았습니다. 그런데 아버지도 없는 쌍둥이들에게서 엄마마저 데려가면 그 어린 것들이 어떻게 되겠는가 하는 염려로 하나님의 말씀을 거역합니다. 그래서 그는 벌을 받아 지상으로 떨어졌던 것입니다.

하나님은 미하일에게 지상의 사람들 속에 살면서 다음 세 가지를 깨달은 다음에 하늘로 올라오라고 하셨습니다. 그런데 이 이야기를 하는 바로 그 날이 그 세 가지를 모두 다 깨달은 날이었습니다.

미하일은 세몬과 마트료나가 보는 가운데 후광을 발하며 하늘로 올라갑니다.

하나님께서 미하일 천사에게 명령한 깨달아야 할 세 가지는 이런 것입니다.

첫째, 인간의 마음속에 무엇이 있는가?

둘째, 인간에게 허락되지 않은 것이 무엇인가?

셋째, 사람은 무엇으로 사는가?

미하일은 하나님의 명령을 어긴 벌로 알몸뚱이가 되어 지상에 떨어져 교회 모퉁이에 웅크리고 앉아 있었습니다. 그를 세몬이 다가가 외투를 벗어주고 자신의 집으로 데려갔는데 그 아내가 화를 내며 욕을 했습니다. 그런 마트료나에게 하나님 이야기를 하자 그녀의 마음이 평온해 지는 것을 보며 '사람의 마음속에 하나님이 계시다는 것'을 알았습니다.

멋진 신사가 일 년을 신어도 실밥이 터지지 않을 끄떡없는 구두를 주문했지만, 그가 곧 죽을 것을 알았던 미하일은 사람에게 허락되지 않은 것은 '자신의 삶의 남은 시간을 아는 것' 이었습니다.

또 엄마를 잃은 쌍둥이를 키우는 사람을 보면서 '사람은 사랑으로 사는 존재' 라는 것을 깨달았습니다.

톨스토이는 이 글을 통해 오늘을 살아가는 사람들로 하여금 어떻게 살아야 하는가에 대한 답을 제시해 주고 있습니다. 미하일 천사가 말했듯이 사람은 사랑으로 살아가는 존재입니다. 그것이 인간답게 살아가는 인생입니다.

사노라면 힘들고 고달프고 아픈 날들이 많지만 그래도 살아가는 이유는 사랑 때문입니다. 그 사랑이 우리로 하여금 힘겹고 고달프게 하지만 또한 그것이 우리를 버틸 수 있게 해 주고 견딜 수 있게 해

주는 양면의 힘입니다.

그렇다면 그리스도인은 무엇으로 사는 것일까요?

이에 대한 분명한 대답은 믿음으로 사는 것입니다. 우리가 걷는 길은 믿음으로 걷는 길입니다. 그 길은 소망의 길이요 사랑의 길입니다.

이번 본문은 3년 동안 다윗과 헤어져 살아가고 있는 왕자 압살롬을 다윗에게로 돌아오게 하려고 계략을 세우는 요압에 관한 내용입니다. 그런데 그의 방법은 믿음이 아닌 인간적인 방법으로 진행되고 있습니다.

요압은 철저한 인본주의의 아첨꾼이었습니다. 압살롬의 동조자였으며 또한 아브넬을 살해한 범죄자였습니다. 이런 요압이 압살롬을 귀환시키고자 하는 계략은 어떤 면에서는 대단한 덕행으로 이해될 수도 있었습니다.

행여 다윗에게 어떤 불미스러운 일이 있게 되면 왕자의 난이 일어날 수도 있습니다. 그럴 때에 나라의 평안과 부국을 위해 압살롬을 옹립하게 되면 이스라엘의 부국평강을 위한 정책을 세운 것이라 할 수 있었습니다.

그러나 이런 생각은 전혀 성경이 가르치는 메시지가 아닙니다. 믿음으로 하지 않는 그 어떤 일도 결국 하나님 앞에서는 범죄행위가 될 뿐입니다. 뿐만 아니라 그 결과 또한 아름답지 못합니다. 그것을 드러내주는 사건이 본문 요압의 행동입니다.

여기서 우리가 철저하게 깨닫고 넘어가야 하는 것은 그리스도인은 오직 믿음으로 행하여야 한다는 절체절명의 사명과 교훈입니다.

이렇게 믿음으로 걷는 길은 어떤 길이어야 하는지 이 본문 안에서만 몇 가지를 정리해 보겠습니다.

첫째, 어떤 상황에서도 기회주의적인 일을 행하지 않습니다.

1~3절까지는 요압이 압살롬을 귀환시키기 위한 공작을 꾸미는 내용입니다. 그 서두인 1절을 보겠습니다.

"스루야의 아들 요압이
왕의 마음이
압살롬에게로 향하는 줄 알고"

왕의 마음을 안 요압은 이 절호의 기회를 놓치지 않습니다. 그것이 2~3절에서 기회주의자적인 행동으로 나타납니다.

드고아에 지혜로운 한 여인이 있었습니다. 그 여인을 불러 거짓된 언행을 하도록 주문합니다. 그렇게 함으로써 다윗으로 하여금 압살롬을 귀환시킬 수밖에 없는 상황을 연출해 갑니다.

다윗의 후사를 이어갈 사람이 압살롬이라는 것을 요압은 잘 알고 있었습니다. 맏아들 암논은 이미 압살롬에게 살해를 당했습니다. 그런데 그를 이을 둘째 아들 길르압은 일찍 죽고 없습니다. 그러니 차서를 따라서는 셋째 아들 압살롬이 왕위를 이을 가장 유력한 인물입니다. 요압은 일찍이 이것을 알았던 것입니다.

이렇게 묘책을 쓰는 것은 요압이 다윗에게나 압살롬에게 진정으로 충성스러운 신하여서가 아닙니다. 그는 오직 자신의 이기적인 목적을 이루기 위해 이렇게 하고 있다는 것이 후에 다 드러나게 됩니다.

이것은 철저하게 사단이 사용하는 방법입니다. 사단은 자신의 영광과 이익을 위하여서라면 수단과 방법을 가리지 않습니다. 사욕을 채우기 위해 철저하게 계획하고 주도면밀하게 진행합니다. 그리고 그것을 성취합니다. 이것이 철저하게 믿음 없는 기회주의자의 마음이며 삶의 방식입니다. 그러나 그것은 결코 믿음 있는 사람이 취할 태도는 아닙니다.

둘째, 오직 하나님의 말씀 중심으로 언행일치의 삶을 살아갑니다.

4~17절까지의 내용을 보면 요압의 사주를 받은 드고아 여인이 다윗 왕을 찾아갑니다. 그리고 꾸며낸 거짓을 자신의 절박한 상황 인양 다윗에게 고합니다.

사건을 들은 다윗은 드고아 여인의 절박한 상황에 대하여 고려해 보겠다고 약속합니다.

그러나 여인은 그 대답에 만족하지 않고 즉시 자신을 불쌍히 여기고 안전한 판결을 내려달라고 간청을 합니다.

이런 여인의 끈질긴 간청에 마침내 다윗왕은 그녀가 어떤 피해를 입거나 모욕을 당하지 않게 될 것이며, 모든 괴롭힘에서 그녀를 구해주겠다고 약속합니다.

여인은 그 대답에도 만족하지 않고 죽임을 당할 처지에 놓인 아들도 보호해 줄 것을 요청합니다.

끈질긴 과부의 요청대로 왕은 결국 그의 아들도 완전히 사면해 줄 것을 맹세로써 확정해 줍니다.

이것은 압살롬을 귀환시키고자 하는 요압의 계략을 요청받고 왕을 찾아간 여인의 왕이 결정한 판결을 절대로 번복할 수 없도록 단단히 다짐을 받는 과정입니다.

이렇게 하여 드고아 여인은 다윗으로 하여금 하나님 앞에서 다윗이 말한 모든 것을 지키지 않을 수 없도록 쐐기를 박습니다.

그렇게 다윗이 압살롬을 돌아오게 하지 않고 있음을 우회적으로 이야기를 한 드고아 여인은 이제 직설적으로 다윗이 잘못하고 있음을 지적합니다. 드디어 요압의 카드를 꺼내 왕에게 제시한 것입니다. 그 내용이 13절입니다.

"여인이 이르되
그러면 어찌하여 왕께서
하나님의 백성에게 대하여
이같은 생각을 하셨나이까
이 말씀을 하심으로 왕께서

죄 있는 사람 같이 되심은
그 내쫓긴 자를 왕께서
집으로 돌아오게 하지
아니하심이니이다."

즉, 우발적으로 살인을 한 자를 죽여 한 가문의 대를 끊어 놓는 것에 대하여 다윗 왕은 그토록 분노하면서 정작 다윗 자신은 지금 왕조가 끊어질 지경이 되었는데도 불구하고 어찌하여 쫓겨난 압살롬을 데려오지 않느냐는 힐난조의 질문입니다. 다시 말하면 이렇게 판결을 내리는 마음 그대로 행동해야 되지 않느냐는 것입니다.

지금 본문에서 전개되는 사건은 요압의 계략에 의하여 진행되고 있는 사건이지만 이 드고아 여인을 통해 드러나는 논조(論調)는 오늘을 살아가는 그리스도인에게 있어서 언행일치와 신행일치를 촉구하는 메시지가 되는 말씀입니다.

특히 드고아 여인을 통해 드러내는 하나님의 마음을 14절에서 볼 수 있습니다.

"우리는 필경 죽으리니
땅에 쏟아진 물을
다시 담지 못함 같을 것이오나
하나님은 생명을 빼앗지 아니하시고
방책을 베푸사

내쫓긴 자가 하나님께

버린 자가 되지 아니하게 하시나이다."

맞습니다. 이 말씀이야 말로 만고불변의 진리입니다.

그럼에도 불구하고 드고아 여인의 이 말에는 아주 중요한 것이 빠져 있어서 올바른 적용이 되지 못하고 있다는 것을 우리는 알아야 합니다.

이 여인의 논조에서 빠진 것이 무엇일까요?

그것은 바로 죄와 회개의 문제가 빠져 있다는 것입니다.

여기서 우리가 깨닫게 되는 것은 말씀을 말씀으로 중히 여기고 적용할 수 있어야 한다는 것입니다.

사이비 이단들이 하나님의 말씀의 앞뒤를 다 빼 버리고 자기들이 지향하는 구절만을 뽑아 적용함으로 얼마나 많은 생명이 죽어 가는가를 우리는 알아야 합니다.

그러므로 설교도 그렇습니다. 목회자가 어떤 상황에 맞추어 말씀을 앞뒤 다 절단하고 해석하여 적용하면 그것이 얼마나 무서운 죄가 되는 것인가를 알아야 합니다.

우리는 오직 하나님의 말씀 중심이어야 합니다. 그리고 그 말씀을 바르게 이해하여야 합니다.

아직도 기독교 교회사에는 성경 문자주의자(biblicist)들이 있고 영해주의자(靈解主義者)들이 있습니다. 그들은 교리를 오도하고 교인들을 어두움으로 인도합니다. 이에 대하여 베드로후서 1:20은 단단히 경고하고 있습니다.

"먼저 알 것은
성경의 모든 예언은
사사로이 풀 것이 아니니"

말씀을 말씀으로 바르게 이해하고 적용하는 믿음의 사람들은 언행일치, 신행일치의 삶을 살아갑니다. 그것이 믿음의 사람들이 걷는 걸음입니다.

손양원 목사님은 자신의 아들을 죽인 공산주의자 청년을 양자로 삼았습니다. 그것은 언행일치, 신행일치의 삶의 한 모습입니다. 그래서 기독교 역사 속에 손양원 목사님의 이 믿음으로 걸은 걸음은 이 나라와 우리의 가슴에 빛의 역사로 남았습니다.

성 다미엔은 몰로카이 섬의 나병환자들의 고통을 함께 나누면서 살았습니다. 그는 진정으로 이들을 사랑하고 함께 할 수 있는 길은 자신도 나병환자가 되는 것이라고 생각했습니다. 그래서 하나님께 기도하여 자신도 나병환자가 되었습니다. 그 때 그는 진정으로 기뻐하고 감사했습니다. 이 또한 언행일치, 신행일치의 삶이기에 인류의 빛이 되고 역사에 남은 성자로서의 걸음이 된 것입니다.

그렇다면 오늘 우리는 어떠합니까?

자기 자신의 마음에 조금만 걸리면, 자기 뜻에 조금이라도 맞지 않으면 상대방의 상황은 전혀 배려하지 않고 등을 돌립니다. 자기 자존심이 상하면 견디지를 못합니다. 그리고는 남의 자존심을 여지없이 짓밟고 멋대로 생각하고 행동합니다.

우리가 만약 그런 사람이라면 그것을 어떻게 이해하고 해석해야 하겠습니까?

믿음으로 걷는 길은 오직 하나님의 말씀중심으로 걷는 걸음입니다. 말씀을 기억하고 언행일치의 삶을 살아가는 것입니다.

셋째, 어떤 경우에도 인간의 판단이 아닌 하나님의 뜻을 헤아립니다.

16절을 보겠습니다.

"왕께서 들으시고 나와 내 아들을 함께
하나님의 기업에서 끊을 자의 손으로부터
주의 종을 구원하시리라 함이니이다."

여기 '하나님의 기업'이란 이스라엘 민족(신32:9), 가나안 땅(창17:8)을 의미합니다.

그런데 드고아 여인이 다윗에게 이야기하는 내용의 핵심은 자기의 가문을 말하며 나아가 다윗 왕조를 염두에 두고 말하는 것입니다.

그러나 드고아 여인의 이 말에는 아주 중요한 문제가 있습니다.

역대상 22:9~10을 보면 하나님은 이미 솔로몬에게 다윗의 왕위를 이을 자라고 말씀하셨습니다.

그런데도 요압은 이런 말씀은 다 잊어버리고 인간적인 차서를 따라 압살롬을 왕위 계승자로 생각하고 이 사건을 만들어 가고 있습니다.

그래서 요압의 행동은 철저하게 하나님의 뜻이 배제되어 있다는 것입니다. 오직 그의 언행은 인간적인 생각에서 표현되고 있다는 것입니다. 그러므로 요압이 진행하는 이 사건이 얼마나 어리석은 인본주의적인 발상인가를 보게 되는 것입니다.

오직 하나님의 뜻을 먼저 헤아리는 마음으로 걷는 길이 믿음으로 걷는 길입니다. 믿음으로 걷는 길은 어렵습니다. 결코 쉬운 길이 아닙니다.

오늘날도 얄팍한 인본주의에 함몰되어 하나님의 뜻에 어긋나는 생각과 행동으로 교회를 어지럽히는 사람들이 있습니다. 자신의 생각으로 하나님의 뜻을 저버리는 경우가 애석하게도 흔히 있습니다. 참으로 조심해야 할 모습입니다.

이새의 아들 가운데 사울의 왕위를 이을 자를 선택할 때 사무엘도 잠깐 인본주의에 빠졌던 때가 있었습니다. 그래서 보기에 준수한 맏아들 엘리압, 둘째 아비나답, 셋째 삼마에게 기름을 부으려고 했습니다.

그러나 하나님께서는 황급히 그들은 아니라고 만류하십니다.

결국은 모여 있는 아들들 중에는 하나님의 택한 자가 없었습니다.

사실을 채근하여 알아보니 막내아들 다윗이 들에서 양을 치고 있었습니다. 그래서 속히 그를 불러 오게 합니다.

그가 오자 하나님께서는 "그가 내 마음에 합한 자"라고 하시며 다윗에게 기름을 붓도록 명하십니다.

그렇습니다. 내 눈에 옳게 보인다고 다 옳은 것은 아닙니다. 내 생각이 옳다고 다 옳은 것은 아닙니다. 믿음으로 걷는 길은 하나님의 뜻을 먼저 볼 수 있는 영안과 상황을 볼 수 있는 혜안을 가지는 것입니다.

역사의 위대한 인물들의 공통점은 하나님의 뜻을 먼저 헤아리는 지혜자들이었습니다.

하나님의 생각은 우리의 생각과는 다릅니다. 그 사실을 이사야 55:8~9이 밝혀주고 있습니다.

"이는 내 생각이 너희의 생각과 다르며
내 길은 너희의 길과 다름이니라
여호와의 말씀이니라.
이는 하늘이 땅보다 높음 같이
내 길은 너희의 길보다 높으며
내 생각은 너희의 생각보다 높음이니라."

믿음으로 걷는 길은 좁은 길입니다.

첫째, 어떤 상황에서도 기회주의적이 않고 정도(正道)로 행합니다.

둘째, 오직 하나님의 말씀 중심으로 언행일치의 삶을 살아갑니다.

셋째, 어떤 경우도 인간의 판단이 아닌 하나님의 뜻을 헤아립니다. 아멘!

우리는 이 길을 걷고 있습니다. 이 길에서 좌우로 흔들리지 말고 걷기를 바랍니다. 그리고 역사의 중심에 아주 멋진 그리스도인으로 남아 하나님의 기쁨이 되고 우리 자신들이 행복하기를, 후손들이 복되기를 예수님의 이름으로 축복합니다. 아멘!

10
외화내빈(外華內貧)의 사람

"온 이스라엘 가운데에서 압살롬 같이 아름다움으로
크게 칭찬 받는 자가 없었으니
그는 발바닥부터 정수리까지 흠이 없음이라"
〈사무엘하 14:21~33 중〉

미국 명문대 스탠포드 대학 설립 이야기는 듣고 또 들어도 많은 감동을 주며 또 많은 생각을 하게 합니다.

어느 날 미국의 한 재벌 부부가 건강회복을 위해 유럽 여행을 다녀오게 되었습니다. 그런데 결혼한 지 18년 만에 낳은 아들이 대학에 들어갈 나이 15세에 병에 걸려 죽고 말았습니다. 그래서 그들은 자신의 아들을 생각하며 전 재산을 대학에 기부하고자 했습니다. 그들은 미국의 명문대학인 하버드대학 총장을 만나려고 학교를 방문했습니다.

그런데 그들은 정문에서부터 문전박대를 당했습니다. 재벌 부부의 행색치고는 그들의 차림이 너무 초라했기 때문입니다.

발길을 돌리는 부부는 하버드에 전 재산을 기부하려던 마음을 접습니다. 그리고 새로 대학교를 건립하기로 했습니다. 그 학교가 바로 1885년에 세워진 오늘의 명문대 스탠포드 대학이며, 그 부부가 리랜드 스탠포드(Leland Stanford)와 부인 제인 스탠포드(Jane Stanford)입니다.

후에 하버드 대학에서 이 사실을 알고 안타까워하면서 정문에 다음과 같은 글귀를 새겼습니다.

"사람을 외모로 보지 말라."

이번 본문에 표현된 압살롬의 모양은 참으로 화려하고 아름다운 외모입니다. 그의 외모를 소개하는 것이 25~26절입니다.

"온 이스라엘 가운데에서
압살롬 같이 아름다움으로
크게 칭찬 받는 자가 없었으니
그는 발바닥부터 정수리까지 흠이 없음이라.
그의 머리털이 무거우므로 연말마다 깎았으며
그의 머리털을 깎을 때에 그것을 달아본즉
그의 머리털이 왕의 저울로
이백 세겔이었더라."

이렇게 아름다운 압살롬이었지만 그 다음 이어지는 구절에서의 그의 행위는 참으로 안타깝습니다. 어쩌면 그렇게도 치졸하고 이기적이며 자기중심적인 상황들만 전개하는지, 그저 허탈합니다. 그야말로 빼어난 수려함의 외모와는 너무도 대조적인 그의 인격과 신앙, 그리고 그의 삶입니다.

지난 말씀에서 살펴본 대로 요압 장군의 드고아 여인을 통한 압살롬의 귀환 계획은 성사가 됩니다. 다윗이 요압에게 압살롬을 데리고 오게 했습니다.

3년 만에 돌아온 압살롬은 얼마나 아버지 다윗을 보고 싶어 했겠습니까. 비록 누이동생을 겁간한 이복 형 암논을 죽이고 달아난 자신이었지만 그래도 아버지께서 돌아오도록 했으니 이미 용서하셨다고 생각했습니다.

그러나 24절을 보면 이것은 순전히 압살롬의 생각입니다. 왜냐하면 돌아온 압살롬을 다윗은 자기에게로 불러 만나지 않았기 때문입니다. 돌아오는 그 길로 곧 바로 자기 집으로 가서 있게 하고 만나지 않았습니다. 얼마 동안이나 그리했는가 하면 2년이나 그리했습니다. 그것이 24절과 28절의 기록입니다.

"왕이 이르되
그를 그의 집으로 물러가게 하여
내 얼굴을 볼 수 없게 하라 하매
압살롬이 자기 집으로 돌아가고
왕의 얼굴을 보지 못하니라"

"압살롬이 이태 동안 예루살렘에 있으되

왕의 얼굴을 보지 못하였으므로”

다윗이 이렇게 한데는 분명한 이유가 있습니다.

첫째는 자기가 압살롬을 너무 쉽게 용서하는 것처럼 보이지 않기 위해서입니다. 아무리 눈에 넣어도 아프지 않을 자식이지만 그래도 그는 엄연히 살인자입니다. 그러니 법을 제대로 지켜 백성의 본이 되어야 하는 제왕으로서 아들이 돌아오자 곧바로 환대를 하며 불러 면대한다는 것은 자신의 명예가 실추되는 것과도 결부가 되기 때문입니다.

둘째는 압살롬으로 하여금 보다 깊이 반성하도록 더러는 수모를 주기 위한 한 방편으로 이렇게 금족령을 내렸던 것입니다. 그럼에도 불구하고 25~27절에 기록된 압살롬의 상황을 보면, 어쩌면 그의 생애의 절정이라 해도 과언이 아닐 생활입니다.

25절에서는 온 이스라엘 가운데에서 압살롬 같이 아름다움으로 크게 칭찬 받는 자가 없었다고 했습니다. 그의 외모가 얼마나 수려했던지 압살롬은 '발바닥부터 정수리까지 흠이 없었다' 고 기록하고 있습니다.

한 때 조각 같은 얼굴로 7~80년대 온 세계 뭇 여성들의 마음을 설레게 했던 영화배우가 있었습니다. 프랑스 배우 알랭드롱입니다. 아마 압살롬의 외모가 알랭드롱을 능가한 것 같습니다.

26절에서는 그 모습을 극대화하여 기록하였는데 그의 머리털이 너무도 윤기 있고 보기 좋았다고 합니다. 즉 멋쟁이의 머리카락이라는 것입니다.

그는 자신의 머리털이 다른 사람들보다 월등하다는 것을 보이기 위해 일정 시기가 되면 잘라서 그것을 저울에 달아보기까지 했습니다. 그 무게가 무려 이백 세겔이나 나갔으니 윤기 나는 머리카락은 건강한 압살롬의 빼어난 외모를 한층 더 빛나게 했습니다. 그러나 결국 그는 이 아름다운 머리카락으로 인해 훗날 죽음을 맞게 됩니다.

27절에서는 그의 가족이 늘고 있음을 볼 수 있습니다. 압살롬이 아들 셋과 딸 하나를 낳았습니다. 그리고 그의 딸은 얼굴이 아름다운 여자라고 기록하고 있습니다. 아마 아버지 압살롬을 많이 닮았던 모양입니다.

그렇게 2년이 지나면서 압살롬의 생활이 소위 태평성대가 되는 어느 날 압살롬은 본성을 드러내게 됩니다.

2년 동안 아버지는 자기를 부르지도 않고, 요압도 자기 집에 출입을 잘하지 않게 되자 화가 치솟았습니다. 하루는 압살롬이 사람을 보내어 요압을 불렀습니다. 그런데 요압이 오지 않는 것입니다. 그러자 압살롬은 자기 종들을 시켜 요압의 밭에 불을 질러버렸습니다.

악한 자는 도무지 세월이 흘러도 바뀌지를 않습니다.

일이 이쯤 되자 요압이 압살롬을 찾아옵니다. 그리고 조조이 따지게 되었습니다. "네가 어떻게 나한테 이럴 수 있느냐?"는 것입니다.

압살롬의 대답이 적반하장입니다. 2년이 지나도 아버지는 나를 보려 하지도 않고, 게다가 요압 장군도 불러도 오지 않으니 내가 화가 안 나겠느냐는 것입니다. 그래서 화가 나서 요압 장군의 밭에 불을 질렀다고 합니다. 그러면서 요압에게 아버지와 자신 사이를 중재하여 어떻게든지 아버지를 대면하게 하라고 합니다.

참으로 악한 자의 전형입니다.

어찌됐던 그리하여 33절에서 드디어 요압이 다윗을 찾아가 이 일에 대하여 건의를 하게 됩니다. 그리고 다윗은 압살롬을 불러 귀환 후 처음으로 부자지간의 대면이 이루어지게 됩니다.

그런데 다음 15장에서부터 압살롬의 실상이 하나하나 드러나는데 그 행적은 부끄럽고 비열하고 비천하기 그지없습니다. 그토록 외모가 아름답고 화려한 압살롬의 이러한 생활은 결국 비참한 일생으로 마무리하게 됩니다.

오늘 본문에 기록된 압살롬이 요압의 밭에 불질러버린 것도 그렇지만, 압살롬이 하고자 하는 모든 일들의 면면을 보면 오직 자기중심적이었습니다.

사무엘이 오늘 성경을 기록하면서 25~26절을 삽입하여 압살롬의 외모를 극찬한 이유는 외화내빈(外華內貧)의 사람이 어떤가를 보여주려는 것입니다. 그런 자가 얼마나 부끄럽고 초라하며 또 가련한가를 드러내고자 하시는 하나님의 메시지가 있습니다.

본문 30절에서는 자기 뜻을 이루기 위해 자기 성질대로 요압의 밭에 종들을 시켜서 불을 질렀습니다.

15장에서는 압살롬이 자기가 왕이 되려고 아버지 다윗을 반역하게 됩니다.

16장에서는 다윗은 압살롬의 군대를 대항하지 못하고 죄인처럼 머리를 풀고 신도 신지 못한 맨발로 울면서 감람산으로 올라갑니다. 그런데 그 때 압살롬은 아버지의 후궁들과 백주에 동침을 하는 패륜적인 행위를 저지릅니다.

18장에서는 자신의 기념비를 세워 자기를 높이려고 했습니다. 그리고 18:9~15에서는 앞에서도 밝혔지만 본문 25~26절에서 그렇게 아름답고 자랑스럽던 자신의 머리카락이 나무에 걸려 자신을 쫓아오는 자에게 죽임을 당하게 되는 것을 볼 수 있습니다.

압살롬의 인생이 위험의 문턱에 이르렀을 때 그 준수한 외모와 뛰어난 혈통, 그리고 그토록 자랑스러웠던 수려한 외모는 그 어떤 도움도 되지 못했습니다. 오히려 그것이 그의 생명을 재촉하는 걸림돌로 작용했습니다.

그것은 아버지에게도, 하나님께도, 자신에게도 마찬가지였습니다. 이것이 압살롬의 외화내빈(外華內貧)입니다.

베드로전서 3:3~4 말씀은 이런 외모에 대한 경고의 말씀으로 자칫 교만하고 뽐내며 거만한 인생들의 삶을 환기 시킵니다.

"너희의 단장은 머리를 꾸미고 금을 차고
아름다운 옷을 입는 외모로 하지 말고,
오직 마음에 숨은 사람을
온유하고 안정한 심령의
썩지 아니할 것으로 하라

이는 하나님 앞에 값진 것이니라."

남달리 외적 조건이 뛰어나다고 교만하면 안 됩니다. 남달리 내세울 것이 많아도 자랑해서는 안 됩니다.

성경은 끊임없이 겸손하라고 가르치십니다. 내적인 것에, 영적인 것에 더 관심을 기울이라고 말씀하십니다.

요압은 인간적인 생각으로 압살롬을 귀환시켰습니다. 그리고 그것을 아주 잘한 것이라고 생각했습니다. 모든 것이 자신이 생각하는 쪽으로 진행될 것을 꿈꿨습니다. 그러나 결과는 오히려 더 큰 문제만 일으켰습니다. 우리는 이 사실을 간과해서는 안 됩니다.

그러기에 그리스도인은 무엇을 하든지 항상 가장 먼저 하나님의 뜻을 헤아려야 합니다. 모든 상황을 영안으로 분별하고 하나님의 지혜로 판단하며 믿음으로 행동해야 합니다.

하나님께서 사무엘을 통하여 이스라엘의 왕을 세우려 하실 때도 그랬습니다. 사무엘상 16장에서 사무엘이 이새의 집에 가서 아들 중 한 사람에게 기름을 부으려 할 때 사무엘이 본 맏아들 엘리압은 외모가 준수하고 빼어났습니다. 보기에 아름다운 인물이었습니다. 그런 사무엘의 관점이 사무엘상 16:6에 기록되어 있습니다.

"…(생략)사무엘이 엘리압을 보고
마음에 이르기를
여호와의 기름 부으실 자가

과연 주님 앞에 있도다 하였더니"

그러나 하나님의 관점은 사람과 달랐습니다. 그것이 7절에 기록되어 있습니다.

"여호와께서 사무엘에게 이르시되
그의 용모와 키를 보지 말라
내가 이미 그를 버렸노라
내가 보는 것은
사람과 같지 아니하니
사람은 외모를 보거니와
나 여호와는
중심을 보느니라 하시더라."

그리하여 사무엘은 둘째 아비나답, 셋째 삼마를 지나 일곱 아들을 다 지나가게 했습니다. 그래도 하나님께서는 그들 중 어느 누구도 허락하지 않으셨습니다. 그러자 이새에게 아들이 더 없는지 묻습니다. 그리고 막내아들이 들에서 양을 치고 있다는 것을 알게 됩니다. 그는 다윗을 불러들였습니다. 다윗이 오자 그 순간 하나님께서 사무엘에게 말씀 하셨습니다. 16장 12절입니다.

"…(생략)여호와께서 이르시되

이가 그니
일어나 기름을 부으라 하시는지라."

그렇게 하여 다윗에게 기름을 부어 성별할 때 여호와의 영이 다윗에게 크게 감동되었습니다.

여기서 우리가 주목할 것은 일곱 형들과 다윗입니다. 형들은 모두 집에서 평안하게 먹고 마시며 화려한 옷을 입고 있었습니다. 그런데 다윗은 들에서 양을 치고 있었습니다. 참으로 대비되는 모습입니다.

이 때 하나님이 보신 것은 외화내빈(外華內貧)이 아닌 외빈내실(外貧內實)이었습니다.

하나님이 보신 내실(內實)이 무엇일까요?

오직 하나님을 향한 마음입니다. 성령으로 충만한 진실과 정직, 그리고 충성스러움입니다.

연초부터 한국교회의 표상이라 해도 과언이 아닌 교회에서 폭력사태가 일어났습니다. 한국기독교회를 대표하는 한기총 회장님이 양심선언을 하게 되어 한국교회가 벌집 쑤셔 놓은 듯 시끄러웠습니다. 이래서는 안 되겠다는 마음을 가지고 있으면서도 고양이 목에 방울을 달려는 사람은 아무도 없었습니다. 어쩌면 이것이 한국교회의 외화내빈일지도 모릅니다.

그러면서 우리교회를 다시 돌아봅니다. 자랑스러운 면면이 어디 한두 가지 뿐이겠습니까만 정말 하나님께서 우리교회를 보실 때 성령님이 운행하시는 하나님의 마음에 맞는 교회일까요?

미국 볼티모어의 한 특급호텔에 허름한 복장의 중년 남성이 들어섰습니다. 그는 곧장 프런트로 가서 호텔 지배인에게 쉬어갈 객실이 있는지 물었습니다. 호텔 지배인은 행색이 초라한 그를 아래위로 훑어보며 말했습니다. '이 호텔은 당신이 묵을 수 있는 호텔이 아닙니다. 그러니 다른 곳을 안내해 주겠습니다.' 그리고 근처의 삼류 호텔을 알려주었습니다.

그 중년 남성은 지배인이 알려준 작고 허름한 호텔로 가서 체크인을 합니다. 그리고 여장을 풀고 쉬었습니다.

그날 도시에는 토머스 제퍼슨 부통령이 볼티모어를 방문했다는 소문이 퍼졌습니다. 그런데 부통령이 도대체 어느 곳에 묵고 있는지 알 수가 없다는 것입니다. 이 소식을 들은 특급호텔지배인은 자신이 거절한 손님이 바로 제퍼슨 부통령이라는 사실을 알게 되었습니다. 그는 자신이 안내했던 그 허름한 호텔로 급히 부통령을 찾아갔습니다. 그리고 좋은 방을 예비해 두었으니 호텔을 옮기라고 간청했습니다. 하지만 제퍼슨 부통령은 단호히 거절했습니다.

"행색이 초라하고 힘없어 보이는 사람들이 무시당하는 호텔이라면 행색이 초라한 부통령도 마땅히 거절당해야지요."

우리는 야고보서 2:2~4 말씀을 주목해야 합니다.

"만일 너희 회당에 금가락지를 끼고
아름다운 옷을 입은 사람이 들어오고
또 남루한 옷을 입은

가난한 사람이 들어올 때에,
너희가 아름다운 옷을 입은 자를
눈여겨 보고 말하되
여기 좋은 자리에 앉으소서 하고
또 가난한 자에게 말하되
너는 거기 서 있든지
내 발등상 아래에 앉으라 하면
너희끼리 서로 차별하며
악한 생각으로
판단하는 자가 되는 것이 아니냐."

그리고 9절에서 이어 이렇게 말씀하셨습니다.

"만일 너희가 사람을 차별하여 대하면
죄를 짓는 것이니
율법이 너희를 범법자로 정죄하리라."

요한복음 3장의 니고데모는 외화내빈(外華內貧)의 사람이었습니다. 그것 때문에, 눈앞의 부귀영화 때문에 영생을 버리고 돌아갔습니다.

그런데 요한복음 4장의 수가성 여인은 외빈내실의 사람이었습니다.

누가복음 10장의 제사장과 레위인은 외화내빈의 사람들이었으나 사마리아인은 외빈내실의 사람이었습니다.

누가복음 18장의 성전에서 기도하는 두 사람 가운데 바리새인은 외화내빈의 사람이었지만 세리는 외빈내실의 사람이었습니다.

건국대학교 명예교수이신 류태영 박사님은 1936년 전라북도 임실이라는 산골에서 머슴의 아들로 태어났습니다. 그는 초등학교 때 교회를 다니면서 예수님을 믿기 시작했습니다. 세상적으로나 외적으로 그에게는 아무것도 볼 것이 없었습니다. 그러나 그는 하나님을 굳세게 의지했습니다. 중학교를 졸업하고 무작정 서울로 올라와 구두닦이를 하면서 야간고등학교를 다녔습니다. 그는 의지할 곳이 없어서 집 근처에 있는 교회를 찾아갔습니다. 그는 주일뿐만 아니라 새벽마다 하나님께 나아가서 하나님께 부르짖었습니다. 하나님은 그의 속사람을 보셨습니다. 그리고 그를 이 시대의 빛으로 역사에 기록될 수 있게 해 주셨습니다.

사도바울은 다메섹 도상에서 주님을 만나기 전에는 외화내빈의 사람이었습니다. 그가 가진 세상적인 것들은 온갖 화려한 수식어로 장식될 수 있는 바울의 옷이었습니다. 그러나 예수님을 만난 후 그의 생애는 외빈내실의 삶이었습니다. 온갖 고난과 굶주림과 죽을 고비를 겪으면서도 오직 하나님의 마음으로 살았습니다. 인류 역사는 이 바울을 통해 어둠에서 빛으로 바뀌게 되었습니다.

오늘날 우리가 살아가는 이 시대를 외모지상주의 시대라고 합니다. 그래서 정치계도 연예계도 얼짱, 몸짱을 선호합니다.

어디 이 계열뿐이겠습니까?

언제부터인가 교회까지도 이 외화내빈의 외모지향주의의 병에 단단히 걸려들었습니다. 담임목사 청빙도 이제는 성령으로 충만한 자, 오직 하나님의 마음을 품은 자를 보려고 하지 않고 외모를 중시합니다. 그가 가진 화려한 이력서를 봅니다. 키도 작지 않아야 합니다. 얼굴도 강단에 세워서 '우리교회 담임목사'로 자랑하고 싶은 마음이 드는 핸섬한 인물을 찾습니다.

예, 다 좋습니다. 좋은 학벌에 수려한 외모를 갖춘 사람, 소위 인물 출중하고 학벌 출중하면 나쁠 것이 무엇이겠습니까. 그러나 교회 강단만큼은 가장 중요한 요소로 꼽아야 할 것이 영적인 부분입니다. 기본적으로 갖출 것을 갖추고 그 위에 반드시 영적인 것을 갖추어야만 합니다.

그럼에도 불구하고 이제는 교회마저 세태를 쫓아가고 있습니다. 참으로 무서운 것은 그래서 한국교회 강단이 영적 쇠약에 기진하게 되는 현상입니다.

안 됩니다. 정신을 차려야 합니다. 우리는 '오직 하나님'이어야 합니다. 우리는 외화내빈(外華內貧)의 사람이 아니라 외화내실(外華內實)의 사람이 되어야 합니다.

외모나 주어진 환경이 아름답고 좋은 것은 나쁜 것이 아니라 축복입니다. 그러나 그 축복된 삶에 못지않게 인격과 신앙 또한 아름다워야 합니다. 그것이 성령으로 충만한 그리스도인의 참다운 삶입니다. 겉은 아름답고 화려한데 인격과 신앙이 형편이 없다면 그보다 더 부끄럽고 추한 경우는 없습니다. 참으로 끔찍한 일입니다.

예수님은 외화내빈의 대표적인 바리새인들을 향해 준엄한 경고의 말씀을 하셨습니다. 그것이 마태복음 23:25~26의 말씀입니다.

"화 있을진저 외식하는 서기관들과
바리새인들이여
잔과 대접의 겉은 깨끗이 하되
그 안에는 탐욕과 방탕으로
가득하게 하는도다.
눈 먼 바리새인이여
너는 먼저 안을 깨끗이 하라
그리하면 겉도 깨끗하리라."

그렇습니다. 겉 보다는 속사람이 아름다워야 합니다. 외모는 잠깐입니다. 그러나 속사람은 영원합니다. 우리가 추구하는 것은 얼짱, 몸짱이 아니라 마음짱, 생각짱, 행동짱, 성령짱이어야 합니다.

압살롬의 외화내빈을 통해 오늘 우리는 그것을 거울로 삼아 외빈내실(外賓內實)의 사람이거나 외화내실(外華內實)의 사람이 되어야 합니다.

꼭 그렇게 살아가는 저와 여러분이 되시기를 예수님의 이름으로 축복합니다. 아멘!

11
마음을 도적질 하는 사람

"이스라엘 무리 중에 왕께 재판을 청하러 오는 자들마다
압살롬의 행함이 이와 같아서 이스라엘 사람의 마음을
압살롬이 훔치니라"
〈사무엘하 15:1~12 중〉

'이 땅에 사는 사람이라면 누구나 다 도둑이다'라는 메시지를 주는 이야기가 있습니다.

제(齊)나라에는 국 씨(國 氏)라는 큰 부자가 있었습니다. 또 송(宋)나라에는 향 씨(向 氏)라는 아주 가난한 사람이 있었고요. 송나라 향 씨는 제나라로 가서 국 씨에게 부자가 되는 비결을 가르쳐 달라고 부탁했습니다. 국 씨는 부자가 되는 비결을 이렇게 이야기 했습니다.

"나는 교묘하게 도둑질을 했을 뿐입니다. 도둑질을 한 덕분에 일 년째는 그럭저럭 지낼 만하게 되었고, 이 년째에는 제법 편하게 되었으며, 삼 년째에는 아주 풍부하게 되었지요. 그러고 나서 차츰 이웃 사람과 이웃 마을까지 유복하게 만들어 줄 수 있었던 겁니다."

향 씨는 그 말을 듣고 남의 집 담을 넘고 벽을 뚫어 닥치는 대로 마구 도둑질을 했습니다. 그랬기 때문에 얼마 안 가서 당연히 절도죄로 붙잡혀 훔쳐온 것은 물론, 가지고 있던 것마저 다 빼앗기고 말았습니다.

향 씨는 국 씨에게 속았다는 생각이 들어서 다시 그를 찾아갔습니다. 그리고 국 씨에게 원망을 늘어놓았습니다.

그 이야기를 들은 국 씨가 놀라서 향 씨에게 물었습니다.

"대관절 당신은 도둑질을 어떻게 했기에 그 모양이 되었습니까?"

향 씨는 사실 그대로를 들려주었습니다. 그의 말을 듣던 국 씨는 안타까운 듯 혀를 차면서 자신이 도둑질 한 이야기를 해 주었습니다.

"대개 하늘에는 천시(天時)라는 것이 있고, 땅에는 지리(地利)라는 것이 있지 않소? 나는 그 천시와 지리를 훔치고, 물에서는 물고기와 자라들을 훔쳐다가 먹는 재료로 만들었던 것입니다. 산의 약초를 훔쳐 좋은 약을 만들어 사람들에게 공급했습니다. 내가 한 모든 것 중에 도둑질 아닌 것이 없었습니다. 즉 곡식이든, 흙과 나무든, 새와 짐승과 물고기, 그 모두가 하늘이 만들어 낸 것으로 내 것은 아무것도 없었기에 그것을 가지는 것이 도적질이 아니겠습니까? 그러나 하늘이 만든 것은 훔쳐도 재난을 당하지는 않는 법이요, 땅의 지리(地利)를 도둑질 한다고 땅이 화내지는 않습니다. 그러나 금은보화 따위는 사람들이 만든 것으로 하늘이 준 것은 아니오. 당신은 그걸 훔치고 죄를 받은 것이므로 남을 원망할 수는 없는 일입니다."

향 씨는 그제야 자신의 어리석음을 통한해 했습니다.

이 이야기는 사람이 살아가는 동안 도둑질을 하지 않는 것이 없다는 것입니다. 곧 천시(天時)와 지리(地利)를 훔치는 자가 시대의 주인공이 된다는 것을 깨우치는 의미 있는 이야기입니다.

이것을 전제로 하고 우리의 일상생활을 잠깐 멈추어 돌아보면 도둑 아닌 사람이 있을까요? 과연 인간이 되어 도둑질을 하지 않고 깨끗하게 살아가는 사람이 얼마나 될까 하는 생각도 해 봅니다.

도적이란 말은 두 가지의 의미를 합한 용어입니다. 물건을 훔치는 것을 도(盜)라 하고, 사람에게 공갈 협박을 하는 것을 적(賊)이라 합니다.

사전적인 의미의 도적이란 '남의 물건을 훔치거나 빼앗는 행위, 또는 그렇게 하는 사람' 입니다.

그러고 보면 꼭 남의 것을 훔치는 것만을 도둑질이라 할 수 없는 것이 오늘 우리의 삶의 내용이라는 생각을 하게 됩니다.

김지하 시인은 1970년 사상계 5월호에 300여행의 담시(譚詩)를 발표한 적이 있습니다. 그 중 '오적(五賊)' 에 대한 내용이 있습니다.

5적은 도둑촌의 장、차관, 재벌, 국회의원, 장성, 고급관리를 다섯 역적으로 몰아 탄핵한 풍자시로 '담시' 라는 새로운 형식과 전통적 풍자기법을 되살린 점에서 높이 평가되고 있습니다.

어디 김지하 시인이 역설했던 5적만 그렇겠습니까?

제가 목회자 세미나에서 종종 강의하는 내용이지만 목회자도 최소한 삯군은 되어야 합니다. 목회자들이 선한 사마리아인은 되지 못할지언정 최소한 사례비에 걸맞은 삯군은 되어야 하지 않겠느냐는 것입니다. 그렇지 못하면 목회자도 허울 좋은 '거룩한 도둑'이 되는 것입니다.

목회만 그렇겠습니까?

성경은 곳곳에서 도적질 하지 말라고 경계하고 있습니다.

주일을 도적질 하고, 십일조를 도적질하며, 무엇보다 자기의 영광을 위하여 하나님의 거룩함을 도적질합니다. 자기 소욕을 이루기 위하여 성도들의 마음을 도적질 하는 성도들인들 왜 없겠습니까?

중요한 것은 도적질을 한 사람도 천하에 몹쓸 나쁜 사람이지만 도둑맞은 사람의 마음 또한 그리 칭찬할 것은 못됩니다. 왜냐하면 도둑을 맞지 않기 위해서는 이런 저런 시근장치를 하여 도둑을 맞지 않도록 철저하게 방비해야 하는데 그렇지 못했기 때문입니다.

우리가 다시 한 번 생각해 볼 것은 '오늘 우리의 마음이 그렇지는 않은가'라는 것입니다. 우리 교회가 그렇지는 않은가, 한국교회가 그렇지는 않은가 생각해 보아야 합니다.

예배도 있고 찬송도 있으며 기도도 있는데, 뭔가 모르게 허허벌판에 선 듯한 느낌을 갖게 되는 경우가 있습니다. 마치 무엇인가 도둑을 맞았을 때의 기분과도 같습니다.

왜 그런 느낌이 들까요? 무엇을 도둑맞았기 때문일까요?

요한계시록 2장에서는 이에 대한 답을 제시하고 있습니다. 말씀은 에베소 교회를 향하여 책망하시는 하나님의 말씀입니다. 그것은 '처음 사랑을 버렸다'는 것입니다. 다른 말로 표현하면 처음 사랑을 도둑맞았다는 것입니다.

그러고 보면 그 말씀은 정확한 표현입니다. 교회가 첫 사랑을 잊어버리니 감동도 기쁨도 열정도 식어졌습니다.

그럼 누가 도둑질 했다는 것입니까?

예, 두 말할 것도 없이 마귀 사단입니다. 지금도 사단은 우리 마음에 가만히 들어와서 하나님을 믿는 믿음을 도둑질하고 성령의 역사를 도둑질하며 십자가 사랑을 도둑질 합니다.

그냥 도둑질을 하는 것이 아닙니다. 목적을 달성하기 위하여 치밀하게 계획하고 훔치려는 것이 도적의 마음, 마귀 사단의 마음이라고 하나님은 경계를 해 주셨습니다. 그것이 베드로전서 5:8~9의 말씀입니다.

"근신하라 깨어라
너희 대적 마귀가
우는 사자 같이 두루 다니며
삼킬 자를 찾나니
너희는 믿음을 굳건하게 하여
그를 대적하라."

그렇습니다.

마귀는 믿음의 문단속을 잘하지 않는 성도의 마음의 문빗장을 가만히 열고 들어와 믿음을 훔쳐갑니다. 사랑을 훔쳐갑니다. 기도를 훔쳐갑니다. 열심도 훔쳐갑니다.

그렇게 도둑을 맞게 된 성도의 마음은 허허벌판입니다. 교회에 나와서 예배는 드리는데 감정이 죽었습니다. 기쁨도 없습니다. 감동도 없습니다. 아무것도 생각나지 않습니다. 그야말로 허허벌판에 선 듯한 마음입니다.

여러분은 지금 어떠십니까?

훔치는 사람도 나쁘지만 도둑을 맞지 않도록 단속을 잘하지 않는 사람도 문제입니다.

요즘 사이비 이단들이 얼마나 극성을 부리는지 모릅니다. 이단들의 역사는 영적 역사이기 때문에 인간의 이성으로 판단이 되고 이해가 되는 차원이 아닙니다.

멀쩡한 목사도 넘어가고 장로도 넘어갑니다. 교수도 넘어가고 사회적으로 상당한 식견이 있는 사람들도 넘어갑니다. 그러니까 사람들이 생각하기를 '저런 분들도 넘어가는 건 뭔가 있으니까 넘어가지' 라고 합니다. 그게 바로 함정입니다.

이런 사이비 이단의 핵심은 본문의 압살롬같이 사람들의 마음을 훔치는 것입니다. 본문 가운데 우리가 주목할 구절이 6절에 있습니다.

"이스라엘 무리 중에
왕께 재판을 청하러 오는 자들마다
압살롬의 행함이 이와 같아서

이스라엘 사람의 마음을

압살롬이 훔치니라."

이 구절이 개역한글판에서는 "압살롬이 이스라엘 사람의 마음을 도적하니라."고 되어 있습니다. "사람의 마음을 도적하니라." 참으로 주의 깊게 생각해 볼 말씀입니다.

이제 본문을 통하여 그 실상을 좀 더 자세히 살펴보고자 합니다.

압살롬은 요압장군의 도움으로 예루살렘으로 돌아와 고통의 시간이 끝나는가 싶더니 본성적인 교만이 싹트기 시작했습니다. 아버지가 미웠습니다. 왕자의 신분회복의 욕망을 넘어 아버지를 밀어내고 왕이 되고 싶었습니다. 그러나 상황은 자신이 바라는 대로 그렇게 진행되는 것이 아니었습니다. 그래서 전략을 세웁니다.

1절을 보면 먼저 자기를 위하여 병거와 말들을 준비하고 호위병 오십 명을 항상 자기 앞에 세워 두었습니다. 이것은 자기포장의 전략입니다.

그 때나 지금이나 사단의 전략은 항상 그럴듯하게 포장하는 것입니다. 사이비 이단의 특성은 여기서 배운 것들입니다.

예수님께서 바리새인들의 겉포장을 향해 무서울 정도로 질책을 하신 이유가 바로 여기 있습니다. 그렇기 때문에 그럴듯한 포장술에 넘어가지 않기 위하여 우리 성도들은 항상 속사람을 강하게 해야 합니다.

2절을 보면 일찍이 일어나 성문 길 곁에 서서 왕에게 재판 받으러

오는 사람들을 만납니다. 압살롬이 왕자인 것을 알고 사람들이 가까이 가서 그에게 절하려고 하면 압살롬이 손을 펴서 그 사람을 붙들고 그에게 입을 맞추면서 친절하고 겸손한 척 합니다. 그것은 백성들의 환심을 사기 위한 행동입니다.

압살롬은 이렇게 백성들의 마음을 도적질하기 시작했습니다. 철저한 사단의 전략을 압살롬이 그대로 옮기고 있는 내용입니다. 압살롬의 이와 같은 행위에 대하여 6절에서는 정확하게 표현하였습니다. “이스라엘 무리 중에 왕께 재판을 청하러 오는 자들마다 압살롬의 행함이 이와 같아서 이스라엘 사람의 마음을 압살롬이 훔치니라.”

압살롬의 행동은 백성들의 마음을 훔치는 행위라고 성경은 기록하고 있습니다. 그가 사람들의 마음을 도적질 하는 이유는 자신의 세력을 불리려는 것입니다. 세력을 불려서 아버지 다윗을 왕위에서 몰아내고 자기가 왕이 되려는 것입니다. 이것이 정녕 전형적으로 타락한 인간의 마음입니다.

그렇게 4년이 지났습니다. 드디어 압살롬의 전략이 성사되어 백성들은 그를 높이기 시작합니다. 압살롬을 칭송하기 시작했습니다.

그러던 어느 날 그는 아버지 다윗에게 찾아갑니다. 그리고 자기가 서원한 것을 이룰 수 있도록 헤브론으로 올라가게 해 달라는 청원을 합니다. 자기가 암논을 죽이고 도망자가 되어 그술에 있을 때 만약 예루살렘으로 돌아가게 되면 하나님을 섬기겠다고 서원을 했다는 것입니다.

그래서 아버지 다윗은 기꺼이 압살롬을 헤브론으로 올라가게 했습니다.

그렇게 아버지 다윗 왕의 공식적인 승인을 얻어 헤브론으로 올라간 압살롬은 반역의 거사를 일으킵니다.

12절을 보면 압살롬의 전략이 4년 동안 어떻게 진행되었는가를 잘 드러내는 말씀이 기록되어 있습니다.

"제사 드릴 때에 압살롬이 사람을 보내
다윗의 모사 길로 사람 아히도벨을
그의 성읍 길로에서 청하여 온지라
반역하는 일이 커가매
압살롬에게로 돌아오는 백성이
많아지니라."

사람들의 마음을 도적질 한 압살롬은 본문 12절까지는 승리자의 모습으로 부각됩니다.

그러나 역사의 교훈은 언제나 동일합니다. 공명정대하지 않은 모든 것의 마지막은 패망이며 비참한 몰락이라는 것입니다.

압살롬은 그렇게 사람들의 마음을 도적질 하여 아버지를 대적하는 패륜아가 되어갔습니다. 물론입니다. 그 결과는 일생을 비참하게 마무리하게 됩니다.

마음을 도적질 하는 것! 그것은 참으로 사악한 짓입니다.

들릴라가 삼손의 마음을 도적질 합니다. 그리고 위대한 이스라엘의 사사 삼손으로 하여금 두 눈이 뽑히고 소처럼 맷돌 돌리다가 다곤 신전과 함께 쓰러져 일생을 마무리하게 했습니다.

모압왕 발락은 발람 선지자의 마음을 물질로 도적질 하여 발람으로 하여금 유다서에 기록된 저주받은 3인 중 한 사람이 되게 했습니다.

요나답은 암논의 마음을 도적질 하여 누이동생 다말을 겁탈하게 했습니다.

그들의 결과는 하나 같이 패망이었습니다.

기억하시기 바랍니다. 그 어떤 것보다도 사람의 마음을 도적질 하면 안 됩니다. 하나님을 향해 열심을 다하는 성도의 마음을 도적질 하여 세상으로 향하게 해서는 안 됩니다. 기도하고자 하는 성도의 마음을, 열심히 교회를 위해 헌신하고자 하는 성도의 마음을, 선교하고 봉사하고 구제하고자 하는 성도의 마음을, 온전하게 하나님의 자녀답게 살려고 믿음생활을 잘하려는 성도의 마음을 도적질 하면 안 됩니다. 절대로 안 됩니다.

사단은 지금도 그렇게 성도의 마음을 도적질 하려고 혈안입니다. 도적도 나쁘지만 도둑맞는 것도 결단코 좋은 일은 아닙니다. 도둑을 맞지 않도록 단단히 조치를 취해야 합니다.

그러기 위해서는 무엇을 어떻게 해야 할까요?

에베소서 6:13-18 말씀이 답입니다.

"그러므로 하나님의 전신 갑주를 취하라
이는 악한 날에 너희가 능히 대적하고
모든 일을 행한 후에 서기 위함이라
그런즉 서서 진리로 너희 허리띠를 띠고
의의 호심경을 붙이고
평안의 복음이 준비한 것으로 신을 신고
모든 것 위에 믿음의 방패를 가지고
이로써 능히 악한 자의 모든 불화살을 소멸하고
구원의 투구와 성령의 검
곧 하나님의 말씀을 가지라
모든 기도와 간구로 하되
항상 성령 안에서 기도하고
이를 위하여 깨어 구하기를 항상 힘쓰며
여러 성도를 위하여 구하라."

그렇습니다. 우리는 하나님의 말씀을 가져야 합니다. 무시로 성령 안에서 기도하며 깨어 있어야 합니다. 매사에 그리해야 합니다. 아멘!

사람의 마음을 도적질하는 자는 반드시 망합니다. 아멘!

우리는 마음을 도적질 당하지 않아야 합니다. 그래야 복을 받습니다. 언제나 하나님의 말씀으로 깨어 있어 마음을 도적질 당하지 않는 복된 저와 여러분이 되시기를 예수님의 이름으로 축복합니다. 아멘!

12
섭리신앙(攝理信仰)의 사람

"너는 어제 왔고 나는 정처 없이 가니
오늘 어찌 너를 우리와 함께 떠돌아다니게 하리요
너도 돌아가고 네 동포들도 데려가라"
〈사무엘하 15:13~23 중〉

창세기 12장은 하나님께서 아브라함을 선택하시고 찾아오셔서 복을 주시는 내용으로 시작됩니다. 왜 지구촌의 많고 많은 사람들 가운데 아브라함이었을까 하고 물을 수 없습니다. 왜냐하면 그것은 전적인 하나님의 섭리이기 때문입니다. 그 섭리에 아브라함은 순응하여 인류의 믿음의 조상이 되었습니다.

창세기 25장에는 에서와 야곱의 장래가 예고된 말씀이 있습니다. 동생 야곱이 하나님의 복을 받고 형 에서는 동생을 섬기게 될 것이라는 내용입니다. 당연히 왜 그렇느냐고 질문할 수 없습니다. 왜냐하면 그 또한 하나님의 섭리이기 때문입니다. 야곱은 그리하여 아브라함과 이삭의 계보를 이어 이스라엘이 됩니다. 오직 하나님의 섭리에 순응한 것입니다.

창세기 45:5도 마찬가지입니다. 요셉을 팔았던 형들 앞에 요셉은 애굽의 총리가 되어 있었습니다. 그 앞에서 형들은 사시나무 떨듯 떨며 두려워했습니다. 그 때 요셉이 말합니다. 오늘과 같은 이 기근의 날에 그들의 생명을 보존키 위해 하나님께서 자신을 먼저 이곳으로 보낸 것뿐이니 걱정하지 말라는 것입니다. 이 또한 하나님의 섭리에 순응한 요셉의 신앙입니다.

창세기 48장에는 야곱이 요셉의 두 아들을 축복하는 장면이 기록되어 있습니다. 오른손을 차자인 손자 에브라임의 머리에, 그리고 왼손은 장손자인 므낫세의 머리에 얹었습니다. 그때 요셉이 놀라 황급히 손을 바꾸어 얹으려고 했습니다. 그러자 야곱이 "안다, 안다. 나도 안다"하면서 손을 얹은 그대로 축복을 했습니다. 그것도 하나님의 섭리입니다. 요셉이 원한다고, 인간적인 차서(次序)를 따라서 되는 것이 아니었습니다.

이렇게 인생의 모든 삶의 걸음을 하나님의 그 섭리에 순응하는 것, 그것이 섭리신앙입니다.

사업을 시작하고 열심을 다했는데 사업이 어려워 회사의 문을 닫아야 했습니다. '하나님, 왜 이렇게 하십니까?' 하고 항변할 수 없습니다. 잠언 16:9에 다음과 같은 말씀이 있습니다.

"사람이 마음으로
자기의 길을 계획할지라도
그의 걸음을 인도하시는 이는

여호와시니라."

모든 사람에게 칭찬받는 신실한 집사님이 교통사고로 죽었습니다. '하나님, 어떻게 이럴 수가 있으십니까?' 라고 항변할 수 없습니다.

전도서 3:11에서 다음과 같이 말씀하십니다.

"하나님이 하시는 일의 시종을
사람으로 측량할 수 없게 하셨도다."

그렇습니다. 하나님의 섭리에 순응하는 것이 신앙입니다.

우리교회가 이렇게 부흥하고 행복하고 평안합니다. 그런데 어떤 교회는 왜 그리도 부흥이 되지 않고 어려우며 분쟁하고 분열할까요? 그것도 하나님의 섭리입니다. 우리가 할 것은 그저 감사뿐입니다. 그 모든 것이 한 마디로 하나님의 섭리입니다.

기독교 신앙은 '섭리신앙'이라고 말할 수 있습니다. '섭리(Providence)'란 사전적인 의미로 일반학에서는 '자연계를 지배하고 있는 원리'로 해석하고 있습니다.

그러나 우리 기독교에서는 'the Providence of God', 즉 '세상의 모든 것을 다스리시는 하나님의 의지 또는 은혜'로 해석합니다.

섭리신앙이란, 창조(creation), 보존(preservation), 통치(government)라는 세 가지 요소를 포함합니다. 즉, 하나님께서 우주를 창조하시고, 지금도 보존하시며, 또한 인류 역사를 통치하시는 것을 믿는 것, 이것이 섭리신앙이라는 말입니다.

이 섭리에 대한 우리의 자세가 어떠해야 할까요?

순복해야 합니다. 결코 불평하거나 원망하거나 거역할 수 있는 것이 아닙니다. 이것을 깨닫는 것이 바로 섭리 신앙입니다. 이 신앙을 지닌 성도는 일생을 살면서 때로는 고난 가운데 들지라도 그것을 얼마든지 극복하고 승리하는 믿음의 삶을 살아갈 수 있습니다.

이번 본문은 다윗이 아들 압살롬의 반란을 보고 받고 도망을 가는 내용입니다. 다윗은 압살롬의 반란을 당했을 때 반란을 제압하고 막으려는 생각은 전혀 하지 않습니다. 단지 그가 취한 행동은 예루살렘에서 도망쳐 나가기에 급급한 모습입니다. 그것이 이 본문입니다.

장수중의 장수인 다윗 왕이 왜 그랬을까요?

주석들을 종합해 보면 몇 가지 이유를 발견합니다.

첫째는 아들 압살롬의 반역행위가 다윗 자신의 범죄에서 비롯된 하나님의 징계라고 생각하였기 때문입니다.

둘째는 부자간의 싸움으로 인해 거룩한 예루살렘 성이 전화(戰禍)에 휩싸이는 것을 원치 않았기 때문입니다.

셋째는 이미 백성들의 마음이 압살롬에게 향했는데 왕권의 힘으로 무리하게 진압을 하는 것은 하나님께서 기뻐하지 않으실 것이라는 생각이었습니다.

넷째는 무리하게 부하들을 잃고 피해를 입기 보다는 전략상(戰略

上) 예루살렘을 떠난 것이라는 해석입니다.

나름대로 일리가 있는 해석입니다. 그러니 어느 것이 옳다 그르다고 말 할 수는 없습니다. 그런 시시비비를 떠나 오히려 이 모든 것을 종합하여 도출할 수 있는 해석이 있습니다. 그것은 다윗이 하나님의 섭리를 믿는 믿음과 그 섭리에 순응하는 신앙에서 이루어진 행위라는 것입니다.

이 본문은 앞 장에서 살펴본 대로 드디어 올 것이 온 상황입니다. 철저하게 계산하면서 아버지를 반역하고자 한 압살롬의 불신앙적인 자세, 곧 4년 동안 이스라엘 사람들의 마음을 훔친 결과로 백성들의 마음이 압살롬에게로 향하게 된 것입니다.

이 상황을 맞은 다윗의 모습이 어떨까요?

만약 다윗이 리비아의 카다피 같은 사람이었다면 더욱 중무장해서 백성들을 향해 화살을 쏘아대며 칼을 휘두르는 광적인 일을 벌였을 것입니다.

그러나 다윗은 아니었습니다. 이 상황에서 그가 생각한 것은 하나님의 섭리였습니다. 자신의 부덕함, '오죽이나 자신이 부덕하면 자식이 아비를 반역하는 일이 일어났겠는가?' 하는 마음으로 충돌을 피합니다. 그리고 하나님의 뜻을 헤아리고 행동합니다. 그런 그의 신앙이 본문에 고스란히 나타납니다.

이와 같은 다윗의 섭리신앙을 통하여 오늘 우리에게 말씀하시고자 하는 하나님의 뜻이 있습니다.

첫째, 섭리신앙인은 삶의 중심이 오직 하나님입니다.

먼저 13절 내용을 살펴보겠습니다.

"전령이 다윗에게 와서 말하되
이스라엘의 인심이 다
압살롬에게로 돌아갔나이다 한지라."

"백성들의 인심이 다 압살롬에게로 돌아갔다." 이 구절은 참으로 많은 것을 생각하게 합니다.

왜 이렇게 되었을까요?

앞서 말씀을 살펴 본대로 압살롬이 백성들의 마음을 훔쳤다는 것이 외적으로 나타나는 원인입니다.

아무리 그렇다고 백성들이 어떻게 이렇게까지 변할 수 있다는 말입니까. 다윗이 누구입니까? 소년시절에는 골리앗을 물리친 구국의 영웅입니다. 사울왕의 살해의도로 도망을 다닐 때도 대항하지 않고 오직 하나님의 뜻을 헤아리는 선하고 진실한 다윗이었습니다. 지금은 주변 강대국들을 제압하고 나라를 태평성대로 이끈 성군입니다.

그런 다윗을 백성들이 한 순간에 등을 돌리고 압살롬을 지지하게 되었습니다. 다윗은 참으로 기막힌 상황에 직면한 것입니다. 인간적으로는 말할 수 없이 허망했습니다. 허탈과 비애가 밀려왔습니다.

그런데 이런 상황에서 다윗은 깊이 생각하는 것이 있습니다. 고통스러운 기억이지만 사무엘하 12:10절의 말씀을 묵상하는 것입니다.

"이제 네가 나를 업신여기고
헷 사람 우리아의 아내를 빼앗아
네 아내로 삼았은즉
칼이 네 집에서
영원토록 떠나지 아니하리라."

하나님의 마음을 짓밟고 자신이 지은 죄로 말미암은 하나님의 판결이 드디어 지금 현실로 나타나고 있다는 것을 알았습니다. 그래서 다윗은 이 엄청난 상황을 겸손하게 받아들이고 있습니다. 그랬기 때문에 14절 이하에서 기록한 대로 오직 이 상황을 피해 달아나기에 급급할 수밖에 없었습니다.

다윗의 상황으로는 압살롬이 아무리 반역을 했어도 초기에 진압할 수 있는 전략과 전술이 있습니다. 그래서 만약 충돌을 피하지 않는다면 압살롬과 싸워 이길 수는 있을지도 모릅니다. 그럼에도 불구하고 예루살렘을 떠나 도망하는 것은 다 이유가 있습니다. 그것이 바로 또 다시 말씀드리지만 거룩한 하나님의 도성 예루살렘이 부자지간의 싸움으로 전화(戰禍)에 휩싸이는 것을 피하려는 그의 마음이었습니다. 전쟁을 하면 그로인해 예루살렘 성은 훼파되고 백성들은 도륙을 당하게 될 것입니다. 다윗은 그것을 알고 있었습니다. 그래서 다윗은 피를 흘리는 충돌 대신 피신을 선택한 것입니다. 그것이 섭리에 순종하는 신앙의 사람 다윗의 모습입니다. 생각과 삶의 중심이 오직 하나님이기 때문에 이 비참한 도망자의 길을 선택한 것입니다.

오늘날도 교회야 어찌되든 자기 자신의 자존심과 영광을 위하여 분쟁하고 분열하여 주님의 교회가 산산조각 나는 일들이 얼마나 많은지 모릅니다.

그것은 하나님의 섭리를 보는 눈이 없는 사람들이 일으키는 분란입니다. 섭리신앙이 없는 사람들에게서 나타나는 악한 현상들입니다.

골로새서 3:12~17 이하에 기록된 내용처럼 거룩함으로 옷을 입고, 서로를 용서하며, 사랑으로 하나 되어, 감사로 노래하며, 무슨 말을 하든지 무슨 일을 하든지 다 예수님의 이름으로 하고, 감사하는 교회가 아름다운 주님의 교회입니다.

이런 교회가 우리교회가 되기를 예수님의 이름으로 축복합니다. 이런 모습이 우리 자신들의 모습이기를 축복합니다. 아멘! 그것은 섭리신앙의 사람들의 자연스러운 교회생활의 모습입니다. 아멘!

둘째, 섭리신앙인은 은혜와 함께 고난도 수용하는 사람입니다.

16절 말씀을 살펴보겠습니다.

"왕이 나갈 때에
그의 가족을 다 따르게 하고

후궁 열 명을 왕이 남겨 두어
왕궁을 지키게 하니라."

다윗이 예루살렘 성을 떠날 때 가족을 다 데리고 나갑니다. 그런데 후궁 열 명은 왕궁에 남겨두어 상황을 지켜보게 했습니다.

이 구절은 참 아이러니한 구절입니다. 압살롬의 반역으로 남겨진 다윗의 후궁들의 앞길이 어떻게 될 것인지 불을 보듯 뻔한 상황임에도 그가 후궁 열 명을 왕궁에 남겨 왕국을 지키게 했다는 것입니다. 어떻게 열 명의 후궁들이 왕궁을 지킬 수 있다는 말입니까? 그들이 무술을 하는 용장들도 아닙니다. 그저 사랑받는 평범한 여인들일 뿐입니다.

그런데도 다윗이 이렇게 했다는 것은 참으로 아이러니가 아닐 수 없습니다.

인간적인 해석법은, '설마 아무리 패역한 압살롬일지라도 연약한 여자들을 어떻게 하랴?' 하는 마음으로 그랬다는 해석이 있습니다. 부정적인 해석으로는 가족은 데리고 가면서 어떻게 후궁은 남겨두어 왕국을 지키도록 했느냐는 비판적인 해석도 있습니다.

그러나 성경이 우리에게 가르치는 메시지는 이 또한 하나님의 섭리라는 것입니다. 사무엘하 12:11을 보겠습니다.

"여호와께서 또 이와 같이 이르시기를
보라 내가 너와 네 집에 재앙을 일으키고

내가 네 눈앞에서 네 아내를 빼앗아
네 이웃들에게 주리니
그 사람들이 네 아내들과 더불어
백주에 동침하리라."

놀랍게도 이 말씀은 다윗이 남긴 열 명의 후궁들을 통해 사무엘하 16:20~22에서 이루어집니다. 참으로 가슴 아픈 상황입니다.

다윗이 열 명의 후궁들을 이렇게 되라고 왕궁에 남긴 것은 아닙니다. 그러나 결국 이 사건은 나단 선지자가 예언한 내용이 이렇게 성취된 하나님의 섭리였습니다.

17~18절 말씀을 보면 후궁 열 명을 왕궁에 남겨두고 가는 고통과 아픔이 있는 반면에 다윗을 따라 함께 하고자한 사람들이 측근 참모들을 포함하여 그렛 사람, 블렛 사람, 가드에서 온 모든 사람들을 합하여 600여명이나 있었습니다. 다시 말하면 다윗과 함께 살고 함께 죽기를 각오하는 충성스러운 신하들이 그만큼 있었다는 것입니다. 이것이 무엇을 의미하는 것이겠습니까? 예, 섭리신앙인 다윗의 삶은 고난의 시간과 함께 하나님의 은혜도 함께 한다는 것을 보여주고 있습니다.

그렇습니다. 사람이 살아가면서 어찌 좋은 일만 있겠습니까? 어찌 아픈 일만 있겠습니까? 그럼에도 불구하고 좋은 일에도 하나님의 뜻을 헤아리고, 아픈 일에도 하나님의 섭리를 깨달아야 합니다. 그것을 깨닫고 순종하는 사람이 곧 섭리신앙인입니다.

셋째, 섭리신앙인은 자신의 유익보다 이웃의 유익을 먼저 생각합니다.

19절 이하에는 다윗의 인간애(人間愛)가 물씬 풍기는 내용으로 이어지고 있습니다. 가드 사람 잇대가 다윗을 따를 때 그에게 보여준 다윗의 인간애입니다.

잇대가 누구인지 아십니까? 그는 블레셋의 가드출신 장수로서 많은 사람들을 데리고 다윗에게로 망명 온 사람입니다. 다윗이 압살롬의 반란을 당한 이 극한 상황에서도 다윗을 위하여 망명 온 잇대의 상황이 너무도 안타깝고 또 미안한 마음에 돌아가라고 권고했습니다. 그런 다윗의 마음이 19절 이하에 잘 표현되어 있습니다.

"어찌하여 너도 우리와 함께 가느냐"

이 말은 잇대와 그를 따르는 사람들은 이주민, 망명자들인데 다윗이 고난을 당하는데도 함께 하겠다는 것을 걱정해서 하는 말입니다. 그러면서 이어지는 걱정의 말과 축복의 말이 20절에 있습니다.

"너는 어제 왔고 나는 정처 없이 가니
오늘 어찌 너를 우리와 함께
떠돌아다니게 하리요
너도 돌아가고 네 동포들도 데려가라

은혜와 진리가
너와 함께 있기를 원하노라 하니라."

배려하는 마음입니다. 다윗 자신이 처한 지금의 형편이 어렵고 힘든 상황인데도 잇대와 그를 따르는 사람들을 걱정해 주는 넉넉한 성군의 마음입니다.

이것이 다윗의 본성입니다. 다시 말씀 드리면 섭리신앙인의 마음자리입니다.

그런 다윗의 간곡한 걱정에도 마음을 바꾸지 않는 잇대는 21절에서 참으로 하나님의 신이 감동한 말로 응대 합니다.

"잇대가 왕께 대답하여 이르되
여호와의 살아 계심과
내 주 왕의 살아 계심으로 맹세하옵나니
진실로 내 주 왕께서 어느 곳에 계시든지
사나 죽으나 종도 그 곳에 있겠나이다."

여기서 우리가 깨닫는 것은 섭리신앙으로 살아가는 사람에게는 하나님은 때를 따라 돕는 은혜를 주시고 좋은 사람을 붙여주셔서 언제나 하나님의 은혜 안에 살게 하신다는 것입니다.

다윗은 자신의 고난보다 남의 어려움을 먼저 생각했습니다. 잇대 또한 이런 다윗을 따르는 것이 자신에게는 더 없는 기쁨임을 고백했습니다. 여기서 깨닫는 것이 의리입니다. 사람다운 멋을 보여주는 대목입니다.

세월이 악해서 사람들의 마음이 부평초(浮萍草) 같습니다. 부평초(浮萍草)는 '떠 있는 풀(a floating weed)' 입니다. 시류(時流)에 마음 중심을 잡지 못하고 바람에 나부끼는 갈대처럼 신앙생활을 하는 사람들이 많아졌습니다. 어제 했던 말도 오늘 바꾸기 일쑤입니다. 철석같은 언약도 이해관계와 득실에 따라 뒤집기 일쑤입니다. 이런 것이 사회보다 교회가 더욱 심화되었다는 말은 어제 오늘의 말이 아닙니다. 그러니 세상 사람들이 교회를 신뢰하지 않습니다. 더 나아가서는 교인들과 거래조차 하려고 하지 않습니다. 참 가슴 아프고 슬픈 일입니다.

사람들이 왜 이러는 것일까요?

그것은 그들에게 섭리신앙이 없기 때문입니다. 섭리신앙이 있는 사람이라면 하나님의 뜻을 헤아립니다. 그리고 살아도 죽어도 오직 하나님의 말씀 중심으로 나아가는 삶을 삽니다.

우리 선조들의 속담에 남자는 의리, 여자는 절개라는 말이 있습니다. 그것을 버릴 때 시정잡배만도 못하다고 했습니다.

하나님을 믿는 성도는 영적으로 믿음의 의리와 신앙의 절개가 있어야 합니다. 어떤 순간이 와도 이것을 버려서는 안 됩니다. 이 은혜가 저와 여러분에게 함께 하시기를 예수님의 이름으로 축복합니다. 아멘!

13
하나님을 경배하는 마루턱

"다윗이 하나님을 경배하는
마루턱에 이를 때에"
〈사무엘하 15:24~37 중〉

사람들은 등산을 하면서 산마루턱에 오르면 누구나 한 번쯤은 "야~호"하고 외칩니다. 그러면 그 소리는 메아리가 되어 되돌아옵니다. 나는 한 마디 외쳤지만 메아리는 겹겹이 둘러쳐진 산자락만큼 울려나가 부딪힌 만큼 "야~~~호~~~"하면서 몇 갑절로 돌아옵니다.

성경은 이런 경우의 산울림의 법칙으로 누가복음 6:38을 적용하여 선행을 강조합니다.

"주라 그리하면 너희에게 줄 것이니
곧 후히 되어 누르고
흔들어 넘치도록 하여

너희에게 안겨 주리라
너희가 헤아리는 그 헤아림으로
너희도 헤아림을
도로 받을 것이니라."

나는 한 개 주지만 하나님은 더 많은 것으로 주신다는 것입니다.

저는 청소년 시절을 시골에서 자랐기 때문에 나무하는 일이 일상(日常)이었습니다. 나무 한 짐을 하기 위해 10리길은 예사로 다니며 산을 오르내렸습니다. 그러나 그것은 보통 힘든 일이 아닙니다. 그렇게 그 당시의 힘듦이 작은 것이었다면, 그 때의 작은 힘듦은 오늘의 수백 배의 축복으로 이어지는 신비로운 삶의 함수관계로 작용되었습니다.

산에서 나무를 한 짐 하여 산을 넘어 집으로 오는 길목에는 반드시 넘어야 할 산마루턱이 있었습니다. 무거운 나뭇짐을 짊어지고 산마루턱을 힘겹게 올라오면 그곳에 지게를 내려 세워놓고 허리를 펴며 잠시 쉽니다. 이마와 온 몸에 비 오듯 흘러내리는 땀을 닦으며 불어오는 시원한 산바람을 맞는 시간은 행복의 또 다른 순간이기도 했습니다.

그 산마루턱에서 숨을 돌리며 내려갈 길을 한번 휘 둘러봅니다. 그리고 나면 언제나 하는 일이 있습니다. 두 팔을 번쩍 들고 하늘을 향해 외쳐대는 기도입니다.

"하나님~ 하나님~ 나도 아브라함처럼 믿음으로 복 받고 살게 하여 주십시오."

이 외침은 오늘의 나의 자화상이기도 했습니다.

곁에 있던 형이 "임중아, 사람들 듣는다."라며 주의를 환기시킵니다. 혹이라도 동생이 모자라는 사람 취급 받을까봐 일깨우는 형의 사랑의 걱정입니다.

그렇게 제가 외친 소리가 메아리가 되어 건너편 산을 때리고 다시 돌아와 내 귀에 들릴 때면 이미 나는 그 메아리의 주인공이 되어가고 있었습니다.

'비록 지금은 내가 나뭇짐 지게를 짊어지고 산마루턱에 선 보잘것 없고 가난한 청년이지만, 언젠가는 아브라함처럼 믿음으로 복 받을 날이 올 것이다'라는 심령 저 밑바닥으로부터 솟구쳐 올라왔던 그 외침은, 가난한 젊은 청년이 꾸는 최대의 꿈이었습니다.

이제 그 꿈은 이루어졌습니다. 그리고 그 꿈을 갈망하며 외쳤던 산마루턱은 잊을 수 없는 나의 꿈꾸는 자리였습니다.

이번 본문에서 우리가 주목할 구절은 32절입니다.

"다윗이 하나님을 경배하는
마루턱에 이를 때에
아렉 사람 후새가 옷을 찢고
흙을 머리에 덮어쓰고
다윗을 맞으러 온지라."

“하나님을 경배하는 마루턱”, 이 구절이 눈에 들어오는 순간 숨이 콱 막혔습니다. 그리고 지난 청년시절이 마치 어제 날처럼 선명히 떠오르며 주마등(走馬燈)처럼 스치고 지나가는 것이었습니다.

가난하여 배고프고 지쳤던 청년 시절, 무거운 나뭇짐 지게를 내려 막대기로 괴어 놓고 두 팔을 벌리고 하나님을 향해 외치고 섰던 그 산마루턱, 그곳은 하나님을 향한 나의 믿음을 풀어 놓던 산마루턱이었습니다. 그곳은 나의 하나님을 향한 예배의 장소였고, 기도의 산마루턱이었으며, 찬송의 곳이었습니다. 그래서 이 본문에 이른 다윗의 여정이 나에게는 또 다른 감정으로 묵상되었습니다.

사울의 칼을 피하여 고달픈 시간을 보내고 천신만고 끝에 이스라엘의 왕이 된 다윗입니다. 그런 그가 이제는 아들에게 반역을 당하여 도망을 가고 있습니다. 그것도 신조차 벗은 맨발로 감람산으로 피신하는 신세가 되었습니다. 그렇게 도망을 하는 다윗이었지만 그의 마음은 오직 하나님이었습니다.

24절을 보면 제사장 사독과 아비아달이 언약궤를 메고 나왔습니다. 그들도 다윗과 함께 가겠다는 것입니다. 그러나 이어지는 25절에서 다윗은 그 언약궤를 예루살렘 성으로 도로 돌려놓으라고 합니다.

당시 이스라엘 사회에서의 언약궤는 하나님의 임재의 상징입니다. 또한 승리의 보장물처럼 여겼습니다. 그런 언약궤를 메고 따라나선 제사장들에게 다윗은 그 궤를 압살롬이 장악하고 있는 예루살렘 성으로 돌려놓으라는 것입니다.

이것을 두고 학자들 간의 견해는 다양합니다. 그러나 이것은 다윗의 신앙과 하나님을 향한 마음자리를 보여주는 내용으로 25~26절에 나타나고 있습니다.

“왕이 사독에게 이르되
보라 하나님의 궤를 성읍으로 도로 메어 가라
만일 내가 여호와 앞에서 은혜를 얻으면
도로 나를 인도하사
내게 그 궤와 그 계신 데를 보이시리라
그러나 그가 이와 같이 말씀하시기를
내가 너를 기뻐하지 아니한다 하시면
종이 여기 있사오니
선히 여기시는 대로
내게 행하시옵소서 하리라”

참으로 큰 감동의 신앙고백이요 눈물 없이는 읽을 수 없는 다윗의 하나님을 향한 마음자리의 고백입니다.

다윗이 이렇게 하는 이유가 있습니다.

첫째는 자신이 하나님의 징계로 인하여 이렇게 아들에게 반역을 당하여 도피의 길을 떠나야 하는 상황입니다. 언제 돌아오게 될지도 모릅니다. 그런데 하나님의 임재의 상징인 언약궤가 자신과 함께 유랑한다는 것은 있을 수가 없는 일이라는 판단입니다. 그는 어느 때도 그런 것을 원치 않았습니다. 그래서 제사장들에게 이와 같이 명령하는 것입니다.

둘째는 지금 비록 이렇게 도피하는 신세가 되었지만, 하나님의 뜻이라면, 하나님께서 은혜를 주시면, 언젠가는 반드시 자신을 다시 예루살렘으로 돌아가게 하실 것이라는 믿음이 있었기 때문입니다.

26절의 말씀이 더욱 우리를 감동하게 합니다. 참으로 가슴 뭉클하게 하고 눈물이 핑~돌게 하는 고백이 아닐 수 없습니다.

"그러나 그가 이와 같이 말씀하시기를
내가 너를 기뻐하지 아니한다 하시면
종이 여기 있사오니
선히 여기시는 대로 내게 행하시옵소서 하리라."

다윗은 하나님께서 자신이 지은 죄를 용서하시고 은혜 베푸시기를 원하지만, 설령 하나님께서 그리하지 아니하실지라도 하나님의 처분에 아무 불평 없이 순종하겠다는 것입니다.

그렇습니다. 바로 이것입니다. 이것이 다윗의 하나님을 향한 겸손과 순종의 믿음입니다. 이러한 다윗을 향한 하나님의 마음이 어떻게 그를 버리실 수 있겠습니까? 어떻게 그를 징계하시되 그 다음은 방치해서 버려두시겠습니까? 절대로 그리 하실 수 없으셨습니다. 이런 다윗의 중심을 아시는 하나님이시기에 오히려 더 큰 은혜를 주시고 더 높이셨으며 더 크게 복을 주셨습니다.

그렇게 다윗의 단호한 명을 받은 사독과 아비아달은 하나님의 궤를 메고 다시 예루살렘 성으로 돌아갑니다. 그들을 돌려보낸 다윗은 힘들고 외롭고 뼈저린 고통의 길을 걸어갑니다. 그 모습이 30절에 기록되고 있습니다.

"다윗이 감람 산 길로 올라갈 때에
그의 머리를 그가 가리고
맨발로 울며 가고
그와 함께 가는 모든 백성들도
각각 자기의 머리를 가리고
울며 올라가니라."

다윗의 이런 모습은 읽는 이로 하여금 가슴이 저리게 하는 구절입니다. 얼마나 고통스러운지가 느껴지는 첫째의 모습은 "머리를 가리우고" 입니다.

이는 번뇌, 고통, 슬픔이 극대화된 표현입니다. 다른 이도 아닌 아들의 반란으로 인해 도망을 갈 수밖에 없는 이 상황이 너무 처량하고 수치스러운 것을 그대로 표현한 다윗의 모습입니다.

둘째는 "맨발로" 입니다. 고대 근동에서는 맨발로 걷는 것은 노예들이나 하는 행동이었습니다.

다윗은 몸소 죄수나 노예처럼 맨발로 걸어갔습니다. 하나님 앞에서 자신이 죄인 됨을 자성(自省)하고 회개하며 스스로 낮추어 겸비한 다윗입니다.

셋째는 "울며 가고" 입니다.

히브리어 원문의 '울며' 는 '우보케(וּבֹכֶה)' 인데 '우보케' 의 원형 '빠카(בָּכָה)' 는 '소리 내어 크게 우는 모습' 을 나타내는 동사입니다.

그러니 다윗은 통곡을 하며 가는 것입니다. 이렇게 다윗 그가 머리를 가리우고, 맨발로, 크게 통곡하며 울면서 가고 있는 것입니다. 자기 몸에서 나와 자기 품에 안겨 자란 자식이 이처럼 자신을 대적한다고 생각하니 다윗으로서는 통곡하지 않을 수가 없었습니다.

이 사건에는 하나님의 진노가 크게 나타났던 것입니다. 그의 죄가 항상 그 앞에 있었으나 지금처럼 뚜렷하게 나타나지는 않았습니다.

사울이 그를 뒤쫓았을 때에도 이렇게 울지는 않았었습니다. 그러나 지금의 다윗은 상처 입은 그의 양심이 그에게 말로 다할 수 없는 큰 괴로움을 가져다주었던 것입니다.

설상가상! 더욱 가슴 아픈 것은 31절입니다.

"어떤 사람이 다윗에게 알리되
압살롬과 함께 모반한 자들 가운데
아히도벨이 있나이다 하니
다윗이 이르되 여호와여 원하옵건대
아히도벨의 모략을

어리석게 하옵소서 하니라."

이런 비참한 상황에 들려오는 뉴스는 다윗의 모사(謀士) 아히도벨이 다윗을 배반하고 압살롬과 함께 하고 있다는 보고였습니다. 아히도벨은 다윗의 신임과 총애를 받은 심복 중의 심복이었습니다. 그런데 그가 다윗을 향하여 칼을 든 역적과 한패가 되었다는 것입니다.

이 구절은 인간사(人間事)의 연약한 실상의 단면을 보여주고 있습니다.

원래 졸장부(拙丈夫)란 대세(大勢)의 흐름에 민첩한 존재입니다. 그런데 이 날에 그 대표적인 인물로 등장한 사람이 바로 아히도벨입니다. 인간적인 눈으로 보면 이제 다윗은 지는 해요 압살롬은 뜨는 해입니다. 그러니 의리와 도리 따위가 무에 그리 쓸 데가 있겠습니까? 다 저버리자 싶었습니다.

군자라면 당연히 가장 소중하게 여겨야 할 그런 관계 속의 도리와 의리를 헌신짝 버리듯 버리는 버러지만도 못한 심사(心思)를 드러낸 것이 바로 이 아히도벨입니다. 이 모습은 자신의 인간성을 여과 없이 드러낸 것입니다.

아히도벨만 그럴까요? 아닙니다. 시므이도 그랬습니다.

그들이 그랬던 것처럼 오늘날 목회 현장에도 이런 사람들이 있습니다. 힘이 있을 때는 아첨꾼으로 곁에 붙어 알랑거립니다. 그러나 힘이 없을 때는 언제 봤냐는 식으로 냉담하게 돌아서서 배신자가 됩니다. 이런 경우들이 지금 이 순간에도 얼마나 많은지 모릅니다.

그러나 우리는 기억해야 할 것이 있습니다. 사람들은 떠오르는 태양에 집중할 때 하나님은 꺼져가는 등불을 돌보신다는 것입니다.

단장의 고통이 폐부로 파고들었습니다. 온 몸을 관통하고 지나가는 고통은 너무도 아팠습니다.

그러나 다윗은 대범하게 처신했습니다. 아히도벨의 배반에 대한 보고를 받고도 그에 대한 어떤 평가도 독한 말도 하지 않았습니다. 오직 하나님 앞에서 그는 기도하는 마음이었습니다.

"다윗이 이르되 여호와여 원하옵건대
아히도벨의 모략을 어리석게 하옵소서."

이 기도의 내용은 모든 범사에는 반드시 하나님의 섭리가 있다는 것을 굳게 믿는 다윗의 고백입니다. 그러므로 이 모든 것은 하나님께서 판단하시고 결정하신다는 것이 다윗의 신앙입니다. 사람을 의지하지 않고 오직 하나님만 의지하겠다는 다윗의 자세입니다.

기도를 올린 다윗은 다시 갈 길을 재촉하여 걸음을 옮겼습니다. 그렇게 걸어 다윗이 이른 곳이 오늘 말씀의 주제가 된 곳 '마루턱' 입니다. 곧 32절 내용입니다.

"다윗이 하나님을 경배하는 마루턱에 이를 때에
아렉 사람 후새가 옷을 찢고
흙을 머리에 덮어쓰고

다윗을 맞으러 온지라."

"하나님을 경배하는 마루턱" 다윗이 이곳에 이르렀습니다.

여기서 마루턱이란 '감람산의 정상'을 의미합니다. '하나님을 경배하는 언덕의 꼭대기'입니다. '하나님을 예배하는 신앙생활의 정상'을 뜻합니다.

마루턱에 오르면 더 오를 곳이 없습니다. 오르기까지는 힘들고 고달픕니다. 그러나 오른 후에는 기분이 얼마나 좋은지 모릅니다.

무거운 나뭇짐을 힘겹게 지고와 산마루턱에 세워놓고 땀을 식혀 본 사람은 그것이 어떤 것인지 너무 잘 압니다. 달리 설명할 필요가 없습니다.

산마루턱에 올랐으면 이제 남은 것은 내려가는 것만 남았습니다. 그것은 신앙생활의 비밀이며 경험하는 자만의 몫입니다.

하나님을 만나면 겸손해집니다. 낮아집니다. 비울 줄 알고 섬길 줄 압니다. 그것이 하나님을 경배하는 마루턱에서 얻는 은총입니다.

"하나님을 경배하는 언덕 정상"

그곳은 하나님과 만남이 이루어지는 곳입니다. 하나님의 말씀이 있는 곳입니다. 위로가 있는 곳입니다. 평안이 있고, 쉼이 있습니다. 감동이 있습니다. 사랑이 있습니다. 그리고 하나님의 응답이 있습니다. 아멘!

바로 그곳에서 다윗은 놀라운 역사를 경험합니다. 32절까지의 다윗의 상황은 너무도 힘들고 고통스러워 지칠 대로 지친 모습입니다.

아들이 배반을 하고, 최측근의 모사(謀士)가 배반을 한 가운데 울며 기진하여 올라온 감람산 꼭대기입니다.

여기서 하나님은 다윗에게 놀라운 사건을 경험하게 하셨습니다.

"아렉 사람 후새가
옷을 찢고 흙을 머리에 덮어쓰고
다윗을 맞으러 온지라."

잃었다고 생각했는데 하나님은 더 좋은 것으로 예비해 놓으셨습니다. 아히도벨을 잃었지만 후새를 주셨습니다. 이로써 다윗은 그 이후의 전략을 후새에게 지시합니다. 당연히 아히도벨의 모략은 빛을 보지 못합니다. 그리고 다윗은 전쟁에서 승리를 얻게 됩니다.

이 모든 것이 하나님의 인도하심이었습니다. 하나님의 은혜였습니다.

어디서 이 역사가 시작되었겠습니까?

예! 그렇습니다. "하나님을 경배하는 마루턱"에서 시작되었습니다. 하나님을 경배하는 마루턱에서의 응답의 결과였습니다.

오늘 여러분에게는 하나님을 경배하는 마루턱이 있습니까? 오늘 여러분은 어디에 있습니까? 아히도벨처럼 시류(時流)를 따라 아첨과 배반의 역사를 만드는 곳에 있습니까, 아니면 어떤 상황에서도 오직 하나님만 바라보는 예배하는 마루턱으로 오르고 있습니까?

얼마 전 일본열도는 쓰나미라는 대지진으로 극도의 환난을 맞았습니다. 그 상황을 우리는 뉴스를 통해 시시각각 접할 수 있었습니다. 세계경제 1위의 대국임을 자랑하던 그들의 위상도 자연재해 앞에서는 속수무책이었습니다.

동일한 시기의 뉴질랜드 지진의 강도가 진도 6.3이었습니다. 이로 인해 일본 열도가 2.4m 이동을 하고 지축도 10cm가 이동을 했다고 합니다. 그런데 이번 일본 대지진은 8.9로 그 영향이 뉴질랜드 지진의 6~7천배나 크다고 보도되었습니다.

이 뉴스를 보면서 저는 영적 함수관계를 생각했습니다. 예컨대 수학적 공식은 2+2는 4, 2X2도 4입니다. 그런데 그 다음부터는 상상을 초월하는 계산이 진행됩니다. 2+3=5입니다. 2X3=6입니다. 2+9=11입니다. 2X9=18입니다. 그렇게 숫자가 늘어갈수록 차이는 엄청나게 벌어집니다.

무슨 말인가 하면 뉴질랜드 지진 진도는 6.3이고 이번에 일어난 일본지진의 진도는 8.9인데 일본지진의 영향은 뉴질랜드 지진의 5,600배가 넘는다는 것입니다. 얼핏 보기에 숫자상 별 차이가 없는 것 같지만 지진 강도의 계산으로는 그 영향이 가히 상상을 초월하는 것으로 결론이 도출된다는 것입니다.

하나님을 믿는 것도 그렇습니다.

주일을 성수하고 십일조를 하고 평범하게 1인 1사역을 할 때는 더하기와 곱하기의 결론적인 차이가 별로 크게 나지 않고 비슷합니다. 즉, 평상적인 신앙생활을 '더하기 신앙'이라고 한다면, 힘들고 어렵고 속상하고 고달픈 상황에서도 더욱 열심을 잃지 않고 신앙생활을 하는 것을 '곱하기 신앙'이라고 할 수 있다는 것입니다.

보통 때는, 그 수가 낮을 때는 더하기와 곱하기의 차이가 별로 없습니다. 그러나 그 수가 높아 갈수록, 시간이 지날수록, 더하기 신앙과 곱하기 신앙의 산출되는 결과는 천문학적으로 차이가 나게 된다는 것을 이 지진이 미치는 영향에 따른 계산법을 통해 '곱하기 신앙'의 결과를 피부로 느낄 수 있다는 것을 깨닫게 됩니다.

설교를 듣는 것도 그렇습니다.

좋을 때는 더하기 신앙인과 곱하기 신앙인의 차이가 보이지 않습니다. 그러나 조금만 벅찬 메시지가 나가면, 하나님의 책망의 설교가 선포되면, 회개를 촉구하는 설교가 선포되면, 더하기 신앙인과 곱하기 신앙인의 차이는 금방 드러나게 됩니다.

여러분의 마음은 어디에 있습니까? 중요한 것은 '내 마음, 자신의 마음이 어디에 있는가' 라는 것입니다.

"하나님을 경배하는 마루턱"에 있어야 합니다. 내 마음이 하나님 중심이어야 함을 의미합니다. 내 언어가, 내 생활이 하나님 중심이어야 함을 의미합니다.

그것이 "하나님을 경배하는 마루턱"입니다.

마음이 아니면 이미 그 어떤 것도 아닙니다. 직분이 중요한 것이 아닙니다. 직분에 걸맞은 마음이 중요합니다. 교회에서 일하는 것이 중요한 것이 아닙니다. 그 일을 하는 내 마음이 중요한 것입니다.

내 마음에 "하나님을 경배하는 마루턱"이 없으면 그 어떤 호화로운 예배당도, 의식도, 천천의 헌금도 무용지물입니다.

오늘 우리에게 필요한 것은 오직 하나, "하나님을 경배하는 마루턱"이 우리 안에 있어야 합니다. 역사는 거기서 시작됩니다. 그곳은 겸손과 믿음과 순종이 있는 곳입니다. 그곳은 하나님의 응답이 있는 곳입니다.

우리 모두 그곳, "하나님을 경배하는 마루턱"으로 올라가는 삶이 되기를 예수님의 이름으로 축복합니다. 아멘!

미국의 어느 직장에서 갑자기 퇴출된 사람이 있었습니다. 직장에 출근을 했는데 아무 설명도 없이 책상에 해고 통보서가 놓여 있었습니다. 속에서 분노가 치밀어 올랐습니다. 직장과 자신의 상관들에 대한 복수심이 끓어올랐습니다. 끓어오르는 분노와 함께 자포자기한 나머지 그는 가출을 했습니다. 그러나 얼마간의 방황 끝에 그는 다시 집으로 돌아왔습니다. 그리고 아내에게 이렇게 말했습니다.

"여보. 나는 죽고 싶소. 모든 노력을 다해 봤지만 아무 것도 되는 일이 없소."

아내는 남편을 향해 이렇게 말했습니다.

"여보, 당신은 한 가지 시도 해보지 않은 것이 있어요. 당신은 당신이 처한 이 상황과 문제에 대해서 진지하게 기도해 보신 적이 없잖아요."

이상하게도 이 말이 그에게 큰 감동이 되어 다가왔습니다.

"그래, 맞아! 나는 이 일에 대해 기도해 본 적이 없지!"

그는 아내와 함께 기도하기 시작했습니다. 며칠 기도하는 동안 마음 속에 있던 직장과 상사를 향한 미움과 복수의 감정이 다 사라졌습니다. 머릿속에서는 새로운 아이디어가 떠오르기 시작했습니다. 그는 자기 집을 담보로 은행 융자를 얻었습니다. 그리고 조그마한 건축업을 시작했습니다. 그렇게 잘될 수가 없었습니다. 5년 만에 그는 작지만 자기 기업을 갖게 되었습니다. 그러던 어느 날 그는 이렇게 기도했습니다.

"하나님! 제가 건축을 하면서 여기 저기 여행을 하다 보니 좋은 호텔이 없습니다. 아주 좋은 호텔은 있지만 너무 비싸고, 작은 호텔은 너무 분위기가 안 좋아서 제가 새로운 호텔을 지었으면 합니다. 우리 이웃들에게, 여행자들에게 좋은 서비스를 베풀기 위해서 아주 깨끗한 호텔, 그러면서도 적절한 가격에 쉼을 제공할 수 있는 호텔을 짓고 싶습니다."

하나님은 그의 기도에 응답하셨습니다. 그는 하나 둘 호텔을 짓기 시작했습니다. 이것이 세계적인 체인이 된 홀리데이 인 호텔(Holiday Inn Hotel)입니다.

이야기 속의 주인공이 바로 홀리데이 인 호텔의 창업자인 케몬스 윌슨(K. Wilson)입니다.

'케몬스 윌슨'은 다윗처럼 이리저리 낭패를 당했습니다. 지치고 외롭고 아팠습니다. 그 때 윌슨은 "하나님을 경배하는 마루턱"에 올랐던 것입니다. 거기서 그는 하나님을 만났습니다. 그리고 하나님은 그에게 응답해 주셨습니다.

오늘 저와 여러분에게 이 곳, "하나님을 경배하는 마루턱"이 있기를 예수님의 이름으로 축복합니다. 아멘!

14
사단의 도구가 되지 말라

"시바가 왕께 아뢰되 예루살렘에 있는데
그가 말하기를 이스라엘 족속이
오늘 내 아버지의 나라를 내게 돌리리라 하나이다"
〈사무엘하 16:1~4 중〉

일본이 독도를 자기들의 땅이라고 우기는 웃지 못 할 일이 벌어졌습니다. 이를 두고 온 세계 사람들은 어떻게 될까 구경꾼이 되어 지켜보고 있습니다. 어처구니없기로 말하자면 가관이라도 그런 가관이 없다 싶은 상황입니다. 그렇다고 감정적으로 대할 수만은 없는 일이기에 정부도, 국민도 이성적으로 차분하게 대처하고 있습니다.

얼마 전 일본을 덮친 쓰나미 재앙의 아픔을 돕기 위해 대한민국 온 나라가 마치 내 집안 식구가 어려움을 당한 듯 함께 아파하며 나선 이 즈음에, 그래서 한국인에 대한 감동의 물결이 세계 도처에서 일어나고 있는 이 때에, 일본 정부는 교과서에 대한민국 땅 독도를 감히 일본 땅이라고 명시하는 날도둑 같은 짓을 펼치고 있습니다.

이를 두고 인터넷에는 봇물 터지듯 수많은 글들이 올라오고 있습니다. 인터넷의 네티즌들이 말하는 것 중의 하나만 옮겨 보겠습니다.

"인간은 누구나 죄를 지을 수 있고 실수할 수가 있다. 왜냐하면 불완전한 동물이기 때문이다. 그러나 그 죄를 뉘우치고 반성하고 사죄하고 새롭게 살아가고자 노력 하는 것 또한 인간이다. 하지만 쪽바리족들은 어떠한가? 결론은 인간이 아니거나 인간이기를 포기한 것이다"

듣기 민망한 표현이지만 부화가 치민 마음이 오죽하면 이런 말을 했겠습니까?

지리적, 역사적, 실제적인 모든 자료를 다 동원해도 독도는 대한민국 땅입니다. 그런데 그 땅을 자기네 땅이라고 우기는 일본 정부 당국자들과 이에 동조하는 일본 극우파들을 보면서 오늘 살필 본문이 다시 새롭습니다.

이번 본문은 이미 앞서 살펴본 대로 다윗의 일생일대에 가장 위기의 상황이 전개되는 때의 사건입니다.

아들이 반역을 했습니다. 백성들도 압살롬에게 마음을 도적질 당하여 다윗에게서 멀어졌습니다. 그런 다윗은 600여명의 신하들만 데리고 궁궐을 떠나 도망을 가야했습니다. 신조차 벗은 맨발로 머리를 풀어 얼굴을 가리고 울면서 감람산으로 오르고 또 올라 마루턱까지 올랐습니다. 거기서 후새를 만나 정략을 수립한 다윗은 이제 감람산 동쪽으로 내려가는 중입니다.

그 도중(道中)에서 '시바'라는 므비보셋의 사환을 만나게 됩니다.

이 시바와의 대화를 통해 전개되는 한 사건이 이번 본문의 내용입니다.

도피자로서의 상황에 놓인 다윗이 만나는 사람들의 면면을 우리는 주목할 필요가 있습니다.

15장에서는 '잇대'의 이야기가 기록되어 있습니다. 그에게 다윗은 '나를 따르며 고생을 하지 말고 왕궁으로 돌아가 평안히 생활하라'고 권고합니다. 그러나 잇대는 죽어도 다윗과 함께 하고 살아도 그와 함께 하겠다고 하며 다윗을 따랐습니다.

그에 이어 사독과 아비아달이 다윗을 따르겠다고 나섰습니다. 그들은 제사장들입니다. 그들은 먼저 법궤를 메고 따라나설 준비를 했습니다. 다윗은 그들에게 '하나님의 궤를 유리방황하게 해서는 안 된다며 만류합니다. 그러면서 하나님의 궤를 왕궁으로 다시 모셔가라' 고 돌려보냈습니다.

그리고 감람산 마루턱에 이르렀을 때 후새가 나아왔습니다. 마치 자신이 죄를 지은 양 옷을 찢고 흙을 머리에 뒤집어쓰고 다윗을 맞았습니다. 이 충직한 후새는 다윗이 당한 어려움을 위로하기 위하여 이런 모습으로 그에게 나아왔던 것입니다. 이 때 다윗은 후새에게 '압살롬에게로 돌아가 거기서 하나님의 뜻을 이루라' 고 권고하여 그를 예루살렘 성으로 돌려보냈습니다.

15장에서 다윗이 만난 사람들은 하나 같이 순수하게 다윗을 돕고자 하는 사람들, 생사고락을 같이 하려는 충직하고 고마운 사람들이었습니다.

그리고 본문 16장으로 넘어 와서 처음으로 만난 사람이 므비보셋의 종 '시바' 입니다. 이 사람 시바는 다윗에 대하여 대단한 존경과 섬김의 모습을 하고 웃음을 보이며 나아왔습니다. 이 사람 시바도 다윗이 만난 15장의 사람들과 같은 고마운 모습으로 나아왔습니다.

그러면 이 사람도 15장의 충직한 사람들과 같은 사람일까요?

애석하게도 그런 사람이 아닙니다. 시바! 그는 그렇지 않습니다. 속으로 자신의 이권을 챙기려고 작정을 하고 나온 간사하고 악한 자였습니다. 꼬리가 아홉 개 달린 불여우와 같은 사람입니다. 입술의 말은 참기름을 듬뿍 바른 듯 반지르르하고 매끄러운 사람입니다.

이 시바가 다윗을 만나 보이는 언행을 통해 오늘 우리가 명심할 것이 있습니다. 그것이 오늘 말씀의 제목인 "사단의 도구가 되지 말라."는 것입니다.

어떻게 해야 사단의 도구가 되지 않는 것일까요? 사단은 어떻게 다가오는 것일까요?

말씀을 한 절씩 살펴보겠습니다.

1. 사단은 선의(善意)를 가장하여 접근 합니다.

먼저 1절 말씀을 보겠습니다.

"다윗이 마루턱을 조금 지나니
므비보셋의 종 시바가

안장 지운 두 나귀에
떡 이백 개와 건포도 백 송이와
여름 과일 백 개와
포도주 한 가죽부대를 싣고
다윗을 맞는지라."

상황으로 보면 시바는 다윗에게 있어서 더 없이 고맙고 감격스러운 사람의 모습을 하고 나아왔습니다. 떡과 건포도와 여름 과일과 포도주를 가지고 와 도망 길에 지친 다윗을 위로하는 것입니다. 얼마나 고마운 일인지 모릅니다. 이렇게나 고마울 수가 없습니다. 하나님께서 위로의 천사를 보내셨나 싶습니다.

시바는 본래 사울의 종이었습니다. 그런데 다윗 왕의 명령에 의해 사울의 아들 므비보셋을 섬기게 된 사람입니다. 그런 그가 다윗이 아들에게 반역을 당해 도망하고 있음을 알고 피난 가는 다윗 일행에게 절대적으로 필요한 음식물을 준비해서 가지고 나왔습니다. 다윗을 극진히 섬기는 모습을 연출하고 있는 것입니다.

사단이 사용하는 전형적인 방법을 지금 시바가 사용하고 있다는 것을 깨달아야 합니다. 즉 화려한 말의 위로와 더 없이 친밀한 행동에 당장 절대 필요한 것까지 챙겨서 왔습니다. 다시 말하면 가장 시의적절(時宜適切)한 선의(善意)의 모습으로 접근했다는 것입니다.

그렇다고 이웃의 진정한 사랑의 선행을 전부 그렇게 보고 대처하라는 것은 아닙니다. 사단의 도구가 되지 않으려면 일의 시종(始終)

을 믿음의 눈으로 보고 판단할 수 있어야 한다는 것입니다.

2. 사단은 주도면밀하게 계획적으로 접근 합니다.

2절 말씀입니다.

"왕이 시바에게 이르되
네가 무슨 뜻으로
이것을 가져왔느냐 하니
시바가 이르되
나귀는 왕의 가족들이 타게 하고
떡과 과일은 청년들이 먹게 하고
포도주는 들에서 피곤한 자들에게
마시게 하려 함이니이다."

이 말은 사단이 사람을 현혹할 때 쓰는 전형적인 방법입니다. 그야말로 앞뒤 다 맞추어도 이렇게 완벽하게 고마울 수 없는 일입니다.

다윗은 생각도 못한 환대를 받으면서 어떻게 이런 일을 할 수 있는지, 무슨 뜻이 있는지 물었습니다. 그러자 시바의 대답은 이렇게 묻기를 기다렸다는 듯이, 그야말로 주도면밀하게 연습된 사단의 전략이 배어있는 내용 그대로를 다윗에게 말합니다.

나귀는 왕의 가족들이 탔으면 좋겠다고 합니다. 떡과 과일은 청년들, 즉 다윗과 함께 하는 군사들을 위해 준비했다고 합니다. 그리고 포도주는 피곤한 일행들이 마시도록 하기 위해 준비했다고 합니다.

얼마나 세심한 배려이며 얼마나 자상한 마음입니까? 또 이 얼마나 다윗의 안위를 위하는 마음의 표출입니까? 아~ 참으로 감동입니다.

그러나 실상은 이것이 시바 그의 욕심을 챙기기 위한 연극이었다는 것입니다. 자기의 야욕을 이루기 위해 다윗의 환심을 사려는 사악한 사단의 전략이었던 것입니다.

여러분 같으면 이 상황에 마음을 뺏기지 않겠습니까?

사람이란 제 아무리 똑똑하고 현명하다고 자처해도 가려운 곳을 긁어주는 것 같은 아첨하는 자의 뇌물과 간사한 말에는 쉽게 속아 넘어갑니다. 자기도 모르게 슬그머니 마음을 열고 받아들여 단박에 홀라당 그들의 흉계에 넘어갑니다. 그렇게 연약한 존재가 바로 인간입니다.

그렇기 때문에 우리는 사단에게 속지 않도록 늘 기도해야 합니다. 뿐만 아니라 자신 스스로도 사단의 도구가 되지 않기 위해서 기도해야 합니다. 항상 정신을 차리고 있어야 하며 영안이 열려 있어야 합니다.

베드로전서 4:7입니다.

"만물의 마지막이 가까이 왔으니
그러므로 너희는 정신을 차리고

근신하여 기도하라."

사단이 하는 이런 궤계는 이상한 것이 아닙니다. 지극히 정상적이라는 것을 아는 지혜와 영적 분별력을 우리 스스로는 가져야 합니다.

고린도후서 11:14~15절이 이를 밝히 가르쳐주고 있습니다.

"이것은 이상한 일이 아니니라.
사탄도 자기를
광명의 천사로 가장하나니
그러므로 사탄의 일꾼들도
자기를 의의 일꾼으로 가장하는 것이
또한 대단한 일이 아니니라.
그들의 마지막은
그 행위대로 되리라."

대접 받아야 할 상황이 아닌데 지극히 대접하는 경우, 별 친한 사이도 아닌데 그럴 수 없이 친한 척 하는 경우, 분수 넘게 물질적으로 도움을 주면서 접근하는 경우는 일단 깊은 기도가 필요한 것임을 깨달아야 합니다.

3. 사단은 아름다운 관계를 이간시키기 위해 접근 합니다.

3절 말씀을 보겠습니다.

"왕이 이르되
네 주인의 아들이 어디 있느냐 하니
시바가 왕께 아뢰되
예루살렘에 있는데
그가 말하기를
이스라엘 족속이 오늘
내 아버지의 나라를
내게 돌리리라 하나이다 하는지라."

마치 압살롬이 백성의 마음을 훔치고 반역을 꾀한 것처럼 이 시바가 똑 같은 짓을 하고 있습니다. 물질을 들고 나와 환대하며 다윗의 마음을 흔들어 훔친 후 시바 그의 본성을 드러내고 있는 것이 바로 이 3절입니다.

다윗은 갑자기 나타난 시바의 이 환대를 보면서 시바의 주인 '므비보셋'의 안부를 물었습니다. 어쩌면 므비보셋이 보낸 것은 아닌가 하는 기대가 그 마음에 조금은 있었을지도 모를 일입니다. 사랑하는 친구 요나단을 생각하여 워낙에 극진히 처우한 므비보셋이지 않습니까? 그러니 다윗이 맞은 이 위기의 상황에 므비보셋이 다윗의 은공을 조금이라도 감사하는 맘이 있어 이렇게 한 것이 아닌가 하는 생각을 할 수도 있지 않겠는가 말입니다.

그러나, 돌아오는 시바의 대답은 전혀 아니올시다 입니다.

하문하기를 기다렸다는 듯이 답변하는 시바는 드디어 자기 속내를 드러냈습니다. 그것은 주인 므비보셋을 모함하는 말이었습니다. 자기 주인 므비보셋이 다윗의 왕권을 빼앗으려는 음모를 꾸미고 있다는 천만 뜻밖의 천인공노할 소리를 하는 것입니다.

"내 아버지의 나라를
내게 돌리리라 하나이다."

므비보셋이 하지도 않은 말을 므비보셋이 한 것처럼 사악한 거짓말로 다윗의 마음을 훔칩니다. 그 사악함이 몸서리가 쳐질 지경입니다.

여기서 잠깐 다시 한 번 앞의 역사를 회고해 볼 필요가 있습니다. 즉 다윗과 므비보셋의 관계에 대한 것입니다.

9장에서 다윗과 므비보셋의 관계를 이미 살펴보았습니다. 요약하면, 사울 시대가 몰락 한 후 어느 날, 다윗은 사울의 집에 남은 자가 한 사람도 없는가 하면서 마음 아파했습니다. 그 때 사울의 집에 종이었던 시바가 므비보셋이 살아있다는 보고를 합니다. 그리하여 므비보셋을 왕궁으로 불러들여 보니 그는 놀랍게도 요나단의 아들이었습니다. 그런데 안타깝게도 다리를 저는 불구였습니다.

다윗은 지난 날 요나단과의 우정을 생각하면서 사울의 모든 재산을 므비보셋에게 주었습니다. 그리고 시바로 하여금 지난 날 사울을 섬기던 마음으로 므비보셋을 섬기라고 명을 내립니다. 그리고 므비보셋을 다윗의 왕자들처럼 여기며 다윗과 함께 생활하게 했습니다.

이와 같은 다윗과 므비보셋을 지금 므비보셋의 종 시바가 이간질을 하고 있는 것입니다. 왜냐하면 그의 재산을 가로채고자 하기 때문입니다. 바로 이 순간에 하고 있는 시바의 행동이 사단의 도구로 전락되고 있는 것입니다.

그러나 고린도후서 11:15의 "그들의 마지막은 그 행위대로 되리라."는 말씀처럼 시바의 이런 사악한 행위는 거짓이라는 것이 결국 드러나게 됩니다. 멀리도 못갑니다. 19장에 가서 시바의 언행이 전부 거짓임이 백일하에 드러나고 있습니다.

그 때나 지금이나 사단은 좋은 관계를 이간시키는 전략을 가지고 접근합니다. 그것을 잘 알아야 사단의 도구가 되지 않습니다.

자신의 욕심을 채우기 위해 사악한 입술을 놀려 사람의 마음을 도적질한 가련한 시바입니다. 속은 다윗도 안타깝지만 사단의 도구로 전락한 이 시바는 더욱 불쌍한 존재입니다.

그처럼 영안이 밝고 사리분별이 뛰어난 다윗도 '이런 시바'의 모함의 말에 그만 홀딱 넘어가고 말았습니다. 그리고 현명하지 못한 결정을 내립니다. 그것이 4절입니다.

"왕이 시바에게 이르되
므비보셋에게 있는 것이
다 네 것이니라 하니라

시바가 이르되
내가 절하나이다 내 주 왕이여
내가 왕 앞에서 은혜를 입게 하옵소서."

그렇게 하여 시바는 자기 주인 므비보셋의 전 재산, 다시 말하면 지난 날 사울왕의 모든 소유를 자기 것으로 챙겼습니다.

이로 인해 다리를 저는 므비보셋의 생활이 얼마나 어려웠던가는 19장에서 또 분명히 보여주고 있습니다.

안타깝고 가슴 아픈 것은 이와 같은 사건은 지금도 우리의 삶의 현장에서 일어나고 있다는 사실입니다.

제가 잘 아는 너무도 괜찮은 목사님이 계십니다. 교회를 위해 생애를 다 바친 목사님입니다. 쉬어야 할 월요일도, 안식년도, 휴가도 없이 오직 교회 부흥과 평안을 위해서만 달려갔습니다. 20여년을 한결같이 한 교회를 섬긴 사역은 그야말로 모든 성도들로 하여금 태평성대를 누리게 했습니다.

그러던 어느 날 그렇게 신실하고 충성스럽던 집사님이 장로임직을 받은 후 사단의 도구로 전락했습니다. 목사님의 목회를 훼방합니다. 교회를 혼란스럽게 합니다. 문제를 일으킵니다.

임직 받기 전의 그 신실한 아름다움과 겸손은 도대체 어디로 갔는지 찾아볼 수도 없고 순식간에 사욕(私慾)으로 인해 이성을 잃어버리고 말았습니다. 철저하게 사단의 도구가 되어 교회를 무질서하게 했습니다. 짧은 기간이었지만 목사도 교인들도 너무 깊은 상처와 아픔을 갖고 힘들어 했습니다.

문제는 하나님의 교회가 흔들리고 목회가 벅차도록 어려웠지만 어느 누구 하나 그 흔들림을 안정시키지를 못하는 것이었습니다.

그즈음에 하나님께서 한 집사님을 감동시키셨습니다. 그 집사님은 모든 것을 내려놓고 목사님의 목회를 안정시키려고 목숨을 걸었습니다. 기도하는 동지들이 하나하나 늘어갔습니다. 교회는 안정을 찾아갔습니다. 그리고 문제의 중심에 있었던 그 장로님은 노회 재판국으로부터 면직 출교를 당했습니다. 그리스도인으로서는 더 없이 치명적인 심판을 받았습니다.

부흥회를 인도하면서 상처투성이의 교회가 치유되고 회복되는 것을 보았습니다. 온 교인들이 집회 기간에 얼마나 울던지, 또 얼마나 웃던지… 주님의 교회가 교회되는 모습을 보면서 저 또한 얼마나 울고 웃었는지 모릅니다.

어느 누구도 자만하며 큰소리 칠 수 있는 사람은 없습니다. 우리가 기억해야 할 것은 사단은 우는 사자와 같이 삼킬 자를 찾고 있다는 것입니다.

여러분 기억나십니까?

오래 전 세상을 떠들썩하게 했던 "배은망덕한 제자, 스승의 신기술 훔쳐 벤처차려"라는 신문 기사가 있었습니다. 경남의 모 대학에서 일어난 사건이었습니다.

이 모교수가 대학과 대학원 등록금을 대 주면서 키운 제자들을 자신이 설립한 벤처 기업에 취직까지 시켜 회사의 전권을 맡겼습니다.

그런데 그 은혜를 배반하고 직원들을 선동하여 17명이 집단적으로 회사를 사직했습니다. 그리고 자신들이 근무하던 그 회사의 연구 자료와 신기술을 복사 한 후 그 회사의 컴퓨터에 저장된 모든 자료들을 삭제해 버렸습니다.

참으로 천인공노할 사건이었습니다. 사악하기로 말하자면 완전히 시바와 맞장 뜨는 자들입니다.

저도 목회 30년 동안 이런 일을 수 없이 당하고 겪었습니다. 결과는 항상 하나님이 선하게 인도해 주셨습니다. 그 하나님의 은혜를 입기까지는 오직 기도하는 일 외에는 다른 방법이 없었습니다.

어제 기독교 IPTV의 제가 사랑하고 아끼는 김 PD로부터 문자 메시지를 받았습니다. 함석헌 선생님의 〈그대 그런 사람을 가졌는가〉라는 전문을 보내왔습니다.

만리 길 나서는 길 처자를 내맡기며 맘 놓고 갈 만한 사람
그 사람을 그대는 가졌는가?
온 세상이 다 나를 버려 마음이 외로울 때에도
"저 맘이야"하고 믿어지는 그 사람을 그대는 가졌는가?
탔던 배 꺼지는 시간 구명대 서로 사양하며
"너만은 제발 살아다오" 할 그 사람을 그대는 가졌는가?
불의의 사형장에서
"다 죽어도 너희 세상 빛을 위해 저만은 살려 두거라." 일러 줄
그 사람을 그대는 가졌는가?

잊지 못할 이 세상을 놓고 떠나려 할 때
"저 하나 있으니" 하며 빙긋이 웃고 눈을 감을 그 사람을 그대는 가졌는가?
온 세상의 찬성보다도
"아니"하고 가만히 머리 흔들 그 한 얼굴 생각에 알뜰한 유혹을 물리치게 되는
그 사람을 그대는 가졌는가?

그리고 뒤에 김 PD의 마음을 담아 보냈습니다.

"목사님은 그런 사람이 많으셔서 복된 분입니다. 또한 주님의 사명을 아름답게 감당하는 그런 목사님을 사랑하고 기도드립니다."

글을 읽은 후 눈을 감고 생각나는 사람을 떠 올려보았습니다. 나를 위해 그렇게 할 수 있는 사람을 생각하면서 고맙고 또 고마워 눈물이 났습니다.

나 또한 그렇게 할 수 있는 사람으로 살아야겠다는 생각을 하면서 가슴에 손을 모았습니다.

우리 모두가 시바처럼 자기 잇속을 챙기기 위하여 상대방을 아프게 하고 속이고 낭패스럽게 하는 사람이 되어서는 안 됩니다. 왜냐하면 그것은 사단의 도구가 되어 모든 것을 황폐하게 하기 때문입니다.

우리 모두는 오직 하나님의 착하고 충성된 아름다운 동역자들이 되시기를 예수님의 이름으로 축복합니다. 아멘!

15
축복과 저주의 부메랑

"혹시 여호와께서 나의 원통함을 감찰하시리니
오늘날 그 저주 까닭에 선으로 내게 갚아주시리라"
〈사무엘하 16:5~14 중〉

일본 대지진과 관련된 인터넷 네티즌들의 글 가운데 주목할 내용이 있어 그 하나를 소개하려고 합니다.

"어제 퇴근하고 집에 들어갔는데 동생이 이런 말을 했다. 형아, 그저께 일본에서 7.4 지진이 또 발생했잖아? 안 그래도 일본이 안으로는 시름시름 앓고 있는데 밖으로는 여전히 역사 왜곡에 혈안이고, 특히 방사능 오염수를 바다로 방류하는 무식한 짓거리를 하고 있는데, 형아 그렇게 방류하다가 다시 쓰나미가 일본으로 밀려든다면 걔네들 어떻게 되는 거지? 그거야 말로 멸망의 부메랑이 되는 거 아냐?"

뒷맛 좋지 않은 닥칠 부메랑효과 이야기입니다.

다른 이야기 하나를 더 하겠습니다.

직장에서 남편이 화가 나서 집에 들어옵니다. 그는 아내에게 이유 없이 화를 냅니다. 그러자 아내도 화가 나서 아들에게 신경질을 냅니다. 억울한 아들은 강아지를 발로 걷어찹니다. 강아지도 화가 나서 닭들에게 화풀이를 합니다. 강아지가 덤벼들자 닭은 놀라서 장독 위로 뛰어오르다가 그만 장독을 넘어뜨려 버립니다. 그 결과 장독 속에 소중하게 담아 두었던 남편이 좋아하는 고추장이 밖으로 다 쏟아집니다.

결국 남편의 분노가 모든 사람에게 영향을 미치게 되고, 그 피해는 남편 자신에게까지 다시 돌아온 것입니다.

신경질을 부린 부메랑 효과이야기입니다.

'부메랑 효과(boomerang effect)'라는 용어가 있습니다. 이것은 선진국이 개발도상국에 원조를 하거나 자본을 투자하여 생산한 물품이 현지의 수요를 웃돌아 도리어 선진국으로 역수출되어 해당 산업과 경쟁하게 되는 일을 부메랑효과라고 합니다.

이솝이야기를 하나 더 하겠습니다.

생쥐가 사자에게 잡혀 죽게 되었습니다. 생쥐는 사자에게 살려주면 은혜를 갚겠다고 하였습니다. 사자는 생쥐를 살려주었습니다. 그러던 어느 날 사자가 덫으로 쳐 놓은 그물에 걸리고 말았습니다. 꼼짝 없이 죽게 생겼습니다. 그 때 어디선가 쪼르르 생쥐가 달려왔습니다. 그리고 그물을 갉아서 사자가 빠져 나올 구멍을 만들어줍니다. 사자는 그물을 빠져나와 죽음을 면합니다.

생명과 사랑의 부메랑효과입니다.

이번 본문을 읽으면서 축복과 저주의 부메랑이 묵상되었습니다. 아들의 반역으로 고난의 여정이 계속되는 다윗의 걸음 가운데 이루어진 또 하나의 사건이 본문입니다.

16장에 들어와서 이루어진 첫 번째 만남은 시바와의 불편한 만남이었습니다. 이 사건이 4절에서 끝나고 곧바로 이어지는 5~14절까지의 두 번째 만남이 이루어집니다. 그런데 이 만남도 좋은 만남이 되지 못하고 불편한 만남이 되고 맙니다. 왜냐하면 만나게 되는 자가 바로 시므이이기 때문입니다. 이 시므이가 가뜩이나 슬픈 다윗을 저주하는 사건이 이 본문 내용입니다.

맨발로 울면서 피난길을 가는 다윗 앞에 시므이라는 답지 않은 한 사람이 나타납니다. 그리고는 따라오면서 저주를 퍼붓습니다. 그것이 본문 16:7~8입니다.

"시므이가 저주하는 가운데
이와 같이 말하니라
피를 흘린 자여 사악한 자여
가거라 가거라
사울의 족속의 모든 피를
여호와께서 네게로 돌리셨도다
그를 이어서 네가 왕이 되었으나

여호와께서 나라를
네 아들 압살롬의 손에 넘기셨도다
보라 너는 피를 흘린 자이므로
화를 자초하였느니라"

다윗을 향해 쏟아낸 시므이의 언행을 정리하면 이렇습니다.

시므이는 길을 가는 다윗을 따라오면서 저주를 했습니다. 다윗과 신하들을 향해 돌을 던졌습니다. 그러자 백성과 용사들이 다윗의 좌우를 둘러막으며 다윗을 보호했습니다. 왕을 향해 '사악한 자여', '피 흘린 자여' 라는 단어로 거침없는 악담을 퍼붓습니다. 사울을 대신하여 왕이 되었지만 하나님이 다윗의 아들에게 그 왕위를 넘겼다고 합니다. 그것은 다 다윗이 자초한 일이라고 악을 쓰며 입에 거품을 물고 소리를 쳤습니다.

정말 기막히는 상황입니다. 그런데 이 상황에서도 다윗과 백성들은 들었는지 못 들었는지 계속 자기 길을 가고 있었습니다. 백성들도 시므이가 이런 엄청난 저주를 퍼붓는 장면을 보면서도 그 누구 하나 나서서 시므이의 악행을 저지하는 자가 없고 묵묵히 상황을 지켜만 보았습니다.

여기서 보는 것은 우리 일상의 현실도 오늘 본문의 상황과 크게 다르지 않다는 것입니다. 힘이 있을 때는 따르는 자들이 많습니다. 그러나 힘이 없을 때는 따르는 자들이 다 등을 돌리고 보이지를 않습니다.

이미 압살롬은 아버지 다윗을 향했던 백성들의 마음을 도적질 하여 자기에게로 향하게 했습니다. 그리고 아버지를 반역하여 이스라엘의 왕위를 찬탈했습니다. 그것은 오늘의 정치현장이기도 합니다. 또한 동시에 목회의 현장이기도 합니다.

친구 목사가 몸이 아파 병원에 입원을 했습니다. 병원에서는 몇 달이 걸릴지 모르고 지켜보아야 한다는 진단을 내렸습니다.

그 날부터 교인들 대부분이 기도하기 시작했습니다. 그런데 그 때 꼴뚜기처럼 날뛰기 시작한 한 장로가 있었습니다. 자기가 당회장이라도 된 듯 이것저것 교회 일을 간섭했습니다. 교회가 서서히 시끄러워지기 시작했습니다. 설교는 누가 해야 되고, 교회직원은 어떻게 해야 한다는 등 이런저런 분수없는 언행으로 좌충우돌이었습니다.

목사가 병상에 눕게 되니 성도들의 마음이 드러나기 시작했습니다. 뭔가 영향력이 있어 보이는 꼴뚜기처럼 뛰는 장로의 눈치를 보면서 어느 누구도 무질서한 상황을 안정시키려는 사람이 없었습니다. 모두가 방관자들이 되어갔습니다.

몇 주간이 지나며 당회장이 급속히 회복이 되었습니다. 당회장이 일어났다고 하자 교인들의 중심을 잡지 못했던 상황이 당회장에게로 힘이 쏠리기 시작했습니다. 위기로 치닫던 교회가 안정을 되찾았습니다.

꼴뚜기처럼 함부로 말하고 날뛰던 장로의 모습이 초라하기 그지없게 되었습니다.

본문을 묵상하다가 다윗의 아픈 현실에 시므이의 꼴뚜기처럼 뛰는 모습을 보면서 친구 목사의 목회 현장이 불현듯 떠올랐습니다.

이것은 저주의 부메랑효과입니다.

그래서 자업자득이라는 교훈이 있고 과유불급이라는 생활훈(生活訓)이 있습니다.

한 시도 입을 다물지 못 하고 말하는 여자가 있었습니다. 일 년 열두 달 말하라고 하여도 하루가 부족할 정도였습니다. 어느 날 아내가 남편에게 말했습니다.

"여보! 오늘 성형외과에 갔더니 두 바늘만 입을 꿰매면 내 입이 예뻐진다고 하더군요."

"성형비가 얼마나 된데?"

"겨우 50만 원이에요."

남편이 말했습니다.

"100만원 줄 테니 입을 모두 봉해 달라고 부탁해"

본문을 다시 되새겨 봅시다.

다윗이 아무리 피난길을 가고 있지만 600 여명의 따르는 자들이 있었습니다. 그런데 달랑 한 사람 시므이가 돌을 던지고 저주를 하는 상황이 발생을 했는데 그 시므이를 통제하는 사람이 아무도 없는 것이 현실이었습니다. 다윗 또한 별 대책을 세우려고도 하지 않고 그냥 가는 길을 계속 재촉하는 상황이었습니다.

이 때 한 사람이 나섭니다. 그의 이름이 '아비새'였습니다. 그는 이 상황을 더 이상 참고 넘길 수가 없었습니다. 냉큼 나서는 아비새의 하는 말이 9절입니다.

"스루야의 아들 아비새가
왕께 여짜오되
이 죽은 개가 어찌
내 주 왕을 저주하리이까
청하건대 내가 건너가서
그의 머리를 베게 하소서."

그렇습니다. 하나님의 섭리는 언제나 하나님의 시간표에 의하여 진행됩니다. 그 누구도 나서지 않는 상황에 아비새가 나선 것입니다.

어느 공동체든 위기 때는 두 부류의 사람이 등장 합니다. 한 부류는 '시므이' 같은 사람입니다. 또 한 부류는 '아비새' 같은 사람입니다.

시므이 같은 한 사람 때문에 교회가 뿌리 채 흔들립니다. 아비새 같은 한 사람 때문에 교회가 질서를 유지하고 안정이 되어 갑니다.

서울 강북제일교회는 한국교회의 귀감이 되는 교회입니다. 윤덕수 목사님이 시무하셨던 교회입니다. 지금은 다음세대의 훌륭한 지도자로 자리매김을 잘하고 있는 황 목사님이 시무를 하고 계십니다.

윤덕수 목사님이 쓰러지셨을 때 그 교회 당회원들의 사랑과 배려는 온 세계를 감동시킨 위대하고 아름다운 역사로 남아 있습니다.

1988년에 윤덕수 목사님이 뇌출혈로 쓰러지셨습니다. 3년 동안 말씀을 못했고 몸은 절반만 사용되었습니다. 가족도 알아보지 못하였는데 더욱 치명적인 것은 기억과 의식도 잃어버린 것이었습니다. 게다가 얼굴도 뒤틀렸는데 의사도 돌아오기 어렵다고 진단했습니다.

그런데 이 상황에서 교회는 3년 동안 목사님을 병원에 눕혀 놓고 매일 24시간 릴레이 기도를 했습니다. 장로님들은 조를 짜서 병원으로 출근을 했습니다. 장로님들을 보고 목사님은 죽고 싶다고, 죽기를 소원했습니다. 그런 당회장 목사님을 붙잡고 장로님들은 그렇게 죽고 싶다면 우리 함께 손이라도 잡고 한번만 걸어보고 죽자고 했습니다. 그렇게 격려하고 지극정성과 사랑으로 섬겼습니다. 기어코 강권하여 목사님을 운동도 시켰습니다.

장로님들은 어떻게 하면 당회장 목사님을 회복시킬 수 있을까 궁리를 하다가 목사님을 제주도로 모시고 갔습니다. 그곳에서 만장굴로 가서 목사님을 굴 이쪽에 세워두고 장로님들은 저쪽 끝으로 가서 기다리며 걸음마 운동을 시켰습니다.

목사님은 비지땀을 흘리면서 비척거리는 걸음으로 사모님의 손을 잡고 겨우 겨우 한걸음씩 걸어 나갔습니다. 그 때 장로님들은 "우리 목사님 만세"를 소리 높여 외치며 울며 기뻐했습니다.

노회는 강단을 너무 오래 비운다고 설교 목사를 파송하려고 했습니다. 그 때 장로님들이 벌떼처럼 일어나서 노회를 향해 항의를 했습니다.

"우리 목사님이 다시 강단에 서시는 날까지는 어느 누구도 우리 교회 강단에 못 옵니다. 만약 설교 목사를 보내면 노회를 탈퇴 합니다."

노회도 장로님들의 이 눈물겨운 목사 지키기에 두 손을 들었습니다.

드디어 목사님의 입이 열리기 시작했습니다. 그리고 반신불수의 몸으로, 어눌한 말로 첫 설교를 했을 때 온 교회는 울음바다가 되었습니다.

뇌출혈 발생 시 목사님은 모든 기억이 사라진 상황에서 '태초'라는 말이 뭔지 몰라 사전을 찾아야 했습니다. 사전에 찾아보니 '맨 처음에', '창조', "하나님이 만드신 것…" 이렇게 해야 하는 것이 너무 고통이어서 목사님은 성경을 집어 던지기도 했습니다.

그래도 하나님은 성경을 읽게 하셨습니다. 어린아이가 책장을 넘기듯 줄줄 읽어가니 두 주에 한 번을 읽었습니다. 그렇게 일 년을 읽으니 25번을 읽는 것이었습니다.

그러던 어느 날 갑자기 마치 전자회로에 전원이 들어오며 계기판이 다시 복구되는 것처럼 머리속이 찌릿찌릿 하더니 뇌신경이 이리저리 연결되는 느낌을 받았답니다. 그러면서 모든 기억이 되살아나고 암송했던 성경이 다 되살아났습니다. 할렐루야!

그리고 아직도 말하는 것이 어눌했지만 설교를 하기 시작했습니다. 교인들은 행복으로 가득 찼고 기뻤습니다. 그런 가운데 예배당이 새롭게 건축되었습니다.

목사님이 쓰러지실 때 교인수가 1500명이었는데 3년 동안 교인은 불어나지도 않고 줄지도 않았습니다.

강단에 선 목사님은 3년 동안 교회가 불어나지 않았으니 강단에서는 그 날부터 3년 만에 두 배로 불어나게 해 달라고 기도했습니다. 정확하게 3년 만에 3천명이 되었습니다.

예배당은 좁은데 교인이 자꾸 밀려오니 설교를 하루에 여섯 번씩 하게 되었습니다. 장로님들은 한 번만 설교를 하시라고 했지만 목사님은 막무가내였습니다. 장로님들은 대책을 논의 했습니다. 그리고 목사님을 위해 예배당을 새로 짓자고 결의를 했습니다. 한꺼번에 3천명이 들어가는 예배당을 지어 목사님이 설교를 한 번만 하시게 하자는 것이 동기였습니다. 그래서 지금의 예배당을 건축했습니다.

목사님은 2005년 2월 13일 미국 남가주 안디옥교회 부흥회 요청을 받고 가셨습니다. 부흥회를 인도하시던 마지막 날이었습니다. 설교를 하시던 중에 갑자기 눈에 이상이 왔습니다. 회중이 전혀 보이지 않았습니다. 그런 불편한 가운데서도 목사님은 설교를 다 마치셨습니다. 그리고 그대로 쓰러져 열흘 후인 23일에 소천을 하셨습니다.

그 후임으로 황형택 목사님이 부임하셨고 교회는 줄기차게 부흥하고 있습니다.

강북제일교회를 보면서 축복의 부메랑효과를 생각합니다.

본문의 다윗을 생각하면서 새삼 축복의 부메랑을 생각합니다.

아비새가 나서서 시므이를 단칼에 목을 베겠다고 했습니다. 그런 아비새를 향하여 다윗이 한 말은 축복을 부르는 부메랑효과를 가져왔습니다. 10~12절 이하는 다윗의 마음이 표현된 말입니다.

"왕이 이르되 스루야의 아들들아

내가 너희와 무슨 상관이 있느냐
그가 저주하는 것은 여호와께서 그에게
다윗을 저주하라 하심이니
네가 어찌 그리하였느냐 할 자가 누구겠느냐 하고
또 다윗이 아비새와 모든 신하들에게 이르되
내 몸에서 난 아들도 내 생명을 해하려 하거든
하물며 이 베냐민 사람이랴
여호와께서 그에게 명령하신 것이니 그가 저주하게 버려두라
혹시 여호와께서 나의 원통함을 감찰하시리니
오늘 그 저주 때문에 여호와께서
선으로 내게 갚아 주시리라 하고"

다윗은 자기 입으로 시므이를 저주하지 않았습니다. 여기에도 하나님의 뜻이 있으려니 하면서 그냥 넘어갔습니다. 그 결과가 어떻게 되었습니까? 예, 이 일로 다윗은 축복을 받게 되고 시므이는 저주를 받게 되었습니다.

시므이의 언행에서 저주의 부메랑을 생각합니다.

다윗이 약할 때, 힘들 때, 자기 몸 하나 추스르는 것조차 어려울 때를 악용하여 시므이는 패륜아처럼 돌을 던지며 저주했습니다. 그렇게 하는 이유는 시므이의 삶의 중심이 매사에 하나님 중심이 아니었기 때문입니다. 오직 인간적인 자신의 생각이 그 자신의 삶의 기준이었기 때문입니다.

오늘도 목회를 하면서 이런 경우를 흔히 겪습니다. 모든 기준이 자기 자신인 사람들을 만납니다. 상대방의 입장을 조금이라도 이해하려 하거나 생각하지 않습니다. 자기 생각이 의요 자기 생각만이 선입니다. 그런 사람의 모습은 전형적인 시므이의 인격이며 삶의 모습입니다. 그것은 축복을 불러오지 못하고 저주를 부르는 부메랑 효과를 양산합니다.

그런 시므이를 다윗은 자기 입으로 저주하지 않았습니다. 불평하지도 않았습니다. 오직 하나님의 뜻에 맡겼습니다. 그 마음이야 어찌 편했겠습니까. 말로 다 표현 할 수 없는 고통이 쓰나미처럼 덮치지 않았겠습니까?

그러나 그 모든 것이 하나님의 뜻 안에서 이루어진다는 철저한 하나님 중심의 마음으로 자신을 다스렸습니다. 인내했습니다. 받아들였습니다.

이것이 다윗이 신앙입니다. 이것이 그의 인격이요 삶입니다. 그것은 축복을 불러오는 부메랑 효과를 가져왔습니다.

누가복음 6:38도 축복의 부메랑효과가 있습니다. 하나를 주면 열배 백배로 돌아온다는 교훈입니다.

마태복음 7:12도 축복의 부메랑효과입니다. 대접 받기를 원하면 먼저 대접하라는 교훈입니다.

이렇게 하나님의 말씀인 성경은 온통 부메랑효과의 기록입니다.

섬기면 섬김을 받게 되는 것, 사랑하면 사랑을 받는 것, 축복하면 축복을 받는 것, 저주하면 저주를 받는 것, 미워하면 미움을 받게 되는 것, 이 모두가 부메랑 효과입니다.

남의 말을 나쁘게 하는 사람은 수많은 사람들에게 나쁜 사람으로 입에 오르내립니다. 불평 잘하고 원망 잘하는 사람은 그 생활이 항상 불평과 원망으로 울타리가 둘러쳐져 있는 것을 봅니다.

한 부부가 길을 가고 있었습니다. 그런데 아내가 다리가 점점 아파왔습니다. 그러자 남편에게 업어달라고 했습니다. 남편은 아내를 업었습니다. 아내가 미안해서 "여보, 무겁지?"라고 말하자 남편이 퉁명스럽게 대답했습니다.

"그럼 무겁지. 돌대가리지, 철면피지, 강심장이지 그러니 당신은 무거울 수밖에 없어"

조금 가다가 남편이 아내에게 말했습니다.

"여보, 좀 전에 내가 업어주었으니 나도 조금만 업어주라." 아내는 남편을 업었습니다. 남편이 조금 미안해하면서 "생각보다 가볍지?"라고 물었습니다.

아내가 말했습니다. "가벼울 수밖에요. 머리에 든 것 없지, 허파에 바람이 들었지, 속은 비었지, 양심도 없지, 그러나 당연히 가벼울 수밖에요"

말의 부메랑효과입니다.

여러분 가정의 부부는 이렇게 말하지 말고 반대로 말하시기 바랍니다.

"여보 무겁지?" 하면 "아니야 솜털처럼 가벼워, 천사를 업은 것

같아. 날마다 업고 걸었으면 좋겠다."

"여보, 생각보다 가볍지?" 하면 "응, 정말 그러네. 당신 너무 허약한 거 아니야? 내가 잘못 섬긴 것 같아 은근히 미안하네. 보약 한재 지을까 여보?"

우리 교회가 축복받는 이유는 사랑의 부메랑효과 때문입니다. 목사인 저는 여러분의 사랑을 생각하면 눈물만 납니다. 어찌 이렇게도 아껴주고 섬겨주고 사랑해 주는지 천만번을 생각해도 고마워서 눈물이 납니다. 그래서 저는 하나님 앞에서 목숨을 건 사역을 합니다. 그래서 우리교회는 이렇게 부흥하고 행복합니다.

축복하면 축복이 옵니다. 저주하면 저주가 옵니다. 우리교회는 축복의 부메랑효과로 충만합니다. 그래서 우리 모두는 행복합니다.

사랑하는 성도 여러분! 오늘도 우리는 더욱더 옆 사람을 축복하고 세워주는 하나님의 사람들이 되시기를 예수님의 이름으로 축복합니다. 아멘!

16
은혜의 결핍현상

"아히도벨이 압살롬에게 이르되
왕의 아버지가 남겨 두어
왕궁을 지키게 한 후궁들과 더불어 동침하소서"
〈사무엘하 16:15~23 중〉

우리네 삶에 환경이 메말라버린 것보다 절박한 것은 없습니다. 메마름, 이것을 결핍이라고 합니다. 결핍(缺乏)이란 있어야 할 것이 없거나 모자라는 것입니다. 즉 부족, 궁핍입니다. 결핍의 반대말은 충분, 풍성입니다.

애정 결핍, 재정 결핍, 감동 결핍이란 말은 우리의 삶이 얼마나 메말랐는가를 표현하는 용어들입니다.

특히 농사를 지을 때 비가 오지 않아 가뭄현상이 오래갈 때는 모든 인간생활에 결핍현상이 옵니다. 우리가 살아가는 삶의 내용도 다르지 않습니다.

이 시대는 참으로 살기 어려운 때라고들 합니다. 심지어 어떤 사람은 보릿고개나 IMF 때보다 더 살기 힘겨운 상황이라고도 합니다.

정말 그렇습니까?

조금만 멈추어 지난 세월을 돌아보면 그 때보다 몇 백배 몇 천배 좋은 환경과 여건입니다. 그런데도 사람들은 너나없이 그 때보다 살기 힘들다고 말들을 합니다.

이게 무슨 현상입니까? 다른 것이 아닙니다. 바로 정신적 결핍현상, 감사의 결핍현상입니다. 정말 없어서가 아니라 없다고 생각하는 정신적 결핍현상입니다.

요즈음 들어 한국교회를 생각하면서 기도하면 눈물만 납니다. 왜 그런지 자꾸만 눈물이 납니다. 교회의 사회적 책임도 그렇고, 우리의 다음세대를 생각해도 그렇습니다. 그런 것에 대한 책임감으로 마음이 더욱 무거워졌습니다. 그러면서 새벽마다 주님과 대화하는 시간이면 부쩍 요즈음 주님은 계시록의 라오디게아 교회를 묵상하게 하십니다.

그러고 보면 요즈음 교회 현상들이 그렇습니다. 차지도 않고 뜨겁지도 않습니다. 차다는 것은 전혀 복음과 접촉 없는 불신의 상태요 뜨겁다는 것은 복음을 믿는 자로서 사랑과 열심으로 가득한 것을 의미합니다.

미지근하다는 것은 되지 못하고 된 줄로 아는 가증한 행위와 태도를 가리키는 책망입니다. 이것도 저것도 아닌 상황입니다. 이것이 라오디게아 교회의 실상이었습니다. 어쩌면 오늘의 교회의 현상이기도 합니다.

왜 그런 것일까요?

예! 도대체 부족한 것이 없기 때문에 그렇습니다.

라오디게아 교회가 스스로 말한 내용이 계 3:17입니다.

"네가 말하기를 나는 부자라
부요하여 부족한 것이 없다."

부요하다는 말은 자칭 영적 생명이 충분하다는 것입니다. 부요하다는 헬라어 '페플루테카(πεπλούτηκα)' 인데 기본형은 '플루테오(πλουτέω[ploo-teh'-o])' 로써 현재 완료형으로 이제 더 바랄 것이 없는 상태에 도달했다는 의미입니다. 이 말은 모든 것을 주시는 하나님도 필요 없다는 상태의 죄를 드러내는 말입니다.

가만히 묵상해 보면 오늘 교회의 실상과 참으로 다를 바가 없습니다. 그러니 이제 믿음생활을 안 할 수도 없고 열심을 내려고 하니 열심을 내야 할 이유가 없습니다. 그토록 현실적으로 모든 것이 부족함이 없는 현상이 바로 그것입니다.

진짜 있어야 할 것은 없고 없어도 될 것으로 충족한 상태가 라오디게아 교회의 부족함이 없다는 표현입니다. 그래서 예수님은 라오디게아 교회를 향해 무섭게 책망을 하셨습니다. 그리고 지적을 하셨습니다. 그것은 한 마디로 '네가 지금 영적 결핍에 빠졌다' 는 것입니다. '되지 못한 것이 된 줄로 착각하고 있는 그 죄' 를 드러내시면서 주님은 라오디게아 교회를 책망하신 것입니다.

되지 못하고 된 줄로 아는 것이 무엇입니까?

곤고한 것입니다. 가련한 것입니다. 눈이 먼 것입니다. 가난한 것입니다. 벌거벗은 것입니다.

이 용어들은 영적 결핍현상의 가장 리얼한 표현으로써 믿음도 없고 의로움도 없으며 윤리와 도덕적으로도 어둡다는 것입니다. 그 무엇도 하나님 나라와 관련이 있는 것이 없는 핍절(乏絕) 현상입니다

이것이 오늘의 교회 현상이라고 할 때 아니라고 항변할 수 있는 사람이 감히 그 누가 있겠습니까. 작금의 한국교회에 일어나고 있는 일련의 상황은 이 대목을 더욱 인정할 수밖에 없는 현상의 하나입니다.

이와 같은 내용을 총체적으로 함축하여 표현한다면 그것은 은혜의 결핍현상입니다. 하나님의 은혜가 메말라 버린 현상이라는 말입니다.

이번 본문이 바로 이 부분의 내용을 드러내는 듯한 내용입니다. 은혜의 결핍현상이 얼마나 무섭고 비참하며 얼마나 안타까운 결과를 가져오는가를 잘 드러낸 사건이 본문입니다.

은혜가 무엇입니까?

의로운 자에게 베푸시는 하나님의 사랑입니다. 죄를 지었지만 사죄하시는 하나님의 용서입니다. 잘못을 했을 때는 책망을 하시지만 동시에 버리지 않고 사랑으로 품어주시는 하나님의 마음입니다.

우리는 오늘도 이 은혜 안에서 살아갑니다. 이 하나님의 사랑과 자비, 하나님의 마음이 내게서 멀어질 때 오는 것이 영적 메마름, 곧 은혜의 결핍현상입니다.

하나님이 내게서 멀어질 때 나타나는 현상이 어떤지 아십니까?

16장에 이 현상의 대표적인 네 사람이 등장합니다. 그들은 시바, 시므이, 그리고 오늘 본문의 아히도벨, 그리고 압살롬입니다.

하나님의 은혜가 결핍될 때 시바처럼 주인을 배반합니다. 주인의 재산을 가로채기 위하여 거짓과 위선으로 사람의 마음을 훔칩니다. 그리고 더러운 이(利)를 위하여 치졸한 짓을 합니다.

하나님의 은혜가 결핍될 때 시므이처럼 위치질서도 모르고 역할 질서도 모르며 관계질서도 모릅니다. 그리고 꼴뚜기처럼 팔딱거리면서 할 말 안 할 말 가리지 못하고 경거망동합니다. 그러다가 결국은 멸망하게 됩니다.

하나님의 은혜가 결핍될 때 본문의 아히도벨처럼 하나님이 주신 지혜를 악의 도구로 사용하는 패역한 짓을 행하게 됩니다. 그것으로 너도 죽고 나도 죽는 비참한 말로(末路)를 맞이하게 됩니다.

하나님의 은혜가 결핍되면 압살롬처럼 아버지의 자리를 찬탈합니다. 선한 것은 도무지 생각을 하지 못합니다. 자신의 잇속만을 좇아 행하며 패역 부도한 짓을 서슴없이 저지릅니다. 이 또한 결국은 패망 길로 가는 것입니다.

본문 15~19절의 내용은 다윗의 명을 받은 후새가 예루살렘 성으로 입성을 합니다. 그리고 압살롬에게 거짓 충성을 맹세하면서 사악한 모사(謀士) 아히도벨과 모사(謀事)로써 맞장을 뜹니다. 그의 역할은 아히도벨의 모략을 패하게 하는데 있습니다. 그렇게 함으로써 압살롬의 반역 정권을 무너뜨리는 결정적인 역할을 하는 것입니다.

20~23절의 내용은 아히도벨의 모략에 따라 압살롬이 뭇 백성들이 보는 가운데서 아버지 다윗의 후궁들과 백주 대낮에 동침을 하는 패역한 사건입니다. 이는 하나님의 심판을 자초(自招)하는 짓이었습니다. 은혜의 결핍현상이 극에 달한 행위였습니다.

우리는 여기서 몇 가지 묵상할 은혜의 결핍 현상의 내용을 발견합니다.

첫째, 하나님의 뜻을 분별하는 지혜를 잃어버립니다.

아히도벨이 누구입니까?

15:12을 보면 '다윗의 모사'(謀士)라고 기록하고 있습니다. '모사'의 히브리어는 '요에츠(יָעַץ[yaw-ats'])'로써 '충고하고 조언하며 의논 하다'는 '야아츠'의 능동태 분사로써 다윗의 정책 조언자를 뜻합니다.

그와 같이 다윗의 절대적 신임을 받는 측근 중의 측근이었습니다. 그가 백성들의 마음이 다윗에게서 멀어지고 압살롬에게로 향하는 것을 알았습니다. 그리고는 15:31을 보면 상황을 자기 나름대로 잘했다고 판단했는지 다윗을 버리고 압살롬에게로 가버리고 맙니다. 압살롬에게 간 아히도벨은 온갖 패역한 모사(謀事)를 내어 압살롬의 몰락을 재촉하는 행동을 하게 합니다. 전형적인 은혜의 결핍현상입니다.

이것은 하나님의 뜻을 분별하는 지혜를 잃어버린 은혜의 결핍현상에서 온 결과입니다. 다시 말하면 영적 결핍현상은 지혜를 잃어버리고 하나님의 뜻을 헤아리지 못하는 결과를 초래한다는 것입니다.

하나님을 믿는 성도에게 있어서 이보다 더 불행하고 무서운 것은 없습니다. 우리는 어제도 오늘도 내일도 하나님의 은혜 안에서 살아가는 존재입니다. 그 울타리를 벗어나는 것이 우리 스스로를 곤고하고 가련하게 만드는 꼴이 되는 것입니다.

그러나 그 안에 거할 때는 지혜로운 판단력과 분별력을 갖게 됩니다. 이것이 축복입니다.

시편 111:10 말씀을 볼까요.

"여호와를 경외함이 지혜의 근본이라
그의 계명을 지키는 자는
다 훌륭한 지각을 가진 자이니
여호와를 찬양함이
영원히 계속되리로다."

잠언 1:7이 우리의 생활 교훈이 됩니다.

"여호와를 경외하는 것이 지식의 근본이거늘
미련한 자는 지혜와 훈계를 멸시하느니라."

잠언 9:10입니다.

"여호와를 경외하는 것이 지혜의 근본이요
거룩하신 자를 아는 것이 명철이니라."

이 얼마나 꿀 송이 같은 말씀입니까. 지혜가 무엇이라고요?

예! "여호와를 경외하는 것" 입니다.

교회생활을 하면서 확실하게 드러나는 현상이 있습니다. 지혜로운 성도는 절대 교회에서 자기를 나타내려고 하지 않습니다. 그러나 미련한 사람은 어떻게든지 자기를 나타내려고 안달을 합니다. 아주 안달복달입니다.

그러나 결과는 항상 동일합니다. 지혜로운 자의 삶은 축복생활이고 미련한 자의 삶은 몰락이었습니다.

지혜가 무엇이라고요?

"하나님을 경외하는 것" 입니다.

경외(敬畏)가 무엇입니까?

"하나님을 두려워하며 공경하는 것" 입니다.

주의 종을 함부로 대하고 교회에서 경거망동하는 것의 공통점이 무엇입니까?

하나님을 경외하는 마음이 없는 행위입니다. 그렇게 하는 것은 하나님을 두려워하지도 않고 하나님을 존중하지도 않는다는 것입니다. 그것이 믿음 없는 은혜의 결핍현상입니다.

둘째, 분별력과 판단력을 상실하게 됩니다.

이것은 지혜를 잃어버린 다음 단계에 오는 필연적인 현상입니다. 이 본문의 마지막 23절을 주목할 필요가 있습니다.

"그 때에 아히도벨이 베푸는 계략은
사람이 하나님께 물어서 받은 말씀과
같은 것이라
아히도벨의 모든 계략은
다윗에게나 압살롬에게나
그와 같이 여겨졌더라."

이 말씀은 아히도벨은 다윗에게나 압살롬에게나 당시 백성들에게나 그가 하는 말은 다 하나님으로부터 받아서 하는 말처럼 권위가 있고 인정받을 만한 지혜의 사람이었다는 것입니다.

그런데 영적 결핍현상이 오면서 그 지혜는 떠나가고 사단의 지혜가 아히도벨을 지배하면서 타락하고 추하고 악한 모사(謀事)만 드러내게 된 것입니다.

이것이 은혜의 결핍현상의 정점(頂点)으로 치닫는 몰락의 전조(前兆)입니다.

20절을 보면 압살롬이 아히도벨에게 앞으로 정국을 어떻게 이끌어가야 할지 묻습니다. 그 때 예루살렘에 입성하여 반역의 왕이지만 왕으로서의 첫 사역을 가르치는 아히도벨의 모사(謀事)가 21절입니다.

"아히도벨이 압살롬에게 이르되
왕의 아버지가 남겨 두어
왕궁을 지키게 한 후궁들과 더불어 동침하소서
그리하면 왕께서 왕의 아버지가 미워하는바 됨을
온 이스라엘이 들으리니
왕과 함께 있는 모든 사람의 힘이
더욱 강하여지리이다 하니라."

이것이야 말로 은혜의 결핍현상이 드러내는 마지막 카드입니다.

여기서 우리는 아히도벨이 꾀한 묘책의 결론이 무엇인지 살펴보겠습니다.

첫째는 부자지간을 철천지원수로 만드는 일입니다. 둘째는 자기 자신의 입지를 강화하려는 술책입니다. 셋째는 하나님의 계명을 어기는 범죄(레20:11)를 저지릅니다. 넷째는 도덕과 윤리의 파괴적 행위입니다. 다섯째 국가와 민족을 카오스(혼돈) 상태로 만드는 사악한 일입니다.

이런 사악한 묘책을 내어 개인과 국가를 영적, 육신적으로 총체적인 무질서로 이끌며 송두리째 파괴하고 있습니다.

그것은 오늘도 마찬가지입니다. 하나님의 은혜가 메마르면 예사로 이런 경우에 빠지게 됩니다. 그래서 은혜의 결핍 현상은 인간생활의 파멸과 몰락의 전조(前兆)가 되는 것입니다. 이렇게 되는 이유는 영적 판단력과 분별력을 상실했기 때문입니다.

셋째, 비참한 결과를 맞게 됩니다.

아히도벨의 결과가 어떻게 되었는가는 본문 17:23이 보여주고 있습니다.

"아히도벨이
자기 계략이 시행되지 못함을 보고
나귀에 안장을 지우고 일어나
고향으로 돌아가
자기 집에 이르러 집을 정리하고
스스로 목매어 죽으매
그의 조상의 묘에 장사 되니라."

이 구절 때문에 강단에서 별로 아름답지 못한 예화가 종종 이야기됩니다. 육의 양식은 하루 세끼 꼬박꼬박 챙겨먹으면서 영의 양식은 먹지 못한 것을 회개한 집사님의 이야기입니다.

매일 잠에서 깨어나면 영의 양식인 성경말씀부터 읽는 습관이 된 집사님이 있었습니다. 그런데 그 날은 늦잠을 자서 직장에 지각을 하게 되었습니다. 부랴부랴 일어나 밥을 먹고 출근하려는 남편을 향해 아내가 말합니다.

"여보 성경 읽고 가야지."

"오늘은 바쁘니까 내일 배로 읽을 게."

"오늘 바쁘면 밥은 왜 먹어?"

그래서 남편은 성경을 손에 들고 "주님 참 죄송합니다. 오늘의 영의 양식, 말씀을 주시옵소서." 하면서 성경을 펼쳤습니다. 그런데 성경 한 구절이 눈에 확 들어왔습니다.

"아히도벨이 목메어 죽으니라(삼하17:23)."

"주님 죄송합니다. 늦잠 잤다고 저로 하여금 아히도벨처럼 자살하라는 말씀은 아닌 줄 믿습니다. 오늘의 말씀을 주시옵소서."하고 다시 성경 한 곳을 펼쳤는데 또 한 구절이 눈에 확 들어왔습니다.

"너도 이와 같이 행하라(요13:15)."

"주님 왜 이러십니까? 정말 죄송합니다. 오늘의 말씀을 주시옵소서." 하면서 다시 성경을 폈습니다. 그런데 이번에도 또 한 구절이 눈에 확 들어왔습니다.

"네가 하는 일을 속히 하라(요13:27)."

은혜의 결핍 현상의 또 다른 교훈입니다.

아히도벨의 모사(謀事)대로 행한 압살롬의 결과가 어떻게 되었겠습니까? 18장을 앞당겨 와서 말씀 드리겠습니다.

다윗의 군대와 압살롬의 군대가 한판 결전을 치르게 됩니다. 그 때 압살롬이 다윗의 신복을 만나자 나귀를 타고 달아나게 되었습니다. 그렇게 숲속으로 달아나던 압살롬의 머리카락이 상수리나무 가지에 걸리며 압살롬은 나무에 대롱대롱 매달리게 되었습니다. 전에 그렇게나 자랑하던 자신의 머리털이 상수리나무에 걸린 것입니다. 그렇게 버둥거리며 걸려있는 압살롬을 요압이 창으로 찔러 죽이고 맙니다.

이것으로써 압살롬의 짧은 반역자로서의 왕위에 오른 역사는 마무리가 됩니다.

이 모든 것의 종합적인 표현이 한 마디로 '은혜의 결핍현상' 입니다.

전 세계가 일본의 대지진으로 인한 방사능 오염에 대해 불안해했습니다. 우리나라에서도 전국적으로 대기권이 방사능 오염이 되어 있다고 발표를 했습니다. 그러자 모든 사람들이 나들이도 자제하고 수산물과 해산물 구입도 꺼려하는 현상이 일어났습니다. 그런 탓에 조금이라도 오염이 안 된 해산물 사재기를 하느라 한동안 극성을 떨었습니다. 그 정도가 얼마나 대단했던지 온 언론들까지도 연일 북새통을 떨며 보도를 했습니다.

오염된 자연재해! 그러면서 우리들의 영적 상태를 생각해 봅니다. 세상의 온갖 더럽고 추한 것들로 인해 영적인 오염이 심각해지고 있습니다. 그러나 그런 상황에 대해서는 모두들 전혀 걱정조차 하지 않습니다. 참으로 무섭도록 라오디게아 교회가 되어갑니다. 없으면서 있는 것처럼 말합니다. 보지 못하면서 다 보는 것처럼 행동합니다. 아무것도 가진 것이 없으면서도 모든 것에 부족함이 없다고 합니다.

그래서 주님이 탄식하신 것입니다. 질책하신 것입니다. 토하여 내칠 것이라고 하셨습니다. 이것이 얼마나 무서운 말씀인지 모르시겠습니까?

은혜가 메마르면 모든 것이 끝장입니다. 영적 황폐화 현상, 요즘 자연환경단체가 입버릇처럼 말하는 것이 있습니다. '지구의 사막화 현상'이라는 말입니다.

이렇게 우리의 영적 상태도 사막화 되고 있습니다. 감동이 없습니다. 기쁨도 없습니다. 감사도 없습니다.

이 모든 것이 은혜의 결핍 현상이요 멸망의 전조(前兆)입니다. 은혜의 결핍 현상은 하나님의 뜻을 분별하는 지혜를 잃어버리고, 판단력과 분별력을 잃어버립니다. 그리고 결국은 비참한 결과를 맞게 됩니다.

사랑하는 성도 여러분! 여러분과 저의 삶이 언제나 하나님의 은혜로 충만하기를 예수님의 이름으로 기도하며 축복합니다. 아멘!

17
하나님이 하십니다

"이는 여호와께서 압살롬에게 화를 내리려 하사
아히도벨의 좋은 계략을
물리치라고 명령 하셨음이더라"
〈사무엘하 17:1~14 중〉

지나온 포항중앙교회와 저의 모든 시간은 오직 하나님의 은혜입니다. 아멘! 지금 우리교회의 이 행복과 이 부흥도 하나님의 은혜입니다. 아멘! 이런 잔잔한 평안도 오직 하나님의 은혜입니다. 아멘! 또 내일의 모든 것도 하나님의 은혜입니다. 아멘!

사람들은 질문합니다. 어떻게 이렇게 교회를 부흥시키는지, 어떻게 이렇게 교회가 평안하고 행복하도록 목회를 하는지, 도대체 그 노하우가 무엇인지 말입니다.

저는 대답합니다. "하나님의 은혜입니다!" 아멘!

이 보편적인 대답 속에 진리가 있습니다. 중요한 것은 하나님의 은혜가 무엇이며 하나님의 은혜가 어떻게 임하느냐 하는 것 입니다.

구약에서 은혜를 의미하는 단어는 '헨(חֵן[chen])', '라하밈(רַחֲמִים

[rach mim])', '헤세드(חֶסֶד[chesed])' 등이 있습니다.

'헨(חֵן[chen])'은 하나님께서 경건한 자와 의로운 자와 고통당하는 자에게 베푸시는 사랑을 말합니다. '라하밈(רַחֲמִים[rach mim])'은 죄사함 받는 것을 의미합니다. 그리고 '헤세드(חֶסֶד[chesed])'는 인자한 하나님의 본성을 말합니다.

이 가운데 가장 일반적으로 사용된 단어는 '헨(חֵן[chen])'입니다. 이것은 원래 '상급자가 하급자에게 보여준 호의'를 뜻하는 말이었습니다. 또 신약에서는 이 용어가 '카리스(χάρις[charis])'로 번역되었습니다.

성경에 첫 번째 등장하는 은혜라는 단어는 창세기 6:8에 있습니다.

"노아는 여호와께 은혜를 입었더라."

여기에서 말하는 은혜의 원어는 '헨(חֵן[chen])'입니다. 그런데 '헨(חֵן[chen])'은 하나님의 본성을 뜻한 '헤세드(חֶסֶד[chesed])'와는 다른 의미를 갖고 있습니다. 그것을 알아야 하나님의 은혜가 어떻게 임하는가를 이해하게 됩니다.

하나님의 본성인 '헤세드(חֶסֶד[chesed])'는 사랑과 긍휼과 공의 그 자체입니다. 그런데 '헨(חֵן[chen])'은 경건하고 의로운 자이어야 한다는 조건을 필요로 하는 단어입니다. 그것이 창세기 6:9절에서 나타나고 있습니다.

"이것이 노아의 족보니라
노아는 의인이요 당대에 완전한 자라
그는 하나님과 동행하였으며"

이해가 쉽지요?

8절의 "노아는 여호와께 은혜를 입었더라."는 말씀은 9절의 "노아는 의인이요 당대에 완전한 자라"는 조건이 수반되었다는 뜻입니다. 다시 말씀 드리면 하나님의 은혜가 아무에게나 임하는 것이 아니라는 말씀입니다.

교회가 부흥하고 가정이 평안하고 사업이 잘되고 자손이 번성하는 모든 것은 하나님의 은혜입니다. 내가 잘해서 되는 것은 아무것도 없습니다. 그 모든 하나님의 은혜는 하나님이 기뻐하시는 삶을 살아가는 자에게 주시는 하나님의 은총이라는 것입니다.

여기서 우리는 로마서를 통한 진정한 은혜를 바르게 이해할 수 있습니다. 우리는 우리의 힘으로 구원받을 수 없습니다.

'행위로는 하나님 앞에서 의롭다 하심을 얻을 육체가 없다(롬 3:20).'고 했습니다. 그러므로 우리는 모두 예수 그리스도를 '믿음으로 말미암아 하나님의 은혜로 값없이 의롭다 하심을 얻은 자(롬 3:24)'가 된 것입니다.

계시록 3:20에서도 또 우리가 주목할 말씀이 있습니다.

"볼지어다 내가 문 밖에 서서 두드리노니

누구든지 내 음성을 듣고 문을 열면
내가 그에게로 들어가 그와 더불어 먹고
그는 나와 더불어 먹으리라."

이 말씀은 하나님의 사랑의 마음에 인간의 반응과 노력이 있어야 한다는 것을 깨우치는 말씀입니다.

하나님은 항상 우리에게 사랑과 긍휼과 자비를 베푸시기를 원하십니다. 그러나 우리가 그 사랑과 긍휼과 자비를 받을 자세가 되어 있지 않으면 받을 수 없다는 것입니다. 우리에게는 그것을 받으려는 적극적인 태도가 요구되는 것입니다. 여기서 진정한 하나님의 은혜를 깨닫게 됩니다.

여러분이 지금 이 자리에 계시는 것은 하나님의 은혜입니다. 오늘도 하나님은 여러분에게 예배를 통하여 사랑과 긍휼과 자비를 베푸시기를 원하십니다. 여러분의 아픈 것을 치유하시기를 원하십니다. 여러분의 힘든 것을 회복시키시기를 원하십니다. 여러분의 소원을 이루어 주시기를 원하십니다.

그 하나님의 마음에 응답하려고 오늘 여러분은 이 예배시간에 나오셔서 'here and now! 지금 여기!', '하나님 제가 여기 있습니다.' 하고 앉아 있는 것입니다.

예, 잘 오셨습니다. 그러나 더 중요한 것은 지금 여기에서 하나님을 경외하며 하나님의 말씀을 경청을 하는 것입니다. 보다 적극적으로, 보다 진실하게, 보다 최선을 다한 응답이 되어야 한다는 말씀입니다. 그리할 때 하나님은 우리에게 은혜를 베푸십니다.

신앙생활의 성공적인 삶을 사신 분들의 공통된 고백이 있습니다. 그것은 "내가 한 것은 아무것도 없습니다. 하나님이 하셨습니다. 오직 하나님의 은혜일뿐입니다."라는 것입니다.

예! 맞습니다. 그것은 정답입니다. 사람이 할 수 있는 것은 아무것도 없습니다. 다만 하나님을 믿는 믿음이 하나님으로 하여금 일하시게 한 것입니다.

그렇다고, 사람이 할 수 있는 것이 아무것도 없다고 그냥 주저 앉아버리는 사람은 아무 것도 이룰 수 없습니다. 그런 사람은 역사의 실패자라는 것을 또 우리는 잊어서는 안 됩니다. 내가 할 수 없다고 주저앉아 버리는 것이야말로 하나님의 창조질서에 역행하는 무서운 죄가 됩니다.

우리는 요한복음 15장의 포도나무의 원리를 잘 알고 있습니다. 요한복음 15:7~8 말씀을 직접 보도록 하겠습니다.

"너희가 내 안에 거하고
내 말이 너희 안에 거하면
무엇이든지 원하는 대로 구하라
그리하면 이루리라.
너희가 열매를 많이 맺으면
내 아버지께서 영광을 받으실 것이요
너희는 내 제자가 되리라."

여기서 강조하는 것은 '주님과 함께'라는 것입니다. 주님과 함께 하지 않고서는 아무것도 할 수 없다는 것입니다. 그러므로 "주님과 함께 하는 것" 그것이 바로 은혜입니다.

이번 본문은 이것을 우리에게 교훈합니다.

앞의 16장에서는 다윗과 두 사람과의 특별한 만남이 이루어졌습니다. 한 사람은 도피 길에 있는 다윗에게 온갖 음식물을 준비해서 나와 아첨을 떨었던 '시바'였고, 또 한 사람은 돌을 던지며 온갖 악한 말로 다윗을 저주하고 비방했던 '시므이'였습니다.

시바를 통해서는 다윗의 눈이 어둡게 되었습니다. 그리고 시므이를 통해서는 하나님의 뜻이 무엇인가를 살필 수 있는 기회가 되었습니다.

이 두 사람을 통해 나타난 다윗의 반응은 오늘을 살아가는 우리에게 중요한 교훈이 되는 메시지였습니다.

17장에 들어와서는 압살롬이 예루살렘을 완전히 장악한 것을 알 수 있습니다. 그러던 어느 날 압살롬은 남은 문제를 해결하려는 고민을 하게 되었습니다. 그것은 부왕(父王) 다윗의 흔적을 이 땅에서 깨끗하게 정리하는 것이었습니다.

1~4절까지에서 보면 압살롬의 모사가 된 아히도벨의 전략이 나옵니다. 그 내용을 정리하면 이렇습니다.

자신이 12,000명의 군사를 택하여 오늘 밤에 다윗을 뒤쫓아 가는 것입니다. 도망을 가느라 무척 피곤할 다윗은 지쳐 잠이 들 것입니다. 그 때를 틈타서 일시에 기습을 합니다. 그러면 다윗의 군사들은 혼비백산해서 다 도망을 가고 다윗만 남게 될 것입니다. 그때 다윗만 죽이는 것입니다. 그렇게 하면 별로 잃을 것도 없이 깨끗한 완승이 될 것이라는 것입니다.

이 전략은 지금도 악한 사단의 집단이 사용합니다. 지도자 한 사람만 죽이면 나머지는 아무것도 아니라는 것입니다. 그래서 말세에 사단은 교회의 지도자 한 사람을 어떤 방법으로든지 무너뜨리려고 합니다. 있는 것 없는 것 다 동원해서 넘어지게 하는 것이 사단의 전략입니다.

더욱 놀라운 것은 오늘 교회 안에도 사단의 도구가 되어 교회 지도자 한 사람을 무너뜨리는데 앞장서는 아히도벨 같은 사람이 있다는 것입니다. 참으로 안타까운 일입니다.

우리는 모두 성령님께서 우리 교회를 든든히 지켜주시기를 기도해야 합니다.

교회는 예수님의 몸입니다. 머리로부터 발끝까지 연결되지 않은 곳이 없습니다. 그러나 머리에 이상이 생기면 나머지 몸은 아무것도 할 수가 없습니다. 그것은 지도자에게 문제가 생기면 교회가 하루아침에 출렁거리는 난파선과 같이 되는 것과 같습니다. 사단은 지금도 그것을 노리고 있습니다.

여기 아히도벨과 압살롬, 그 반역의 무리들도 지도자 한 사람을 없애자고 하는 것이 17:2절 하반 절부터 4절까지의 말씀입니다. 함께 살펴보겠습니다.

"내가 다윗 왕만 쳐죽이고
모든 백성이 당신께 돌아오게 하리니
모든 사람이 돌아오기는
왕이 찾는 이 사람에게 달렸음이라
그리하면 모든 백성이 평안하리이다 하니
압살롬과 이스라엘 장로들이
다 그 말을 옳게 여기더라"

보십시오. 이것이 아히도벨의 모략입니다. 다윗 왕 그만 죽이면 모든 백성이 압살롬에게로 돌아오게 될 것이라고 합니다. 무서운 전략입니다. 사단의 전략입니다.

이 말을 들은 압살롬과 이스라엘 장로들은 그 전략이 옳다고 여겼습니다. "옳게 여기더라"라는 말은 "합법적이다"라는 뜻입니다. 논리정연하다는 말입니다. 재론의 여지가 없을 정도로 좋다는 뜻입니다.

오늘의 교회도 이런 경우가 흔합니다. 인간적인 방법론이 우선일 때가 있습니다. 아무리 공의가 몸부림을 쳐도 소위 민주주의 논리에 의하여 하나님의 법이 맥을 못 추는 경우가 있다는 말입니다.

그것 때문에 예수님께서 빌라도의 법정에서 죄인이 되셨습니다. 오늘도 하나님의 공의가 종종 인간적인 논리와 합리적인 논리에 밀려 어려움을 당할 때가 있습니다. 그렇다고 하나님께서 그냥 보고만 계십니까?

5~14절까지의 내용이 그렇지 않다는 것을 말해주고 있습니다. 2~4절까지의 모사로는 부족했던지 압살롬은 후새를 불러 그의 전략을 들어보고자 했습니다.

후새가 누구입니까?

다윗의 사람입니다. 압살롬의 상황을 주도면밀하게 살피면서 반전의 기회를 엿보는 의로운 자의 편입니다. 그런 후새를 불러 압살롬은 아히도벨의 전략을 이야기합니다. 그리고 후새의 전략을 묻습니다. 그러자 후새는 자신의 전략을 이릅니다.

결론부터 말하자면 아히도벨의 전략은 안 된다는 것입니다. 이유는 다음과 같다며 반론을 제기하고 자신의 전략을 설명했습니다.

'왕의 아버지와 그 추종자들은 용사들입니다. 그들은 지금 새끼를 빼앗긴 암곰처럼 격분해 있습니다. 또한 전쟁에 아주 익숙한 사람들입니다. 그런 그들이 어느 굴에 숨어 있는지 알지 못하는데 섣불리 치러갔다가 몇 사람이 죽으면 백성들이 혼란해 집니다. 백성들은 아직도 왕의 아버지는 영웅이요 그 추종자들을 용사로 알고 있습니다. 그러니 섣불리 아히도벨을 보내지 말고 왕이 직접 온 나라 백성들을 불러 모으고 친히 전장에 나가야 합니다. 그리하면 왕이 소원하는 바를 이룰 수 있습니다.'

참으로 그럴 듯한 후새의 전략 전반입니다. 그러나 우리가 이미 알거니와 이것은 다윗을 위한 압살롬의 패망을 위한 전략입니다.

아히도벨의 짐작대로 사실 지금 다윗은 지쳐있습니다. 약해 있습니다. 그런데 1만 2천이나 되는 군사와 전쟁을 한다면 다윗도 당할 수 없습니다.

그것을 후새는 잘 알고 있었습니다. 그러므로 오히려 아히도벨의 전략을 역이용 합니다. 압살롬으로 하여금 직접 전장에 나가도록 유도하고 그 기회를 봐서 압살롬 하나를 죽이면 다윗이 승리를 거둘 수 있다는 판단입니다.

이 같은 후새의 전략을 들은 압살롬과 신하들은 아히도벨의 전략보다 후새의 전략이 더 좋다는 결론을 내리게 됩니다. 그것이 14절 내용의 앞부분입니다.

"압살롬과
온 이스라엘 사람들이 이르되
아렉 사람 후새의 계략은
아히도벨의 계략보다 낫다 하니"

그렇지만 사실 이 전략의 본질은 14절 후반 절입니다.

"이는 여호와께서 압살롬에게
화를 내리려 하사
아히도벨의 좋은 계략을
물리치라고 명령 하셨음이더라."

이와 같은 내용의 핵심이 무엇을 말하고 있겠습니까?

예! 그렇습니다. 모든 것은 하나님께서 하신다는 말씀입니다. 계획도 사람이 세우고 일도 사람이 진행하는 것이 본문입니다. 그러나 마지막 14절의 핵심 내용을 보면 하나님께서 압살롬에게 화를 내리시려고 아히도벨의 좋은 계략을 물리치도록 명령하셨다는 것입니다.

우리는 여기서 많은 묵상이 필요합니다. 우리의 모든 범사는 사람이 하는 것 같습니다. 그러나 배후에는 하나님의 섭리가 진행되고 있다는 것을 깨달아야 합니다. 이것을 깨달을 때 절대로 교만할 수 없습니다. 좌절할 수 없습니다. 왜냐하면 하나님께서 함께 하시기 때문입니다.

아히도벨의 기막힌 전략도 하나님께서 실패로 돌아가게 하셨습니다. 후새의 전략도 하나님께서 세워주시는 전략이었습니다. 하나님의 기름 부으심을 받은 다윗을 대적하려는 어리석은 인간들의 계획을 보시고 하나님은 웃으십니다.

아히도벨과 후새가 사용하는 용어를 보면 불의한 자와 의로운 자를 구분 할 수 있습니다. 아히도벨은 말끝마다 다윗입니다. 지도자를 향한 존경심이라곤 찾아볼 수 없는 치졸한 인격을 드러내고 있습니다.

그런데 후새는 말끝마다 왕의 아버지라고 말합니다. 지금 자신이 압살롬의 신하의 위치에 있으면서도 압살롬 앞에서 다윗을 명명할 때는 존경심이 담긴 표현을 합니다. '왕의 부친' 이라고 했습니다. '용사의 아들' 이라고 했습니다. '영웅' 이라고 했습니다.

말은 그 사람의 생각의 발현(發現)입니다. 그래서 말하는 것을 보면 그 사람의 됨됨이를 알 수 있습니다.

결과는 당연히 후새의 승리로 귀결됩니다. 아히도벨은 자신의 모사가 채택되지 않자 고향으로 돌아가 집을 정리하고 목을 매고 자살을 합니다. 모반의 수장 압살롬은 나무에 머리카락이 매달려 좇아오는 자의 창에 비참하게 생애를 마감합니다. 이렇게 그를 따르던 자들의 결과는 다 허망하게 끝났습니다.

그러나 이제는 끝났다 싶던 다윗은 다시 영광의 자리로 역전되어 되돌아옵니다. 다윗을 따르던 사람들도 함께 영광을 입습니다.

우리는 잠언 16:9의 말씀을 마음과 생각에 담아야합니다.

"사람이 마음으로
자기의 길을 계획할지라도
그의 걸음을 인도하시는 이는
여호와시니라."

1972년 한국을 방문하여 간증했던 제임스 어윈을 우리는 잘 알고 있습니다. 그는 아폴로 15호를 타고 인류 역사상 네 번째로 달에 착륙했던 사람입니다. 이전 착륙 자와는 달리 최초로 월면차를 타고 달의 탐사를 했습니다.

그가 임무를 마치고 지구로 귀환할 때였습니다. 우주선을 안전하게 착륙시키기 위해서는 대형 낙하산 세 개가 펼쳐져야 합니다. 그런데 낙하산이 두 개만 펴지고 하나는 펴지지 않았습니다. 미항공우주국 본부도 비상조치를 취했지만 소용이 없었습니다. 이제는 모든 것이 끝났다는 것이 결론이었습니다. 그 때 어윈은 하나님께 기도했습니다.

"하나님, 어리석고 연약한 인간이 전능하신 하나님의 도움을 구하기 위해 기도합니다. 도와주옵소서. 모든 것을 하나님 손에 맡깁니다."

기도를 끝내자 갑자기 회오리바람이 불었습니다. 효과는 낙하산 한 개와 똑같은 위력을 발했습니다.

이후 어윈은 전도자가 되었습니다. 1972년 한국을 방문한 그는 이렇게 간증했습니다.

"저는 그때 그 일이 하나님께서 행하신 일이라고 믿습니다. 하나님께서 기도를 들으시고 회오리바람을 일으키셨습니다."

하나님은 바람처럼 우리를 지켜주고 계십니다. 하나님께서 하십니다.

사무엘상 2:6~11을 우리 모두 경외의 마음으로 받들어 읽겠습니다.

"여호와는 죽이기도 하시고 살리기도 하시며
스올에 내리게도 하시고 거기에서 올리기도 하시는도다."
"여호와는 가난하게도 하시고 부하게도 하시며
낮추기도 하시고 높이기도 하시는도다."

"가난한 자를 진토에서 일으키시며
빈궁한 자를 거름더미에서 올리사
귀족들과 함께 앉게 하시며 영광의 자리를 차지하게 하시는도다
땅의 기둥들은 여호와의 것이라
여호와께서 세계를 그것들 위에 세우셨도다."
"그가 그의 거룩한 자들의 발을 지키실 것이요
악인들을 흑암 중에서 잠잠하게 하시리니
힘으로는 이길 사람이 없음이로다."
"여호와를 대적하는 자는 산산이 깨어질 것이라
하늘에서 우레로 그들을 치시리로다
여호와께서 땅 끝까지 심판을 내리시고 자기 왕에게 힘을 주시며
자기의 기름 부음을 받은 자의 뿔을 높이시리로다 하니라."

모든 것을 하나님께서 하십니다. 지금 여기서도 하나님께서 하고 계십니다. 그리고 앞으로도 우리의 모든 범사를 하나님께서 주관하시고 행하십니다. 아멘!

이 하나님 앞에 행하시는 하나님의 사람들이 되시기를 예수님의 이름으로 축복합니다. 아멘!

18
별 볼일 없는 사람이라도

"어떤 계집종은
저희에게 나와서 고하고
저희는 가서 다윗에게 고하더니"
〈사무엘하 17:15~23 중〉

SBS 오락프로그램의 '스타킹'을 모르는 국민은 없을 것입니다. 그 프로그램 가운데 '꿈을 향한 눈물겨운 도전, 기적의 목청 킹'은 시청자들의 눈시울을 젖게 하는 감동스토리를 만들어 낸 프로그램입니다. 그야말로 별 볼일 없는 사람들이 스타킹을 통해서 마치 진흙 속에 묻혀 있던 보석이 드러난 것 같은 모습으로 시청자들 앞에 나타났습니다.

그들 가운데 있었던 야식 배달부 김승일 씨를 우리는 기억합니다. 방송 관계자들뿐만 아니라 시청자들까지도 '패닉' 상태에 빠뜨렸던 사람입니다.

그가 유명한 오페라 아리아 '네순도르마'를 불렀을 때 김인혜 교수는 "도저히 앉아서 못 듣겠다."며 급기야 자리에서 일어나 노래를 들었고, 폭발할 듯한 고음의 하이라이트가 끝나자 스타킹 녹화장은 일순간 정적이 흘렀습니다. 이 감동적이었던 영상을 시청자들은 아직도 생생히 기억하고 있습니다.

이들의 공통점은 진흙 속에 묻힌 별 볼일 없던 사람들이었습니다. 그런 그들이 TV프로그램 스타킹을 통해 가치를 인정받는 보석의 삶을 살게 된 것입니다.

우리는 온 세계 인터넷을 후끈 달아오르게 했던 영국의 별 볼일 없던 청년 '폴 포츠(Paul Potts)'를 아직도 기억하고 있습니다.

세계적인 만화가 미국의 '찰스 먼로 슐츠(Charles Monroe Schulz)' 씨를 모르는 사람도 없을 것입니다. 그의 아버지는 이발사였습니다. 슐츠는 학창시절에는 열등생이었으며, 8학년 전 과목이 낙제생이었습니다. 지진아라 불리며 따돌림을 당하던, 그야말로 세상에서 '별 볼일 없는 존재'였습니다.

그런 그가 1950년 한 신문에 'peanuts (별 볼일 없는)'라는 만화를 게재하기 시작하면서 별 볼 일 있는 존재가 되었습니다. 그의 만화는 세계 75개국, 2,600여 개 신문에 50년 동안 21개 언어로 연재되었습니다. 별 볼일 없던 소년이 온 세계의 주목을 받게 된 그야말로 한 편의 드라마 같은 실제 이야기입니다.

우리나라 송명희 여사도 태어날 때부터 뇌성마비라는 정신 장애를 안고 태어난 별 볼일 없는 사람이었습니다. 그러나 하나님이 함께 하심으로 거룩하게 쓰임 받는 존귀한 사람이 되었습니다.

지금 여기 여러분 앞에 말씀을 전하는 저도 초등학교 때는 신발

한 번을 제대로 신어보지 못했던 사람입니다. 도시락 한번을 제대로 쌀 형편이 못되었고, 결핵환자가 되어 죽기만을 기다려야 했던 청년이었습니다. 스무 살 때까지 팬티 한 번을 입어보지 못했고, 약혼식 때는 넥타이마저도 빌려서 메야 했던 참으로 별 볼일 없던 존재였습니다.

그런데 하나님이 함께 하셔서 전국과 세계 곳곳의 부름을 받아 말씀사역을 하는 목사로서 존귀하게 되었습니다. 이 하나님, 나의 하나님은 너무도 좋으신 하나님이십니다.

이 글을 읽고 있는 여러분들도 마찬가지일 것입니다.

본문의 주인공이 되는 다윗도 정말 별 볼일 없던 사람이었습니다. 그런데 이 별 볼일 없던 한 소년이 세계역사의 센터에 세워지는 과정을 보면 참으로 하나님의 섭리가 놀랍다는 생각 외에는 할 수 있는 것이 아무 것도 없습니다.

성경 말씀을 읽으면서 느끼는 감동은 예나 지금이나 변함이 없습니다. 또한 하나님은 별 볼일 없는 사람들을 불러 위대하게 만들어 사용하신다는 사실에 언제나 감동합니다.

사랑하는 성도 여러분, 여러분이 별 볼 일 없는 사람입니까?

실망하지 마십시오. 별 볼일 없는 자일지라도 믿음이 있으면 하나님께서 사용하십니다. 별 볼일 없는 자일지라도 하나님은 기회를 주십니다. 별 볼일 없는 자일지라도 사욕(私慾)을 잊으면 하나님의 큰 일을 행하게 하십니다.

언제나 '한 사람을 찾으시는 하나님' 께 여러분이 발견되기를 힘쓰십시오. 하나님은 그사람에게 찾아오십니다. 그리고 놀라운 일을 행하게 하십니다.

이번 본문은 정말 별 볼일 없는 사람들이 이스라엘의 역사에 위대한 한 페이지를 기록하고 있는 것을 잘 보여 주는 말씀입니다. 역사를 참으로 아름답게 그려낸 그림 같은 이야기입니다.

앞부분 1~14절까지의 내용은 다윗을 죽이기 위한 아히도벨의 모략과 다윗을 살려내기 위한 후새의 모략이 한 판 승부를 겨뤘습니다.

그 뒤를 이은 이 본문은 후새의 첩보를 전달받은 다윗이 피신하는 내용입니다. 그리고 마지막 23절에 가서는 아히도벨이 자살을 하는 것으로 사건이 끝납니다.

이 본문 말씀을 보고 있노라면 하나님의 섭리가 정말 놀랍다는 생각을 하지 않을 수가 없습니다. 다윗이 후새의 첩보를 받고 압살롬을 피하는 과정에서 등장하는 인물들의 움직임을 보면 정말 기가 막힙니다. 즉 다윗을 살리기 위한 하나님의 섭리에 사용되는 사람들의 면면이 정말 별 볼일 없는 사람들이라는 사실입니다. 그 별 볼일 없는 사람들을 통해서 하나님의 역사가 진행되고 있습니다. 참으로 놀라지 않을 수 없는 사실이 본문에서 그림처럼 그려지고 있습니다.

이 놀랍고도 신기한 역사가 어떻게 전개되고 있는지 함께 살펴보겠습니다.

후새의 전략을 연락 받은 제사장 사독과 아비아달을 통해 다윗을 살려내는 전략에 등장하는 인물들은 첫째 제사장의 여종입니다. 이 여종이 요나단과 아히마아스에게 후새의 전략을 전달합니다.

요나단과 아히마아스가 이 전략을 연락 받고 다윗에게 전하려고 할 때 압살롬 편에 있는 한 청년으로 인해 이 사실이 압살롬에게 보고됩니다. 위기가 왔습니다. 이를 감지한 요나단과 아히마아스는 바후림의 어떤 집으로 들어가서 우물 속에 숨습니다.

그러자 그 집 여주인이 이들을 압살롬에게 신고하지 않고 숨겨줍니다. 우물에 뚜껑을 덮고 곡식을 널어놓아 감쪽같이 위장을 합니다. 곡식을 널어놓은 우물 속에 요나단과 아히마아스가 숨었을 것이라고는 누구도 생각지 못합니다. 그렇게 이들을 살려냅니다. 만약 이 두 사람이 발각되면 다윗의 생명도 위험해진다는 것은 불을 보듯 자명한 상황입니다.

압살롬의 종들이 바후림 여인의 집으로 들이닥쳐 여주인에게 요나단과 아히마아스의 숨은 곳을 대라고 윽박지릅니다. 그러자 여인은 능청스레 말합니다. "그들이 시내를 건너가더라." 거짓말을 한 것입니다.

압살롬의 군사들이 철수한 후 요나단과 아히마아스는 우물에서 나와 다윗에게 달려갑니다. 그리고 후새의 전략을 보고하며 빨리 요단을 건너기를 종용합니다.

보고를 받은 다윗은 일어나 자신을 따르는 모든 자를 데리고 새벽에 요단을 건너 무사히 빠져나갑니다.

그리고 본문 마지막 23절에서는 아히도벨이 자신의 모략이 실패로 돌아가게 된 것을 알고 고향으로 돌아가 스스로 목매어 자살하는 것으로 앞부분의 상황과 연계하여 악의 축에 섰던 자의 말로를 대조하여 기록함으로 본문이 끝납니다.

여기에 등장하는 사람들의 공통점은 모두가 별 볼일 없는 사람들이라는 것입니다. 특히 제사장의 여종과 바후림의 어떤 집의 여인이 그렇습니다. 그러나 이들이 다윗의 생명을 살리는데 참으로 존귀하게 사용되었다는 것이 오늘의 메시지입니다.

이 메시지는 우리에게 많은 것을 생각하게 하고 또 교훈을 줍니다. 즉 세상에서는 별 볼일 없는 사람일지라도 하나님을 위해서는 할 일이 있다는 것입니다.

후새의 전략이 다윗에게까지 전달되는 과정에 등장하는 인물은 모두 여섯 사람입니다. 제사장 사독과 아비아달, 제사장 집안의 여종, 요나단과 아히마아스, 바후림의 이름 없는 어떤 여인이 그들입니다.

이 사람들 가운데 특히 여종과 바후림의 여인에 대해 주목해 보려고 하는데 17:17 말씀을 근거로 보겠습니다.

"그 때에 요나단과 아히마아스가
사람이 볼까 두려워하여
감히 성에 들어가지 못하고
에느로겔 가에 머물고
어떤 여종은 그들에게 나와서 말하고
그들은 가서 다윗 왕에게 알리더니"

당시 압살롬의 철통같은 삼엄한 경비 속에서 남자가 성 밖으로 나간다는 것은 참으로 위험천만한 일이었습니다. 요즘 현대식으로 말하면 비상계엄령이 선포된 때입니다. 보십시오. 남자들이 무서워서 감히 성에 들어가지도 못했다고 기록하고 있습니다. 얼마나 경비가 삼엄한지 느낄 수 있지 않습니까? 그러니 그것보다 위험한 일이 없습니다.

물론 이 때는 여자들의 움직임도 감시의 대상이 됩니다. 그러나 남자들 보다는 덜하다는 것입니다. 특히나 물을 깃는 여종이라면 더더군다나 경계를 소홀히 합니다. 그런데 그렇게 하찮은 취급을 받는 여종이 성을 빠져나가 생명을 살리는 역할을 하게 되었습니다. 참 멋진 여인이지 않습니까? 생명을 건 여인입니다. 그러니 이 여종의 역할이 얼마나 귀한 것인가를 새삼 주의하여 보지 않을 수 없습니다.

또한 바후림의 어떤 집 여주인의 역할도 마찬가지입니다. 이 여인은 또 얼마나 지혜롭게 행하는지 모릅니다. 여인들의 지혜는 참으로 보배롭습니다. 그 모습이 19절입니다.

"그 집 여인이 덮을 것을 가져다가
우물 아귀를 덮고
찧은 곡식을 그 위에 널매
전혀 알지 못하더라"

예, 그렇습니다. 이 모든 것은 하나님의 섭리 안에서 진행됩니다. 그러나 그 하나님의 섭리에 특별히 쓰임 받은 이 두 여인의 역할은, 하나님의 일을 수행하는데 있어서 결정적으로 중요한 사역이 되었습니다.

여기서 깨닫는 것이 있습니다. 비록 주어진 형편이 남들이 볼 때 별 볼일 없는 상황에 놓인 사람일지라도 하나님의 일을 하는 데는 아무 문제가 없다는 사실입니다. 하나님은 그 존재, 그 사람의 주어진 상황을 그대로 들어 사용하신다는 것입니다. 비록 나는 별 볼일 없는 사람일지라도 하나님 편에서 일을 하면 큰 역사를 이루는 주인공이 되는 것입니다.

그러므로 좌절할 필요가 없습니다. 낙심할 필요도 없습니다. 주어진 시간들을 열심히 선을 행하며 소망 중에 기뻐하며 행복하게 사십시오. 그러면 하나님께서 영광을 받으십니다. 하나님께서 보고 계시지 않습니까.

여기서 우리가 간과하지 말아야 할 것이 또 있습니다. 그것을 살펴보겠습니다.

첫째, 선하고 옳은 일을 위해서는 목숨도 아끼지 않는 순교자적인 각오가 있어야 합니다.

후새의 전략을 요나단과 아히마아스에게 전달하는 제사장 집의 여종의 역할도 생명을 건 용기 있는 결단이었습니다.

다윗에게 후새의 전략을 전하려는 요나단과 아히마아스의 역할도 생명을 무릅쓴 순교자적인 각오였습니다. 만약 도중에 압살롬의 사람에게 발각되어 체포되기라도 한다면 교수형에 처해지지 않겠습니까?

더욱 대단한 사람이 있습니다. 숨어들어온 요나단과 아히마아스를 압살롬에게 신고하면 엄청난 유익을 얻을 수 있는 바후림의 이 여인입니다. 자신이 얻을 손익계산이 되는 상황입니다. 그러나 이 여인은 선과 의를 따랐습니다. 그리고 하나님 편에서 일을 했습니다. 이런 바후림의 여주인의 결단도 참으로 대단했습니다.

이 모든 것은 모두 하나님께서 하시는 일입니다. 그리고 이들은 영광의 쓰임을 받아 수 천 년이 지나는 오늘도 우리에게 본이 되고 있습니다.

둘째, 하나님의 하시는 일에
선하고 의로운 도구로 쓰임 받는 사람이 복 받은 사람입니다.

사도바울은 사도행전 20:24을 통해서 이렇게 고백했습니다.

"내가 달려갈 길과 주 예수께 받은 사명
곧 하나님의 은혜의 복음을
증언하는 일을 마치려 함에는 나의 생명조차
조금도 귀한 것으로 여기지 아니하노라."

위대한 사명수행을 위한 참으로 거울이 되는 말씀입니다. 예수 그리스를 위하여 능욕을 받는 것도 감사하고, 예수 그리스도를 위하여 죽는 것도 행복이라는 고백이, 그 순교자적인 각오가, 사도 바울의 마음을 나태하도록 가만두지 않았다는 고백이었습니다.

선하고 옳은 일을 하려면 목숨도 아깝게 여기지 않는 순교자적인 각오가 있어야 합니다. 그렇지 못할 때 그 결과는 실로 무섭다는 것을 본문 23절이 보여주고 있습니다.

"아히도벨이
자기 계략이 시행되지 못함을 보고
나귀에 안장을 지우고 일어나
고향으로 돌아가 자기 집에 이르러
집을 정리하고 스스로 목매어 죽으매
그의 조상의 묘에 장사되니라."

기회주의자의 거울이 된 아히도벨은 이렇게 비참한 일생을 마무리 했습니다.

성경역사에서 내가 별 볼일 있는 사람이라고 뽐내는 사람을 하나님께서 사용하신 적이 있었습니까?

없습니다. 하나님께서 사용하시는 사람은 신기하게도 '나는 못났다, 무능력하다, 아무것도 할 수 없다, 별 볼일 없는 사람이다'라는 사람들이었습니다.

하나님은 그런 사람을 찾으십니다. 그런 겸손한 사람을 택하여 사용하십니다. 고린도전서 1:27~29절이 그것을 증명하고 있습니다.

"하나님께서 세상의 미련한 것들을 택하사
지혜 있는 자들을 부끄럽게 하려 하시고
세상의 약한 것들을 택하사
강한 것들을 부끄럽게 하려 하시며
하나님께서 세상의 천한 것들과
멸시 받는 것들과 없는 것들을 택하사
있는 것들을 폐하려 하시나니
이는 아무 육체도 하나님 앞에서
자랑하지 못하게 하려 하심이라."

그렇습니다. 하나님은 언제나 별 볼일 없는 사람들을 택하셔서 잘난 사람들을 부끄럽게 하십니다. 그것은 오늘도 마찬가지입니다.

놀라운 것은 성공하는 사람들의 공통점은 지식 있는 사람이 아니라 지혜 있는 사람이라는 사실입니다. 지식은 배워서 습득하는 것이지만 지혜는 하나님이 주시는 것으로 습득합니다.

하나님이 주시는 그 지혜를 받는 비결이 무엇인지 아십니까? 잠언 9:10입니다.

"여호와를 경외하는 것이 지혜의 근본이요

거룩하신 자를 아는 것이 명철이니라."

세상 지식이 있다고 뽐내는 사람들은 자기가 배워서 습득한 지식으로 일을 합니다. 그러나 하나님을 경외함으로 받은 지혜가 있는 사람들은 하나님의 방법으로 일을 합니다. 결과는 비교할 수 없도록 차이가 날 수밖에 없습니다.

목회도, 기업 경영도, 정치도 모두 그렇습니다. "내가 이런 사람이다." 라고 폼을 잡는 사람치고 결과가 좋은 사람은 거의 없습니다. 그러나 "나는 부족합니다." 라고 하는 사람의 마지막은 항상 아름답고 축복된 것입니다.

세상의 지식이 없는 사람보다는 있는 사람이 훌륭한 사람입니다. 그러나 지식은 있고 지혜가 없으면 그는 지식이 없고 지혜가 있는 사람만 못합니다.

그러므로 더 훌륭한 사람은 지식 위에 하나님이 주시는 지혜를 플러스 한 사람입니다.

사도 바울은 이것을 깨달았습니다. 예수님을 만나기 전에는 세상의 명문대학, 가문, 명예와 권세, 세상의 모든 사람들이 부러워하는 것들을 자랑했습니다. 그러나 다메섹 도상에서 예수님을 만난 이후에 그 모든 것이 바뀌었습니다. 자신을 덮고 있는 그 배경이, 그 너울이, 예수 그리스도라는 천국대학과는 비교조차 할 수 없이 초라한 것이라는 사실을 깨달았습니다. 그래서 그는 빌립보서 3장에서 목이 터져라 외쳤습니다.

인간적인 자랑을 하려면 나도 누구보다 더 자랑할 것이 있습니다. 출생한지 8일 만에 할례도 받았습니다. 이스라엘의 족속이면서 베냐민의 지파로써 족보로는 적통인 히브리인 중의 히브리인입니다. 율법적으로 말하면 나보다 더 훌륭한 바리새인은 없는, 그야말로 율법으로 따지면 흠이 없는 사람입니다. 그런데 그와 같은 모든 것, 무엇이든지 내게 유익하던 모든 것을 해로 여깁니다.

왜냐하면 나는 내 주 그리스도 예수를 아는 지식이 가장 고상하다는 것을 깨달았기 때문입니다. 그렇기 때문에 나는 예수님을 위하여 나의 자랑스럽게 여기던 그 모든 것을 배설물로 여겨 버렸습니다. 이유는 오직 하나뿐입니다. 나는 예수님이 나를 알아주시는 것, 그 이외의 것은 모두 헛된 것임을 알았기 때문입니다.

이렇게 고백한 바울은 그날부터 바보처럼 살았습니다. 사람들 눈에 실패한 자처럼 고난과 역경과 환난을 당하면서 살았습니다. 그런 바울이었지만 그는 이 세상 그 누구보다도 행복했습니다.

그것이 어찌 행복일 수 있느냐고요?

예! 행복입니다. 왜냐하면 예수님이 함께 하시기 때문입니다.

이것을 믿습니까?

이것을 믿으면서 세상의 것을 자랑하는 사람이 진짜 바보입니다.

별 볼일 없는 사람이지만 하나님께서 손잡아 주시면 존귀한 사람이 됩니다.

믿음의 조상으로서 복의 근원이 되는 은혜를 입은 아브라함은 데라의 아들로서 정말 별 볼일 없는 자였습니다.

기드온도 시골집에서 보리타작을 하는 별 볼일 없는 자였습니다.

아모스도 뽕나무 밭에서 일하는 별 볼일 없는 자였습니다.

엘리사도 소를 몰고 시골에서 밭갈이 하던 별 볼일 없는 자였습니다.

다윗도 이새의 말째 아들로 들판에서 양이나 치던 별 볼일 없는 자였습니다.

베드로도 갈릴리 호수에서 고기나 잡던 별 볼일 없는 자였습니다.

신기한 것은 성경의 위대한 인물의 공통점은 모두가 '별 볼일 없는 사람들이었다'는 사실입니다. 그런데 그들에게 하나님께서 다가가셔서 어루만지시고 손잡아 주시자 모두가 위대한 역사의 주인공들이 되었습니다.

우리교회에도 정말 소위 잘 난 분들이 많이 계십니다. 그럼에도 교회가 이렇게 좋은 교회로 성장하는 것은 그분들이 항상 "나는 주님 앞에서 부족합니다." 라는 마음을 가지고 하나님 앞에서 교회 생활을 하시기 때문입니다.

또 여러 면으로 보면 정말 별 볼일 없는 연약하고 쓸모없는 사람같아 보이는 성도들도 하나님께서 어루만져 주심을 느끼면서 감동하고 거기서 주님 앞에 최선을 다해 헌신하는 분들이 계시기 때문입니다.

하나님이 사랑하시는 믿음의 성도 여러분! 힘드실 때가 있으시지요? 아프고 외롭고 답답하고 속상하며 억울하고 좌절감에 빠질 때가 있으시지요?

괜찮습니다. 낙심하지 마십시오. 슬퍼하지 마십시오. 좌절하지 마십시오. 여러분이 그렇게 하나님 앞에 앉아 있을 때에 하나님은 조용히 다가오십니다. 그리고 그 다정한 능력의 손을 내미시면서 말씀하십니다.

"사랑하는 자야 내 손을 잡아라."

그 손을 잡을 때 일어섭니다. 치유됩니다. 외롭지 않습니다. 답답함이 풀립니다. 억울함도 풀립니다. 회복됩니다. 생명을 얻습니다.

당신이 별 볼일 없는 자입니까?

주님은 그런 당신에게 오셔서 손을 내미십니다. 지금, 여기 이 자리에서, 그 주님의 손을 잡으시는 복된 성도가 되시기를 예수님의 이름으로 축복합니다. 아멘!

19
선한 동역자들

"이는 그들 생각에
백성이 들에서 시장하고
곤하고 목마르겠다 함이더라"
〈사무엘하 17:24~29 중〉

'동역자(同役者, Fellow worker)'라는 말은 참으로 마음이 따뜻해지고 행복해지는 단어입니다.

이 단어는 헬라어로는 "sunergov(수네르고스)"라는 단어가 사용되는데 영어의 Fellow worker, 즉 '함께 일하는 사람'이라는 뜻입니다. 그런데 '수네르고스'가 갖고 있는 본래의 의미를 이해하지 못하면 진정한 동역자의 의미를 알지 못하며, 그 사역에 대한 바른 헌신이 이루어질 수 없습니다. 왜냐하면 이는 동역이 주역(主役)의 관계가 아닌 동등한 입장에서 보다 높은 목적 달성을 위해 협동하여 일한다는 뜻을 나타내는 말이기 때문입니다.

이 말의 진정한 의미를 보다 바르게 이해할 수 있는 곳은 바울 사도가 쓴 서신에 나타난 동역자들인 사람들, 그 이름의 모습들을 통해서 입니다.

바울이 이 용어를 사용한 것은 복음을 위해 수고한 사람들의 따뜻한 마음을 드러낸 사랑과 감사의 깊은 뜻이 담겨 있습니다. 그러므로 바울이 동역자로 명명한 사람들이 누구인가를 살펴보면 그 의미를 더욱 이해하기가 쉽습니다.

브리스가와 아굴라(롬 16:3), 우르바노(롬 16:9), 디모데(롬 16:21, 살전 3:2), 아볼로(고전 3:6), 디도(고후8:23), 에바브로디도(빌 2:25), 아리스다고와 마가와 유스도(골 4:10,11, 몬 1:24), 빌레몬(몬 1:1) 등입니다.

이 사람들의 공통점은 진리를 위해 함께 수고하고 복음사역을 위해 함께 일한 사람들입니다. 사도 바울의 복음전도 사역에 아낌없는 마음으로 물질과 시간과 다양한 여건을 통해 동역했던 사람들입니다. 바로 이들의 삶이 '선한 동역자들'의 삶이었습니다.

어떤 거지가 큰 부자인 랍비의 집 대문 기둥에 등을 비벼대며 긁고 있었습니다. 이것을 목격한 부자 랍비는 그를 불쌍히 여겨 데려다 목욕을 시키고 옷을 갈아입히고 먹을 것을 주어 보냈습니다.

이튿날 이 이야기를 들은 어떤 거지부부가 어제의 그 거지처럼 부자 랍비의 집 대문 기둥에 등을 비비기 시작하였습니다. 이를 보게 된 랍비는 그들을 잡아들여서 실컷 매를 때리고 쫓아냈습니다. 거지부부가 쫓겨나면서 불공평하다고 불평하자 랍비는 이렇게 대답하였습니다.

"어제의 거지는 혼자이니 기둥에 비벼서 긁을 수밖에 없었지만 너희는 둘이니 서로 긁어줄 수 있지 않느냐?"

동역의 의미를 참 잘 표현한 이야기입니다.

'함께'라는 의미가 부여될 때는 높고 낮음이 아닙니다. 앞과 뒤가 아닙니다. 나란히 함께 하는 것입니다. 그야말로 하나입니다. 상명하복이 아닌 목적을 향한 동행만 있을 뿐입니다. 그것이 진정한 동역입니다. 이해관계를 따져서 득실로 인하여 결과를 내려고 하는 것은 동역에서는 있을 수 없습니다. 이런 관계가 바로 복음의 동역입니다.

복음의 동역자들의 삶의 내용을 들여다보면 참으로 감동입니다. 왜 그런가를 하나씩 살펴보겠습니다.

첫째, 자기 방식이 아닌 하나님 방식으로 살았습니다.

그들에게도 아픔과 속상함이 있었습니다. 손해도 있었습니다. 그러나 그 모든 것을 수용하면서 모든 삶의 기준을 하나님으로 삼고 살았습니다.

노아처럼 바보 취급을 당해도 우리는 올곧게 하나님의 방식만을 고집해야 합니다.

둘째, 시기하지 않았습니다.

다른 말로 표현하면 자신의 자존심을 버렸다는 것입니다. 주님의 일을 하면서 자존심을 세워서 이루어지는 것은 아무것도 없습니다. 그런 결과는 언제나 마지막이 아름답지도 역사에 남겨지지도 않는 치졸스러운 것일 뿐입니다. 그래서 성경은 항상 낮은 곳에 마음을 두라고 권고하는 것입니다.

하나님의 동역자는 질투하지 않습니다. 하나님의 사람은 이웃과 경쟁하지 않습니다. 진정한 하나님의 동역자는 오직 연약한 자기 자신과 경쟁할 뿐입니다.

셋째, 동역자는 절대 다투지 않았습니다.

이 말은 동역하면서 우위를 따지지 않았다는 말입니다. 하나님의 동역자는 선과 후의 우위를 가르는 기준을 두지 않습니다. 세상일은 우위를 따지지만 하나님의 일을 하는 동역자는 오직 동등한 자격으로 일을 할 뿐입니다.

이 본문에도 이와 같은 사람들이 등장합니다.

사건의 내용은 마하나님이라는 곳에서 일어났습니다. 마하나임은 가드 지파에 속한 레위 사람들의 성읍이었습니다. 이 성읍은 이스보셋이 행정 도시로 삼았던 성읍입니다(2:8). 그런데 다윗은 이 성을 본부로 삼고(24절), 여기서 반역의 아들 압살롬과 대치할 군사를 훈련하였습니다. 그곳 사람들은 다윗이 도착했을 때 환영하며 친절히 맞아주었습니다.

속히 요단을 건너라는 후새의 밀사들의 연락을 받은 다윗은 자기를 따르는 자들을 한 사람도 빠뜨리지 않고 모두 인솔해서 요단을 건너 이 마하나임에 이르렀습니다.

25절을 보면 압살롬은 아버지 다윗이 예루살렘에서 쫓겨난 것으로 만족하지 않고 완전히 없애버리려고 작심을 했습니다. 그래서 새로운 군사령관으로 아마사를 임명하고 길르앗 땅으로 나아갑니다. 그곳에 진을 치고 아버지를 추격하였습니다.

마하나임에는 다윗이 진을 치고 길르앗에는 압살롬이 진을 치고 부자가 서로 대치하는 상황이 전개되었습니다. 참으로 가슴 아픈 광경이 연출되고 있습니다.

다윗이 진을 치고 있는 이 마하나임에는 복 받은 사람들이 살고 있었습니다. 다른 말로 표현하면 다윗의 동역자, 보다 영적으로 이해하면 하나님의 동역자들이 거기에 살고 있었다는 것입니다.

27절을 보면 그 이름들이 기록되어 있습니다. 나하스의 아들 '소비', 암미엘의 아들 '마길', 길르앗 사람 '바르실래'가 그들입니다.

이들에게 있는 공통점은 '하나님의 복을 받은 사람들'이라는 것입니다. 복 받은 이유를 주목하여 살펴보면 두 가지로 나타납니다.

1. 좋은 부모와 자식의 관계로 복을 받았습니다.

그 내용을 좀 자세히 살펴보겠습니다. 먼저 27절을 함께 보겠습니다.

"다윗이 마하나임에 이르렀을 때에
암몬 족속에게 속한 랍바 사람
나하스의 아들 소비와

로데발 사람 암미엘의 아들 마길과

로글림 길르앗 사람 바르실래가"

성경에서는 자식이 어떠냐에 따라 그 부모의 이름이 연계되어 기록된 것을 볼 수 있습니다.

이삭이 복 받은 사람인 것을 우리는 잘 알고 있습니다. 그런데 성경은 이삭을 이야기할 때마다 항상 '아버지 아브라함'을 거론하고 있습니다. 창세기 26:24을 보겠습니다.

"그 밤에 여호와께서

그에게 나타나 이르시되

나는 네 아버지 아브라함의 하나님이니

두려워하지 말라

내 종 아브라함을 위하여

내가 너와 함께 있어 네게 복을 주어

네 자손이 번성하게 하리라 하신지라."

아버지 때문에 아들이 복을 받게 된다는 말씀입니다.

이번 본문을 주목하여 볼 이유가 바로 이것입니다. '소비'를 이야기 하는데 아버지 이름을 앞세웠습니다. "암몬 족속에게 속한 랍바 사람 나하스의 아들 소비"라고 했습니다. '마길'을 이야기 하는데 "로데발 사람 암미엘의 아들 마길"이라고 합니다.

선행을 하고 하나님의 복을 받은 사람을 이야기하는데 아버지의 이름을 앞세웠습니다. 이것이 무엇을 의미하는지 아시겠습니까?

'이렇게 훌륭한 사람의 아버지가 아브라함이요, 이렇게 훌륭한 사람의 아버지가 나하스며 암미엘이다' 라는 말입니다.

좋은 자식은 부모의 면류관입니다. 관련 구절을 몇 곳 살펴보겠습니다. 먼저 시편 127:3~4입니다.

"보라 자식들은 여호와의 기업이요
태의 열매는 그의 상급이로다.
젊은 자의 자식은
장사의 수중의 화살 같으니"

잠언 17:6입니다.

"손자는 노인의 면류관이요
아비는 자식의 영화니라."

복 받은 경우만 그렇겠습니까? 아닙니다. 패역한 자식에 대하여 말씀하실 때도 역시 부모의 이름을 앞세웠습니다.

여호수아 7장에 기록된 말씀에도 있습니다. 아간이 범죄를 하였는데 그 조상 5대까지 이름을 기록하고 있습니다. 즉 지금 여기서 범죄한 아간을 이야기 하는데 조상 5대의 이름을 기록했다는 말씀입니다. 여호수아 7:18 말씀을 보겠습니다.

"유다 지파 세라의 증손이요
삽디의 손자요 갈미의 아들인
아간이 뽑혔더라."

잠언 29:15입니다.

"채찍과 꾸지람이 지혜를 주거늘
임의로 행하게 버려 둔 자식은
어미를 욕되게 하느니라."

그렇습니다. 자식은 부모의 기쁨이 되어야 합니다.

이번 본문의 다윗을 돕고 다윗의 역사에 크게 기여한 소비와 마길은 그들의 선한 행위로 부모의 이름을 높였습니다.

바르실래와 그 자식들의 관계도 주목할 부분입니다. 바르실래에게는 김함이라고 하는 아들이 있습니다. 이 김함을 다윗이 예루살렘을 회복하고 나라를 평정한 다음 환궁을 할 때 데리고 갑니다. 그리고 그를 도와주며 키워서 훌륭한 사람이 되게 합니다. 아버지의 선행 덕분에 아들이 잘 되었습니다. 이로 인해 당연히 아버지 바르실래의 이름도 높여졌습니다.

부모들에게 기쁨이 되고 영광이 되는 자녀, 그리고 자녀들에게 기뻠이 되는 부모는 땅에서 복 받은 사람들입니다.

교회도 마찬가지입니다. 교인들 때문에 목사의 이름이 높여지는 경우를 많이 경험합니다. 여러분들이 밖에서 신앙생활을 잘하여 제가 듣는 말이 있습니다.

"역시 서임중목사님 말씀을 먹고 자라니까 그렇게 훌륭한 장로님이 되셨군요."

저는 잘 한 것이 없습니다. 그런데 여러분이 잘하심으로 인해 제 이름이 높여진 것입니다.

그리고 종종 여러분의 고백을 들을 때도 있습니다.

"어디 어디 가서 인사를 하는데 '와– 포항중앙교회요? 서임중 목사님 시무하시는 교회지요?"

그러면서 더욱 반갑게 영접하고 환영하며 대접을 받았다는 이야기를 들을 때면 결코 듣기 싫지 않습니다.

가정에서나 교회에서나 좋은 부모, 좋은 자식, 좋은 지도자, 좋은 공동체로서의 일원이 되어야 합니다. 그것이 복 받은 사람들입니다.

2. 작은 자에게 선을 베풀어 복을 받았습니다.

작은 자를 이해하시지요?

'지금 나의 도움이 필요한 사람'이 작은 자입니다.

27절의 앞부분은 놓치지 말아야 할 내용입니다. "다윗이 마하나임에 이르렀을 때에"라는 말씀입니다. 이 '때'는 다윗이 그야말로 지치고 지친 상태로 마하나임에 이르렀을 때였습니다. 그를 따르는 백성들은 더 말 할 필요도 없는 상황입니다.

이런 때에 소비와 마길과 바르실래, 이 세 사람이 다윗에게로 왔습니다. 그들은 빈손으로 오지 않았습니다. 침상과 대야와 질그릇 등의 생활용품을 들고 왔습니다. 난을 피하여 급하게 떠나온 그들에게 꼭 필요한 것들을 제공했습니다. 뿐만 아니라 밀과 보리, 밀가루와 볶은 곡식, 콩과 팥과 볶은 녹두와 같은 양식들을 가지고 왔습니다. 얼마나 마음이 따뜻한 사람들인지 모릅니다. 게다가 그들은 꿀과 버터와 양과 치즈까지 가져다가 먹게 해 주었습니다. 참으로 극진했습니다.

이렇게 극진히 대접을 하는 그들의 마음을 한 눈에 이해할 수 있는 구절이 있습니다. 29절 하반 절입니다.

"이는 그들 생각에
백성이 들에서 시장하고
곤하고 목마르겠다 함이더라."

이 구절은 참으로 가슴이 따뜻해지는 구절입니다. 우리의 삶에 있어 정말 중요한 부분입니다.

다윗이 도와달라고 요청을 한 것이 아니었습니다. 자기들이 생각할 때 이러이러한 도움이 필요하겠다 싶어 자발적으로 도와주었다는 것입니다.

바로 이것이 수준 높은 섬김입니다. 이해관계를 뛰어넘은 봉사입니다. 이것이 후일 다윗의 역사를 이루어내는데 큰 대목이 되었습니다. 한마디로 요약하면 이들은 다윗의 선한 동역자들이 된 것입니다.

일본 대지진으로 인해 일본 사람들이 작은 자들이 되었을 때 한국은 세계 어느 민족보다 앞장서서 도왔습니다. 한국이 복을 받는 이유가 바로 여기 있습니다.

냉수 한 그릇은 별 것이 아닙니다. 그러나 갈증을 느낄 때는 그 어떤 것보다도 그것은 귀합니다. 밥도 먹을 것이 있을 때는 귀하지 않습니다. 그러나 배가 고플 때의 한 그릇의 밥은 세상의 그 어떤 비싼 음식보다 귀합니다.

사랑도 마찬가지입니다. 내가 지쳐 있을 때에 따뜻하게 감싸주는 그 사랑은 세상의 그 어떤 빛보다 더욱 빛납니다. 똑같은 말이라도 꼭 해야 할 때 하는 그것이 더없이 중요합니다.

마태복음 25장에는 예수님의 양과 염소의 비유가 나옵니다. 그 비유의 의미는 두 가지입니다. 하나는 '작은 자' 라는 의미입니다. 그리고 또 하나는 '때' 의 의미입니다.

소비와 마길과 바르실래가 다윗과 그 일행들에게 베푼 것은 크게 대단한 것이 아니었습니다. 그저 그들에게 있는 것으로 최선을 다해 피난을 온 이웃을 섬겼습니다. 그러나 그것이 다윗에게는 참으로 큰 도움이 되었습니다.

당연히 다윗은 모든 상황이 평정 되었을 때 이들에게 입은 사랑을 잊지 않고 후대합니다. 그 또한 감동 스토리입니다.

그 중에 한 이야기만 먼저 가져와 보겠습니다. 상황은 다윗에게 은혜를 베풀었던 바르실래가 늙어 어려울 때 그와 주고받은 말입니다. 사무엘하 19:35에 보면 바르실래는 이제 늙고 힘이 없습니다.

"내 나이가 이제 팔십 세라
어떻게 좋고 흉한 것을
분간할 수 있사오며
음식의 맛을 알 수 있사오리이까?
...중략...
어찌하여 종이 내 주 왕께
아직도 누를 끼치리이까"

이런 바르실래의 말을 들은 다윗의 대답은 참으로 눈시울을 젖게 합니다. 오고 가는 말이 어쩌면 이리도 다정하고 간곡한지요. 사무엘하 19:33입니다.

"왕이 바르실래에게 이르되
너는 나와 함께 건너가자
예루살렘에서 내가 너를 공궤하리라."

그리고 자신은 늙어서 갈 수 없다는 바르실래의 말을 따르는 38절의 다윗의 대답입니다.

"왕이 대답하되
김함이 나와 함께 건너가리니
나는 네가 좋아하는 대로
그에게 베풀겠고
또 네가 내게 구하는 것은
다 너를 위하여 시행하리라 하니라."

이런 친구, 이런 관계, 이런 대화는 참으로 눈물겹도록 아름다운 것입니다.

어제 힘이 있던 때, 어제 넉넉하던 때, 마하나임에서 다윗에게 선을 베풀었던 바르실래는 오늘 힘이 없게 된 때, 오늘 늙어 병들었을 때, 힘이 있게 된 왕 다윗에게서 이렇게 극진한 섬김과 사랑을 받게 된 것입니다.

돈이 많은 것은 나쁜 것이 아니라 좋은 것입니다. 그러나 그것을 잘 쓸 줄 알아야 복이 됩니다. 명예와 권세와 세상적인 힘이 나쁜 것은 아닙니다. 그러나 그것을 잘 사용할 줄 알아야 복이 됩니다.

교만한 마음으로 섬기고 베풀고 나누는 것은 화를 부릅니다. 베풀고 섬기고 나눌 때는 지극히 낮은 마음으로 섬겨야 복이 됩니다.

그리고 더욱 중요한 것은 나누고 베풀고 섬길 때는 '때'를 놓치면 안 된다는 것입니다. 필요할 때 필요를 채우는 때가 축복의 때입니다.

사랑하는 성도 여러분! 하나님께서 여러분의 손에 주신 것이 무엇입니까? 무엇이 여러분께 있습니까?

그것을 사용할 때를 아는 지혜자들, 복된 하나님의 사람들이 되시기를 예수님의 이름으로 축복합니다. 아멘!

20
사랑하는 마음

"왕이 요압과 아비새와 잇대에게 명령하여 이르되
나를 위하여 젊은 압살롬을 너그러이 대우하라 하니"
〈사무엘하 18:1~8 중〉

요즈음 '세시봉'이 인기라고 합니다. 어쩌면 알아듣지도 못할 가요, 국적도 불분명한 요즈음 가요계의 노래에 식상해진 사람들이 옛 노래가 그립고 그 가사가 마음에 와 닿기 때문에 일어나는 현상인지도 모릅니다.

세시봉의 멤버인 김세환 씨가 부르고 송창식 씨가 작사 작곡한 '사랑하는 마음'이라는 노래가 있습니다.

사랑하는 마음보다 더 좋은 건 없을 걸
사랑받는 그 순간보다 흐뭇한 건 없을 걸
~~~~~~~
천만번 또 들어도 기분 좋은 말 사랑해
~~~~~~~

사랑하는 마음보다 신나는 건 없을 걸
밀려오는 그 순간보다 포근한 건 없을 걸

통기타 하나로 연주하는 그 멜로디와 노랫말이 잔잔하게 마음을 파고들며 듣는 이들로 하여금 깊이 가라앉은 감정을 퍼 올리게 합니다.

왜 요즘 세시봉이 인기일까요?

아이돌 빅뱅의 멤버들이 한 말이 답을 줍니다. "전자음에 우리도 지치고 대중도 귀가 아플 겁니다." "사운드는 현대적이되 멜로디와 가사에는 아날로그 감성을 담아 현대와 옛 것을 섞는 음악을 하고 싶습니다."

이 말은 오늘의 대중문화의 trend가 디지털 문화인 것은 틀림없지만, 그럼에도 아날로그의 가치를 무시할 수 없다는 것을 그렇게 표현하고 있는 것입니다.

그것이 어디 대중문화만 그렇겠습니까. 교회의 모든 분야도 마찬가지입니다.

언제부터인가 한국교회도 열린 예배라는 이름으로 소위 국적 없는 예배 형태가 유행처럼 되어가고 있습니다. 마치 그렇게 하지 않으면 목회가 도태(淘汰)현상에 이르지 않을까 걱정하면서 대부분의 목회 현장은 열린 예배라는 이름으로 예배가 열리고 있습니다.

비유가 맞는지는 모르겠지만 열린 예배를 디지털 예배로 정의한다면 전통예배를 아날로그 예배로 정의해 봅니다.

중요한 것은 열린 예배를 통해 하나님 앞에 나아가는 성도들의 마음에는 아날로그적 예배에 대한 그리움이 일고 있다는 것입니다. 서서히 다시 복고(覆考)를 떠올리며 그쪽으로 향하고 있다는 것입니다.

이번 본문 말씀의 주안점은 우리의 모든 신앙과 삶의 중심이 '사랑하는 마음'이 근간이 되어야 한다는 것입니다. 다시 말씀드리면 상황에 따라 변질되는 것이 아니라 변함없는 사랑이 우리 심령에 깊이 뿌리를 내린 믿음의 본질이 되어야 한다는 것입니다.

그런 의미의 중요한 메시지가 이번 본문에 있습니다. 그것이 곧 다윗의 마음입니다. 다윗의 마음은 꼭 하나님의 마음과 같았습니다. 그 하나님의 마음을 한 마디로 함축하여 표현하면 '사랑하는 마음'입니다.

김세환 씨가 불렀던 '사랑하는 마음'의 가사 내용처럼 사랑하는 마음보다 더 좋은 건 없습니다. 사랑받는 그 순간보다 더 좋은 건 없습니다. 사랑하는 마음보다 신나는 건 없고 사랑하는 마음보다 포근한 건 없습니다. 천만번을 또 들어도 기분 좋은 말이 '사랑해'입니다.

사랑보다 위대한 것은 없습니다.

앞서 17장 마지막 부분에서 다윗은 선한 동역자들의 도움을 받아 힘을 얻습니다. 그리고 18장에 들어오면서 다윗은 압살롬을 향한 대반격을 시작합니다. 전열을 가다듬습니다. 조직을 천부장, 백부장 제도를 활용한 3개 부대로 편성합니다. 부대 1진을 요압의 휘하에,

2진을 요압의 동생 아비새의 휘하에, 그리고 3진을 가드 사람 잇대의 휘하에 배치합니다.

그리고 이렇게 선포합니다. "나도 반드시 너희와 함께 가리라." 그러자 이때 온 백성들이 다윗 왕에게 고한 말이 3절 이하에 기록되어 있습니다.

"백성들이 이르되
왕은 나가지 마소서
우리가 도망할지라도
그들은 우리에게 마음을 쓰지 아니할 터이요
우리가 절반이나 죽을지라도
우리에게 마음을 쓰지 아니할 터이라
왕은 우리 만 명보다 중하시오니
왕은 성읍에 계시다가
우리를 도우심이 좋으니이다 하니라."

여기서 주목할 두 마디의 말이 있습니다. 하나는 "왕은 나가지 마소서"이며 또 하나는 "왕은 우리 만 명보다 중하시오니"입니다. 여기서 다윗의 인품과 대인관계, 그리고 리더십을 생각하게 됩니다.

국가나 직장이나 교회에서나 훌륭한 지도자를 만난다는 것은 더없는 복입니다. 당시의 다윗과 함께 하는 백성들에게 있어서 다윗은 그런 사람이었습니다.

도대체 다윗의 무엇이 백성들로 하여금 이런 반응을 하게 했을까요?

이 부분은 오늘을 살아가는 지도자들이 깊이 묵상하고 연구해 보아야 할 부분입니다.

본문에 나타난 다윗의 인품과 신앙과 삶을 들여다보면 그 답을 얻을 수 있습니다. 하나하나 짚어보도록 하겠습니다.

1. 다윗에게는 신실한 동역자들이 있었습니다.

요압과 아비새와 잇대가 누구입니까? 다윗을 위해서라면 목숨까지도 바칠 각오로 헌신하는 충성스러운 동역자들입니다. 그들은 시류(時流)에 따라 변하는 사람들이 아니었습니다. 때가 되면 떠나는 철새 같은 자들이 아니었습니다. 오직 주군(主君)을 향한 일편단심의 충신들이었습니다.

다윗이 다윗된 것은 이와 같은 신실한 동역자들이 곁에 있었기 때문입니다. 다윗에게 이와 같은 신실한 동역자들이 있었다는 것은 다윗이 그만큼 함께 하는 사람들에게 신의가 있고 사랑이 있었다는 뜻입니다.

저같이 부족한 사람 곁에도 늘 신실한 동역자들이 지난 30여년의 목회 세월 속에 있었음을 회고합니다. 그리하여 오늘의 제가 여기에 있음을 늘 잊지 않고 있습니다. 그 모든 것이 또한 하나님의 은혜입니다.

나라를 바로 세우기 위하여 다윗은 압살롬에게 그냥 당하고만 있을 수는 없었습니다. 그것은 하나님 앞에서 죄악임을 알기 때문에 아들이지만 대반격을 가하지 않을 수가 없습니다. 그래서 이스라엘을 평정하려고 부자지간의 전쟁을 하지 않을 수 없는 것이 본문의 내용입니다.

전쟁을 하기 위해서는 조직이 필요합니다. 다윗은 조직을 개편함에 있어 출애굽기 18장의 천부장, 백부장, 오십부장, 십부장 제도를 도입합니다. 이것은 모세의 재판관 제도로써 그 장인 이드로가 모세에게 제안한 것이며 또한 군대 조직이기도 합니다.

이 제도로 전열을 갖춘 다윗은 각 수장들을 자신이 가장 믿을만한 참모들로 세웠습니다. 그들이 바로 요압과 아비새, 그리고 잇대입니다. 이스라엘의 역사, 다윗 왕 시대의 최고의 영예로운 군장들의 이름입니다.

물론 그들에게도 보편적인 인간의 약점이 있었습니다. 그러나 그들은 최소한 다윗에게 있어서는 더없는 충성스러운 동역자들이었습니다.

세상일이나 교회일이나 무슨 일이든지, 효과적이며 성공적인 결과를 위해서는 능력 있는 사람이 필요합니다. 더 중요한 것은 그 능력에 앞서 신실한 믿음이 전제조건이 되어야 합니다.

어떤 사람은 믿고 한 부서를 맡겼더니 엉망진창으로 만드는 사람이 있습니다. 또 어떤 사람은 믿고 맡겼더니 기대 이상으로 일을 잘하는 사람도 있습니다.

그래서 인사(人事)가 만사(萬事)라고 했습니다. 능력과 신실한 믿음이 있어야 된다는 말입니다.

2. 다윗에게는 '함께'라는 정신이 있었습니다.

2절 하반 절입니다.

"나도 반드시 너희와 함께 나가리라."

다윗은 조직만 갖추어 맡기고 '너희들이 해라' 했던 것이 아니었습니다. 그것은 진정한 지도자의 자세가 아닙니다. 어느 조직이든지 지도자가 따르는 자들과 함께 하지 않고서는 역사를 이룰 수 없습니다. 그래서 위대한 지도자의 근간은 솔선수범입니다.

이 부분에서는 예수님이 역시 톱(Top)모델입니다. 그래서 요한복음 13:14은 One another의 중요한 교훈이며 가르침입니다.

"내가 주와 또는 선생이 되어
너희 발을 씻겼으니
너희도 서로 발을 씻어 주는 것이 옳으니라."

천만번 옳은 말씀입니다. 자기는 하지 않으면서 다른 사람에게 하라는 것보다 치졸한 것은 없습니다. 지도자에게 그것은 무엇보다 금

기사항입니다.

전열을 완비하고 전쟁을 하러 가는 상황에서 다윗이 백성들과 함께 가겠다는 것은 훌륭한 리더십이었습니다.

이 같은 다윗왕의 마음에 백성들이 어떻게 반응 했을까요?

덕장 밑에 약졸 없다는 말이 있습니다. 백성들이 바로 그렇게 반응합니다. 그 내용이 3절입니다. 요약하면 두 마디입니다.

"왕은 나가지 마소서"

"왕은 우리 만 명보다 중하시오니"

참으로 멋진 사나이들입니다. 참으로 아름다운 군신유의(君臣有義)의 관계입니다. 이것이 진정한 one another입니다.

우리가 살아가면서 '서로'를 돌아보고 '서로' 사랑하며 '서로' 아껴주고 위해주는 것보다 귀한 것은 없습니다.

내가 필요할 때는 간이라도 내어 놓을 듯하다가 이해득실의 관계를 따라 조석지변으로 변하는 마음으로는 아름다운 삶의 관계를 기대할 수 없습니다.

"왕은 우리 만 명보다 중하시오니"

여러분은 이 말이 어떻게 느껴지십니까? 가슴이 찡하고 눈시울이 젖어오는 말로 느껴지지 않습니까? 다윗 왕을 얼마나 사랑했으면,

다윗 왕을 얼마나 아꼈으면 백성들이 이런 말을 했겠습니까. 왕이 죽으면 우리도 없다는 말입니다.

저 자신도 우리 포항중앙교회에서 그런 사랑을 받고 있음에 눈시울이 젖을 때가 한두 번이 아닙니다. 40대 중반의 아직은 젊은 목사인데도 건강과 안전을 위해서 기사 집사님을 붙여주셔서 동역하도록 배려해 주신 당회도 그렇고, 심지어는 짜증을 내면서 그만하라고 해도 멈추지 않고 담임목사를 위한 주일 점심준비를 하는 여전도회 임원들이 그러며, 쳐다보면 눈물부터 흘리면서 "목사님, 목사님은 한 몸이 아니라 만 명의 몸과 같다"고 건강을 걱정하시는 어머니 같은 권사님들이 그렇습니다. 종종 한달음에 달려와 온갖 애교를 떨면서 "아빠! 할아버지!" 하는 청년들과 중고등부 아이들이 그렇습니다. 그래서 우리교회는 행복합니다. 평안하고 감동이 있는 교회입니다. 우리는 한 가족입니다.

이 모든 것이 '서로', '함께'가 하모니를 이룬 아름다움의 절정입니다. '함께'라는 것보다 아름다운 것은 없습니다. 아픔도 기쁨도 그렇습니다.

이 '서로'라는 아름다움이 제가 은퇴 한 후 다음 목회자에게도, 그 다음 목회자에게도, 그렇게 주님 오시는 그 날까지 우리교회의 전통이 되기를 소원합니다.

이 아름다운 관계의 절정이 다윗을 통해 다시 표현되었습니다. 4절입니다.

"왕이 그들에게 이르되
너희가 좋게 여기는 대로 내가 행하리라 하고
문 곁에 왕이 서매
모든 백성이 백 명씩 천 명씩 대를 지어 나가는지라."

백성들의 말을 듣고 다윗 왕은 자기 생각을 바꾼 것입니다.

그렇습니다. 종종 지도자에게는 자신의 생각과 마음과는 달리 행동해야 할 때가 있습니다. 다윗의 진심은 백성들과 함께 하는 것이었습니다. 그러나 백성들은 그것이 차선책이라고 합니다. 최선은 왕이 후방에 거하면서 몸을 돌보아야 한다는 것입니다. 서로를 사랑하며 신뢰하는 하나 됨, 눈물겹도록 고마운 서로의 마음이 그렇게 표현되었습니다. 그 사랑의 간곡함이 다윗으로 하여금 자기 생각을 버리고 백성들의 말을 따르도록 했습니다.

"왕이 그들에게 이르되 너희가 좋게 여기는 대로 내가 행하리라." 백성들의 뜻을 따르겠다는 말입니다. 이것이 다윗이 다윗 된 근간 중의 하나입니다.

3. 다윗에게는 사랑하는 마음이 있었습니다.

5절입니다.

"왕이 요압과 아비새와

잇대에게 명령하여 이르되
나를 위하여 젊은 압살롬을
너그러이 대우하라 하니
왕이 압살롬을 위하여
모든 군지휘관에게 명령할 때에
백성들이 다 들으니라."

여기의 '너그러이 대우하라'는 말은 히브리어로는 '레아트(לְאַט)'로써 '다치지 않게, 조심스럽게'라는 뜻입니다. 영어 번역에서는 deal gently, 즉 부드럽게, 온화하게 관계하라는 뜻입니다. 공동번역에서는 보다 쉽게 "압살롬은 아직 철이 없으니 나를 보아서라도 너무 심하게 다루지는 말라"고 번역을 했습니다.

이것은 아비의 마음을 뛰어넘은 하나님의 마음입니다. 패륜아 같이 아버지를 배반하고 그것도 모자라 아버지를 죽이려고 혈안이 되어 있는 아들 압살롬을 향한 다윗의 마음입니다. 이 마음이 하나님의 마음입니다. 이 마음이 아버지의 마음입니다. 이 마음이 목회자의 마음입니다. 이 하나님의 마음을 다윗이 지니고 있었습니다.

압살롬!

그는 죽어 마땅한 사람입니다. 그러나 압살롬을 향한 다윗의 마음은 사랑하는 아들을 향한 아버지의 마음이었습니다. 그 마음이 다윗을 다윗 되게 한 근간입니다.

성도 여러분, 꼭 기억할 부분이 있습니다. 사울왕은 다윗을 죽이려고만 했습니다. 그런데 다윗은 사울을 살리려고만 했습니다.

압살롬은 아버지 다윗을 죽이려고만 했습니다. 그런데 다윗은 압살롬을 살리려고만 했습니다.

여러분은 어떤 사람입니까? 죽이려고만 하십니까, 아니면 살리려고만 하십니까? 역사는 항상 후자의 편이었습니다.

그것은 오늘도 마찬가지입니다. 우리는 하나님의 마음을 아프게만 하면서 살아갑니다. 그래도 하나님은 우리를 행복하게 해 주시려고만 하십니다. 우리는 날마다 불평과 원망으로만 살아갑니다. 하나님은 그래도 우리를 사랑하시고 돌보십니다. 그것이 하나님의 마음입니다. 그리고 그것이 오늘 우리의 마음이어야 합니다.

특별히 아동부, 중고등부, 청년부에서 우리의 아이들을 가르치는 선생님들의 마음에, 학생들을 가르치기 전에 이 사랑하는 마음이 담겨야 합니다. 그렇지 않은 교육은 의미가 없습니다.

또한 오늘을 살아가는 우리 성도들의 마음이 '사랑하는 마음'이어야 합니다. 그 마음이 사막에 시내가 흐르게 하고 광야에 길을 나게 하는 아름다운 삶을 가꾸는 근간이 됩니다.

예수 그리스도를 구주로 믿는 믿음의 모든 성도들이 이 마음을 품고 살아가기를 예수님의 이름으로 축복합니다. 아멘!

21
교만의 종국(終局)

"압살롬의 머리가 그 상수리나무에 걸리매
그가 공중과 그 땅 사이에 달리고"
〈사무엘하 18:9~18 중〉

교회에서 가장 우려하는 것은 '교만'이라는 무서운 죄입니다. 우려한다는 말은 자기 자신이 가장 교만한 자리에 있으면서도 자기는 그렇지 않다는 착각의 정신적 질병을 앓고 있는 사람이 있다는 뜻이기도 합니다. 동시에 가장 교만한 마음을 가지고 있으면서 자기 자신이 가장 의롭다고 생각하는 영적 질병을 앓고 있는 사람이 있다는 뜻이기도 합니다.

이런 현대 사회를 두고 자아상실의 시대라는 표현을 하기도 합니다. 생각하는 것이나 말하는 것, 판단하고 행동하는 그 모든 것이 명확하지 못한 엉거주춤한 생활에 길들여지고 있다는 것입니다.

시골에서 나름대로 꾀나 공부 좀 한 농대출신의 아버지가 농약병에다가 위험을 표시하는 영어 단어 danger를 붉은 매직펜으로 써놓았습니다. 그런데 그 집의 중학교 다니는 아들이 그것을 농약인줄 모르고 마셨다가 죽을 뻔 했습니다. 아버지가 화가 나서 살아난 아이에게 핀잔을 주었습니다.

"야 임마, 넌 중학생이 되어서 어떻게 영어도 모르고 그것을 마시니?"

아들이 아버지를 향해 답답하다는 듯이 말합니다.

"아버지 확실히 보고 마셨지요. danger(단거)잖아요. 나는 설탕물인지 알았지요 뭐."

웃고 넘길 이야기지만 어쩌면 오늘 우리들의 자화상인지도 모릅니다. 위험한 것을 위험한 것인 줄 모르고 달콤한 것인 줄 알고 무분별하게 마시면서 신앙생활을 하고 있는지도 모릅니다. 그 가운데 하나가 바로 독극물과 같은 '교만'이라는 것입니다.

'seven deadly sins'라는 말이 있습니다. 일곱 가지 치명적인 죽음에 이르는 죄라는 말입니다. 그 일곱의 첫째가 교만입니다. 그리고 질투, 분노, 탐심, 탐식, 게으름, 정욕이 뒤를 잇습니다.

죄의 첫째 되는 교만을 아주 간단하게 설명하면 자기중심적이라는 것입니다. 자기중심적인 사람은 이웃과의 관계가 바르게 연결되지 못합니다. 다시 말하면 교감이 안 된다는 것입니다. 그런 사람의 주위에는 사람이 없습니다. 그것이 교만의 표현된 내용입니다.

왜 그렇게 이웃과의 관계가 단절되는 것일까요? 그 안에는 자기중심이 자리 잡고 있기 때문입니다. 그래서 모든 기준이 자기가 됩니다. 그러니까 옳고 그름의 잣대가 없습니다. 자기만 의롭고 자기만 바르다고 하는 그런 사람을 누가 관계하려고 하겠습니까.

교만이 얼마나 비참하고 위험한가를 설명하는 이야기를 하나 해 드리겠습니다.

한 선비가 나룻배를 타고 건너는데 갑자기 폭풍이 불어 닥쳤습니다. 배가 심하게 흔들리자 겁에 질린 선비의 얼굴이 하얗게 되었습니다. 그 모습을 본 사공이 무서우냐고 물었습니다. 그러자 선비는 그만 자존심이 상했습니다. 그래서 선비는 사공을 향해 허세를 부리기 시작했습니다.

"사공 총각! 당신 혹시 논어를 읽었소?"

"아니오. 들어보지도 못했는데요."

"참, 한심하군! 남자로 태어나 논어를 모른다면 1/4은 죽은 생명이오. 그렇다면 맹자는 읽었소?"

"아니오, 그것도 처음 듣는 소린걸요."

"허허 큰일이군! 그렇다면 당신은 반(半)은 죽은 목숨이오. 어떻소? 혹시 시경은 알고 있소?"

"미안합니다. 그것도 처음 들었습니다."

"이거 정말 큰일이군! 그렇다면 당신은 3/4이나 죽은 생명이오."

폭풍은 계속 불었고 배는 더욱 흔들렸습니다.

잠시 후 이번에는 사공이 먼저 입을 열었습니다.

"선비님, 혹시 헤엄칠 줄 아십니까?"

"아니오, 난 공부하느라 헤엄 같은 것은 배우지도 않았소?"

"그렇다면 당신 목숨은 완전히 죽은 거나 다름없습니다."

말을 마치기가 무섭게 사공은 강물 속으로 뛰어 들어 헤엄을 쳤습니다. 그 배는 물이 새고 있었던 것입니다.

상대방의 사정의 앞뒤를 알아보지도 않고 자기 판단대로, 자기생각대로 말하고 행동하는 것이 교만입니다.

본문은 이와 같은 교만의 전형적인 한 인물의 종국을 다루고 있습니다. 그가 바로 압살롬입니다.

먼저 본문 9절을 보겠습니다.

"압살롬이 다윗의 부하들과 마주치니라.
압살롬이 노새를 탔는데
그 노새가 큰 상수리나무
번성한 가지 아래로 지날 때에
압살롬의 머리가 그 상수리나무에 걸리매
그가 공중과 그 땅 사이에 달리고
그가 탔던 노새는 그 아래로 빠져나간지라."

이 말씀을 주목하면 몇 가지 살펴볼 내용이 있습니다.

첫째는 압살롬이 다윗의 부하들과 마주쳤다는 것입니다. 그리고 둘째는 압살롬의 머리가 상수리나무에 걸려 나무에 대롱대롱 매달려 꼼짝을 할 수 없게 되었다는 것입니다.

다윗의 군사들과 맞붙은 압살롬의 군사들은 참패를 당합니다. 전세는 압살롬이 위기에 처합니다. 그러자 노새를 타고 전쟁터에 나왔던 압살롬이 달아나기 시작합니다. 상수리나무 숲이 짙은 곳으로 도주합니다. 그렇게 달아나던 압살롬은 평소에 그렇게도 자랑스럽게 여기던 자신의 머리카락이 그만 상수리나무 가지에 걸리게 되었습니다. 압살롬을 태우고 달리던 노새는 그대로 쏜살같이 빠져나가버렸습니다. 그리고 압살롬은 그야말로 꼼짝도 못하고 그대로 나무에 대롱대롱 매달려버렸습니다.

그 이후의 내용을 보면 다윗의 부하들이 요압에게 가서 압살롬이 상수리나무에 걸려있다고 보고를 합니다. 보고를 받은 요압은 그를 죽이지 않고 돌아와 보고를 하는 군사를 크게 나무랍니다. 그리고는 자신이 달려 나가 창으로 압살롬을 찔러버립니다.

아버지를 반역한 자, 패륜아! 그 압살롬은 그렇게 인생을 비참하게 마감하게 됩니다. 이것이 본문의 내용입니다.

참으로 기막힌 장면입니다. 참으로 비참합니다. 허무합니다.

이 상황을 우연으로 보는 경우도 있습니다. 그러나 우리는 하나님의 섭리를 보는 눈을 열어야 합니다. 우연으로 보이는 이 기막힌 사건조차도 우리의 모든 범사를 섭리하시는 하나님의 손길 아래 진행되고 있다는 것을 깨달으시기 바랍니다.

한 번 따라하십시오.

"나에게 일어나는 모든 범사에는 하나님의 섭리가 있다."

아멘입니까? 예, 그렇습니다. 그것을 보는 눈을 영안이라고 합니다. 그것을 수용하는 자세가 하나님을 믿는 믿음입니다.

창세기 22장의 아브라함이 이삭을 모리아 산에서 번제로 드리는 사건도 그렇습니다. 창세기 35:5의 요셉이 20년 만에 자기를 팔아먹은 형들을 만났을 때도 원망하지 않고 하나님의 뜻을 헤아렸습니다. 사무엘하 16장의 시므이가 다윗을 저주할 때도 다윗은 그것 또한 하나님의 뜻이 있다는 수용의 자세를 가졌습니다.

믿음이 있는 사람이라면 자신에게 일어나는 모든 범사에는 하나님의 섭리가 있음을 깨닫는 지혜가 있습니다.

압살롬의 머리카락이 상수리나무에 걸렸다고 했습니다. 여러분은 압살롬의 머리털이 어떠했는지 기억하고 계십니까?

다시 상기시켜 드리겠습니다. 사무엘하 14:26입니다.

"그의 머리털이 무거우므로
연말마다 깎았으며
그의 머리 털을 깎을 때에
그것을 달아본즉
그의 머리털이 왕의 저울로
이백 세겔이었더라.

이 구절은 압살롬의 외모가 수려함의 극치를 나타내고 있습니다. 그로인한 압살롬의 자랑스러워함의 절정을 표현한 것입니다. 그런데 그렇게 압살롬의 가장 아름답고 자랑스러워하던 것이 그의 생명을 앗아가는 도구가 되었습니다.

여기서 우리가 깨닫는 것이 있어야합니다. 세상의 자랑스러운 것들이 우리의 생명을 구원하는 도구가 아니라는 것입니다. 오히려 그것이 생명을 앗아가는 도구가 될 수 있다는 것입니다.

재물도 그렇습니다. 명예와 권력, 세상적인 힘도 마찬가지입니다. 외모의 수려함도 하나님 앞에 믿음의 정절로 겸손하게 단장하지 않으면 독이 됩니다. 그래서 성도의 자랑할 것은 십자가 밖에 없습니다.

이것을 깨달은 모세에 대하여 평가하는 말씀이 있습니다. 히브리서11:24~26입니다.

"믿음으로 모세는 장성하여
바로의 공주의 아들이라 칭함 받기를 거절하고,
도리어 하나님의 백성과 함께 고난 받기를
잠시 죄악의 낙을 누리는 것보다 더 좋아하고,
그리스도를 위하여 받는 수모를
애굽의 모든 보화보다 더 큰 재물로 여겼으니
이는 상 주심을 바라봄이라."

아멘! 예, 우리의 자랑은 십자가이어야 합니다. 우리의 자랑은 오직 예수님이어야 합니다. 재물이 많은 자는 하늘에 재물을 쌓으라고 했습니다. 권력을 가진 자는 하나님 앞에서 겸손하라고 했습니다. 힘이 있는 자는 낮아지라고 했습니다.

외모가 아름다운 자는 믿음으로 단장하라고 했습니다. 압살롬의 최후를 통하여 더욱 그것을 깨닫게 해 줍니다.

10절 내용을 보십시다.

"한 사람이 보고 요압에게 알려 이르되
내가 보니 압살롬이
상수리나무에 달렸더이다 하니"

"상수리나무에 달렸더이다." 이 얼마나 기막힌 장면입니까. 이 말씀을 기록한 뜻을 바르게 이해하려면 성경 한 구절을 반드시 이해해야 합니다. 신명기 21:23입니다.

"그 시체를 나무 위에 밤새도록 두지 말고
그 날에 장사하여 네 하나님 여호와께서
네게 기업으로 주시는 땅을 더럽히지 말라
나무에 달린 자는
하나님께 저주를 받았음이니라."

압살롬이 이렇게 상수리나무에 매달려 죽게 된 것이 교훈하는 바가 있습니다. 압살롬은 하나님의 저주와 심판을 받은 자라는 것입니다.

그는 왕의 아들이었습니다. 용모가 준수하여 온 백성들에게 추앙을 받았습니다. 일평생 동안 부귀영화의 영광을 누릴 모든 조건을 갖고 있었습니다.

그런 압살롬이 이렇게 기막힌 인생의 마무리를 해야 하는 원인이 무엇이겠습니까? 예, 교만 때문입니다.

교만은 자기 자신의 위치를 분별하지 못합니다. 교만은 자기가 무엇을 해야 하고 무엇을 하지 말아야 하는지를 제대로 판단하지 못합니다.

교만이란 자기가 최고라는 치명적인 병입니다. 그렇기 때문에 절대 인간관계가 원만하지 못합니다. 뿐만 아니라 그 결과는 비참한 저주와 심판의 종결(終結)에 이르게 됩니다. 왜냐하면 교만은 결국이 하나님을 대적하는 것이기 때문입니다. 그래서 사람이 가만히 두어도 반드시 하나님께서 손을 보십니다.

하나님께서 고라와 그 일당들을 왜 멸망시키셨습니까?

그들은 모세를 대적했습니다. 그러나 그것은 비단 모세를 대적한 것으로 끝나는 것이 아니었습니다. 그것은 곧 하나님을 대적한 것이었습니다. 하나님께서 세우신 지도자를 대적했으니 말입니다. 그래서 하나님께서는 고라 일당을 멸망시키셨던 것입니다.

로마서 13:1~2은 교회생활을 하는 우리가 주목해야 할 말씀입니다.

"각 사람은 위에 있는 권세들에게 복종하라
권세는 하나님으로부터 나지 않음이 없나니
모든 권세는 다 하나님께서 정하신 바라.

그러므로 권세를 거스르는 자는
하나님의 명을 거스름이니
거스르는 자들은 심판을 자취하리라."

압살롬의 일생도 하나님의 심판으로 비참하게 종결(終結) 되었습니다. 그것은 교만의 결과입니다. 그래서 압살롬의 일생은 모래성을 쌓은 삶이 되었습니다.

내가 왕이 되고 싶다고 해서 왕이 되는 것이 아닙니다. 내가 무엇을 하고자 한다고 해서 되는 것이 아닙니다. 내가 돈을 벌고자 한다고 돈을 버는 것이 아닙니다. 내가 높아지고자 해서 높아지는 것이 아닙니다. 모든 것은 하나님의 손길 안에서 이루어집니다. 잠언 16:9의 성경말씀이 너무도 분명히 우리를 가르치고 계십니다.

"사람이 마음으로 자기의 길을 계획할지라도
그의 걸음을 인도하시는 이는 여호와시니라"

시편 37:4~6에서도 가르치십니다.

"여호와를 기뻐하라
그가 네 마음의 소원을 네게 이루어 주시리로다.
네 길을 여호와께 맡기라
그를 의지하면 그가 이루시고,

네 의를 빛 같이 나타내시며
네 공의를 정오의 빛 같이 하시리로다."

이것이 성도의 마땅히 갖추어야하는 마음자세입니다. 이것이 성도의 가야할 삶의 걸음입니다.

교만의 끝은 압살롬처럼 비참한 결과를 가져올 뿐입니다.

교회 안에도 '원불교 교인'이 있다는 말을 아십니까?

원망하고 불평하고 교만한 교인을 빗대어 하는 말입니다. 그것 때문에 이스라엘이 하나님의 심판을 받았습니다. 그것 때문에 정말 멋있게 살다가 마지막에 비참하게 되는 사람이 적지 않습니다.

웃시야가 교만하여 인생의 종말이 비참했습니다. 사울이 교만하여 그 가문이 문을 닫았습니다. 고라가 교만하여 그를 따르던 250여 족장과 함께 불로 심판을 받았습니다.

교만을 경계 하시는 말씀 중 잠언 18:12입니다.

"사람의 마음의 교만은 멸망의 선봉이요
겸손은 존귀의 길잡이니라."

중국 '열자전'의 고사(古史)에 이런 이야기가 있습니다.

'비위'라는 천하의 명궁이 있었습니다. 그가 가르치는 많은 제자들 중에 '기창'이라는 군계일학(群鷄一鶴)의 제자가 있었습니다. 그런데 기창은 늘 스승만 없으면 자기가 천하제일이라는 마음을 버릴 수가 없었습니다.

어느 날 비위가 이웃 마을에 갔다가 해 질 무렵에 돌아오게 되었습니다. 그런데 어디선가 느닷없이 '쉬~잇-' 하는 소리와 함께 화살이 날아왔습니다. 비위는 재빨리 피했습니다. 그 화살은 기창이 쏜 것이었습니다.

그것을 알게 된 비위는 번개처럼 움직입니다. 아카시아 나무의 잎줄기로 활을 만들고, 수염을 뽑아서 시위를 만듭니다. 그리고 아카시아 가시로 화살을 만들었습니다.

곧 이어 두 번째 화살이 공중으로 날았습니다. 그러자 비위의 아카시아 화살도 시위를 떠났습니다. 두 개의 화살이 공중에서 부딪쳐 떨어졌습니다.

그러기를 십여 차례, 더 이상 기창은 버틸 수가 없었습니다. 지쳐버린 기창은 스승 앞에 뛰어나와 엎드려 자비와 용서를 구했습니다. 스승이 제자를 일으켜 세우며 이렇게 말했습니다.

"내가 네게 기술은 가르쳤지만 내면을 가르치지 못했으니 모든 것이 내 탓이다"

목회를 하면서 종종 교인들로부터 다양한 화살을 맞을 때가 있습니다. 그럴 때면 저는 목사로서 긍휼로 활을 만들고, 인내로 시위를 만들고, 사랑으로 화살을 만듭니다. 그리고 활시위를 당겨 날아오는 화살을 공중에서 떨어뜨립니다.

그렇게도 사랑했거늘, 그렇게도 보살폈거늘, 그렇게도 섬겼거늘 그럼에도 그렇게 무차별적으로 화살을 쏘아대는 교인을 볼 때면 화가 납니다. 그러나 '비위'의 남긴 말이 교훈이 되곤 합니다.

"다 내가 바르게 목회를 못한 탓이다."

그런데 신기한 것은 그 나머지는 하나님께서 다 알아서 이것저것 손질해 주신다는 것입니다. 그것을 때마다 경험하기에 오늘도 주님과 함께 이 길을 걷습니다.

우리는 좀 더 낮아져야 합니다. 그리고 조금만 더 마음을 내려놓았으면 좋겠습니다. 남을 비판하고 정죄하기 전에 그 상황을 좀 더 살펴보는 지혜자가 되어야 합니다. 불평하고 원망하기 전에 감사할 내용을 먼저 찾아보는 지혜자가 되어야 합니다.

내려놓음이 축복입니다. 낮아짐이 은혜입니다. 먼저 자신을 말씀으로 살피는 것이 지혜입니다. 믿음 있는 신앙입니다. 그리할 때 하나님은 우리를 올려주기도 하시고 높여주기도 하시며 채워주기도 하십니다.

하나님의 사랑하시는 성도 여러분, 저와 여러분이 이 축복 아래 믿음으로 강건하기를 예수님의 이름으로 축복합니다. 아멘!

22
헛된 달음질

"아히마아스가
들길로 달음질하여
구스 사람보다 앞서니라"
〈사무엘하 18:19~30 중〉

철도사업가 '해리스'가 임종을 맞이하게 되었습니다. 그는 수많은 종업원을 거느린 거대한 철도왕국을 이룩했고 수천만 달러의 돈을 벌어들였습니다. 그러나 죽음을 눈앞에 둔 이 사업가는 아들의 손을 잡고 말했습니다.

"아들아 너는 지금 이 세상에서 가장 비참한 실패자의 손을 붙잡고 있다."

그때 아들이 안타까운 마음으로 대답했습니다.

"무슨 말씀을 하세요. 아버지? 아버지가 실패자라뇨? 아버지는 위대한 철도왕국을 건설했고 수많은 사람들을 고용하였으며 수천만 달러를 벌어들이셨잖아요? 아버지가 실패자라니 천부당만부당하신 말씀입니다."

그의 아버지가 말했습니다.

"아들아, 결코 그렇지 않다. 이런 일을 하는 동안에 나는 그리스도를 멀리 떠났다. 그리스도 안에 있지 않으면 모든 자는 다 실패자들이다."

이 이야기는 채수덕의 예화 책에 나오는 것입니다.

참 많은 것을 생각하게 하는 이야기입니다. 해리스의 인생 마지막 고백은 "지금까지 나는 헛된 달음질을 했다."는 뜻입니다.

여러분은 어떠십니까?

사람들은 세상을 살아가는 동안 자신의 길을 달음질합니다. 부지런히 시간이라는 도로를 달립니다. 세상의 것들이 전부인양 그렇게 오늘도 달음질을 합니다.

그 달음질의 목표는 돈일 수 있습니다. 학문일 수도 있고, 권력일 수도 있습니다. 부귀영화일 수도 있고 명예일 수도 있습니다. 어떤 경우는 쾌락일 수도 있습니다.

그러나 예수님은 마태복음 6:33을 통해 말씀하십니다.

"너희는 먼저 그의 나라와 그의 의를 구하라
그리하면 이 모든 것을 너희에게 더하시리라."

여러분은 해리스가 고백한 것처럼 "그리스도 안에 있지 않으면 모든 자는 다 실패자들"이라는 말을 어떻게 받아들이십니까?

예수님은 마태복음 16:26에서 우리에게 아주 중요한 말씀을 또 하셨습니다.

"사람이 만일
온 천하를 얻고도 제 목숨을 잃으면
무엇이 유익하리요
사람이 무엇을 주고 제 목숨과 바꾸겠느냐."

이 또한 인생을 달음질 할 때 헛된 달음질을 해서는 안 된다는 교훈입니다.

인생길을 한 마디로 '달음질 하는 것'이라고 해도 과언이 아닐 것입니다. 달음질이란 걷는 것보다 빠른 속도입니다. 달려가는 것입니다.

제가 살고 있는 아파트 앞길에는 저녁때가 되면 많은 주민들이 건강관리를 위하여 걷기나 달리기를 합니다. 때론 부부가, 혹은 연인들이 손을 잡고 걷습니다. 어떤 분들은 빠른 걸음으로 걷고, 또 어떤 분들은 달음질을 합니다. 걷는 걸음은 모두 다르지만 목적은 하나입니다. 즉 육체의 관리, 건강을 위한 걸음입니다.

이와 같이 사람은 자기 자신의 인생을 달음질하면서 삽니다. 그래서 사도 바울은 고린도전서 9장에서 인생을 경주, 곧 달음질로 비유해서 설명을 했습니다. 그 말씀의 첫째는 달음질의 목적에 대한 교훈입니다. 이 말씀은 고린도전서 9:24에 있습니다.

"운동장에서 달음질하는 자들이
다 달릴지라도
오직 상을 받는 사람은
한 사람인 줄을 너희가 알지 못하느냐
너희도 상을 받도록 이와 같이 달음질하라."

즉 달음질은 상을 받기 위한 달음질이어야 한다는 것입니다. 이 말은 선한 목적을 의미하는 것으로써 궁극적인 목표는 예수 그리스도를 향한 것이라는 교훈입니다.

둘째는 달음질의 방법이 고린도전서 9:26에 있습니다.

"그러므로 나는 달음질하기를
향방 없는 것 같이 아니하고
싸우기를
허공을 치는 것 같이 아니하며"

이 말씀은 달음질에 있어 두 가지를 주의할 것을 강조합니다. 하나는 향방 없이 달리는 것에 대한 주의이며, 또 허공을 치는 것과 같이 하지 말아야 하는 것에 대한 주의입니다.

다른 말로 표현하면 주의 하지 않으면 달음질이 헛된 달음질이 된다는 것입니다. 만약 주의를 기울이지 않고 무작정 달려가는 인생을 사는 사람이라면 그 대부분이 마지막에는 허허벌판에 선 듯 버림받은 삶이 된다는 것입니다.

그것을 27절을 통해 일깨워줍니다.

"내가 내 몸을 쳐 복종하게 함은
내가 남에게 전파한 후에
자신이 도리어
버림을 당할까 두려워함이로라."

이처럼 인생을 달음질로 비유하면서 사도 바울이 오늘을 살아가는 우리에게 강조하고자 하는 메시지는, 성공적인 삶의 내용은 말이 아닌 행동임을 강조하고 있습니다. 많고 많은 비유 가운데 달음질로 성공을 비유한 것은, 이론이 아닌 실천이 있어야 한다는 깊은 의미가 있습니다.

100m를 비롯한 단거리 달리기에는 다양한 이론이 있습니다. 첫째는 번치 스타트(Bunch start)입니다. 가속력을 가장 많이 낼 수 있는 방법으로써 체중이 무거운 선수나 여자 선수에게는 유리하지 않은 방법입니다.

둘째는 미디움 스타트(Medium start) 방법입니다. 이 방법은 체격에 관계없이 보통 사람들에게 알맞은 초보자의 출발 방법입니다.

그리고 셋째는 일롱게이티드 스타트(Elongated start) 방법입니다. 이 방법은 키가 작은 사람보다 큰사람에게 유리한 방법입니다.

중요한 것은 이와 같은 이론을 다 숙지한다고 해서 과연 이 이론

대로 달음질이 되느냐 하는 것입니다. 결론은 어림도 없다는 것입니다.

저 같은 경우는 이와 같은 이론을 다 알고 있지만 실제 달음질을 해보면 100m를 15초 이상은 걸릴 것입니다.

저만 그럴까요? 여러분도 마찬가지입니다.

그렇더라도 일단은 달음질의 성공 비결은 다음과 같습니다. 당연히 먼저는 이론을 숙지해야 합니다. 잘 달릴 수 있는 기초 체력을 갖추어야 합니다. 부단한 노력으로 충분한 연습을 해야 합니다. 힘들고 어려워도 인내할 줄 알아야 합니다.

인생의 성공도 마찬가지입니다. 일평생을 달음질을 하고 인생 마지막에 실패자가 되어 비참하게 삶을 끝내는 사람들의 공통점은 헛된 달음질을 했기 때문입니다.

주기도문은 참으로 중요합니다. 그러나 매 주일 달달 외우고 찬송하면서도 그 내용이 내 삶과 관계가 없다면 그는 인생과 신앙의 헛된 달음질을 하는 것입니다.

사도신경을 고백하지 않는 성도는 없습니다. 그러나 신앙생활과 삶이 사도신경의 내용과는 전혀 다른 삶을 산다면 그것 또한 헛된 달음질을 하고 있는 것입니다.

달음질의 목적이 분명한 바울 사도의 고백인 빌립보서 2:16의 말씀을 봅시다.

"생명의 말씀을 밝혀

나의 달음질이 헛되지 아니하고

수고도 헛되지 아니함으로

그리스도의 날에 내가

자랑할 것이 있게 하려 함이라."

달음질의 자세가 어떠해야 하는가에 대한 바울 사도의 고백이 갈라디아서 2:2에 있습니다.

"계시를 따라 올라가

내가 이방 가운데서 전파하는 복음을

그들에게 제시하되

유력한 자들에게 사사로이 한 것은

내가 달음질하는 것이나 달음질한 것이

헛되지 않게 하려 함이라."

이와 같이 우리 모두는 달음질을 하는 그 인생이 허공을 치며 향방 없는 것과 같이 되지 않기를 예수님의 이름으로 축복합니다.

본문의 내용은 헛된 달음질에 대한 경계와 교훈입니다.

내용을 요약하면 압살롬의 죽음으로 인해 다윗과 압살롬의 전쟁은 끝이 납니다. 전쟁 하나만으로 보면 다윗은 승리하였고 압살롬은 패역한 자의 비참한 말로를 맞았다는 것을 보여주는 것입니다.

요압장군은 다윗에게 승전보를 전합니다. 이 때 전령으로 두 사람이 물망에 올랐습니다. 한 사람은 구스 사람이라고만 밝힌 이름 없는 군사였고, 다른 한 사람은 '아히마아스'라는 사람입니다.

아히마아스는 제사장 사독의 아들로서 그동안 압살롬의 동태를 계속해서 다윗에게 알려온 인물입니다. 그런 탓에 이번의 이 승전보도 자기가 빨리 다윗에게 알리고자 요압에게 간청을 합니다.

그러나 요압은 무명의 구스 사람을 보내고자 합니다. 비록 전쟁은 승리로 끝났지만 압살롬이 죽은 것을 다윗이 알게 되면 그가 결코 기뻐하지 않을 것이라는 것을 아는 요압 장군입니다. 그래서 아히마아스가 행여 한편은 비보인 이 소식을 전하다가 화를 당할까 우려하면서 그를 아끼는 마음에 구스 사람을 보내려는 것입니다.

그리고 구스 사람을 다윗에게 보내 승리의 소식을 알리도록 명령을 내렸습니다. 구스 사람은 전령이 되어 달음질하여 떠났습니다.

전령이 떠났음에도 불구하고 아히마아스는 끝까지 자기도 가겠다고 고집을 부립니다. 그러자 요압은 아히마아스도 구스 사람의 뒤를 이어 가도록 허락을 합니다.

허락을 받은 아히마아스는 바람처럼 달려 나가 지름길인 들길로 달려갑니다. 그리고 구스사람보다 먼저 다윗에게 도착하여 승전보를 전합니다.

역시 다윗은 전승(戰勝) 소식보다는 압살롬의 상황이 더 궁금하였습니다. 그래서 압살롬의 안부를 물었습니다. 그 때 아히마아스는 요압장군이 자기를 보낼 때 크게 소동하는 것은 보았지만 무슨 일인지는 잘 모르겠다고 보고하면서 압살롬이 죽었다는 소식은 전하지 않습니다.

보고를 들은 다윗은 그를 물러 서 있게 합니다. 뒤 이어 구스 사람이 도착하여 보고를 합니다. 승전보입니다. 그러나 다윗은 그 소식은 아랑곳하지 않고 아들 압살롬의 소식을 묻습니다. 그러자 구스 사람은 압살롬이 죽었다고 정직하게 보고를 합니다.

이 소식을 들은 다윗은 문 위층으로 올라갑니다. 너무 마음이 아픈 다윗은 올라가면서 울부짖습니다. "내 아들 압살롬아, 내 아들, 내 아들 압살롬아, 차라리 내가 너를 대신하여 죽었더면, 압살롬 내 아들아, 내 아들아" 이렇게 다윗이 울부짖으며 올라가는 것으로 본문이 끝납니다. 참으로 가슴이 먹먹합니다.

우리는 이 본문을 통해 헛된 달음질을 생각하게 됩니다. 승전보를 전하기 위하여 지름길로 달려 다윗에게 먼저 도착한 아히마아스였지만 그는 다윗에게 좋은 것만 전하고 좋지 않은 것은 전하지 않았습니다. 그렇게나 전력의 달음질을 했고 가지 말라는 것을 떼를 써서까지 달려 나간 달음질이었습니다. 그럼에도 불구하고 그 달음질은 헛된 달음질이었습니다.

'세일즈맨의 죽음' 이라는 작품이 있습니다. 미국의 극작가인 밀러(Miller. A.)의 대표적인 희곡입니다. 시대의 시류(時流)에 밀려 난 늙은 세일즈맨은 믿었던 두 아들에게 배반을 당하고, 회사에서도 해고가 되어 끝내 자살하고 만다는 비극적인 내용의 작품입니다.

1949년에 처음으로 공연 무대에 올라 그해에 퓰리처상과 뉴욕 연극 비평가 협회상을 받았던 작품입니다.

이 작품을 통해 작가는 성공과 승리의 의미를 제시하고 있습니다. 즉 오늘을 살아가는 우리의 삶도 성공지향적인 삶을 사는 사람이 있고 승리지향적인 삶을 사는 사람이 있다는 것입니다.

성공과 승리는 그 개념이 서로 다릅니다. 성공한 자 같으나 실패한 자가 있습니다. 실패한 자 같으나 삶에 승리한 자가 있습니다.

이 작품의 주인공 '윌리 노만'은 성공한 세일즈맨으로서 근사한 집을 가지기를 꿈꾸며 살지만 그의 인생은 자살로 종결되며 인생의 패배자가 됩니다. 즉 그는 마지막에 집은 소유하게 되지만 그것을 얻기 위해 자살이라는 선택을 함으로써 인생의 패배자가 되고 맙니다.

본문의 아히마아스에게서는 성공하는 것 같으나 실패하는 삶을 살아가는 사람들의 모습을 봅니다. 즉 헛된 달음질을 하는 사람들의 실상을 볼 수 있다는 것입니다.

모든 사람은 인생의 달음질을 합니다. 달음질을 하지 않는 사람은 아무도 없습니다. 그 중에 어떤 사람은 가치 있는 달음질을 합니다. 그러나 또 어떤 사람들은 헛된 달음질을 합니다.

한 번 주어진 인생을 헛된 달음질을 하고 싶은 사람은 아무도 없습니다. 그럼에도 불구하고 알지 못해서 헛된 달음질을 하기도 합니다.

그러므로 우리는 헛된 달음질을 하지 않기 위해서 어떤 것이 헛된 달음질인지를 알아야 합니다. 그것을 살펴보도록 하겠습니다.

1. 목적을 상실한 달음질이 헛된 달음질입니다.

얼마 전 골프 선교회 모임이 있었습니다. 그 때 K 장로님이 감동스러운 이야기를 들려 주셨습니다.

10여 년 전에 장로님이 골프 대회를 하던 어느 날이었습니다. 같은 조의 한 분이 드라이브를 쳤는데 기막히게도 OB(out of bounds) 라인에 공이 떨어졌습니다. OB 처리가 되면 2타를 잃게 됩니다. 상황이 이렇게 되자 같은 조 골퍼들이 "이런 경우는 OB 처리가 아니다. 그냥 플레이 하라"고 했답니다. 그런데 그 분은 말없이 공을 집어 들고 "OB입니다."라고 선언했습니다.

그 때 장로님은 OB를 선언한 그 분의 인격과 골퍼로서의 최고의 매너에 감동했답니다. 그리고 그 이후 라운딩을 할 때마다 그 분의 멋졌던 상황 처리를 떠올리며 골프 룰을 지키면서 스포츠를 즐기고 있다고 하셨습니다. 그러면서 덧붙이는 말씀이 있었습니다.

"특히 예수님을 믿는 사람들은 경기를 하면서, 또 교회 봉사를 하면서 양심을 속이는 신실하지 못한 행동을 해서는 안 될 것입니다."

맞습니다. 경기의 목적은 페어플레이(fair play)입니다. 그 때 OB를 날린 분은 치열한 경기에서 2타를 잃었지만 그 당시 동행자들에게는 영원히 잊을 수 없는 진정한 승리의 의미를 마음에 새겨 주었습니다.

만약 주위 사람들이 하자는 대로 그냥 플레이를 하여 그 경기에서 이겼다면, 그것은 실패한 성공이었을 것입니다. 그러나 비록 경기에서는 졌지만 진정한 승리자의 모습을 보여주었습니다. 이러한 모습이야 말로 세월이 가도 결코 잊을 수 없는 감동을 남게 하는 것입니다.

아히마아스는 다윗에게 자신이 승전보를 전하고 싶었습니다. 그래서 요압에게 강청하여 마침내 허락을 얻어냅니다. 그리고 앞서 달아난 전령 구스 사람을 앞질러 지름길로 달려가 다윗에게 도착을 했습니다. 다윗이 원하는 소식은 승전보 보다는 압살롬에 대한 소식이었습니다. 그런데 유감스럽게도 아히마아스는 다윗이 원하는 소식을 전하지 못합니다.

이렇게 달려 나간 아히마아스의 전언이 보람 있는 달음질이었을까요?

아히마아스는 다윗에게 압살롬의 동태를 알려왔던 젊은 제사장들 중의 한 사람이었습니다. 그래서 이 승전보도 자신이 전령이 되어 전하고 싶었습니다.

그는 다윗에게로 가는 지름길도 알았고 그 길로 달릴 줄도 아는 약삭빠른 수단과 방법은 가지고 있었습니다. 그러나 그는 정작 왕이 듣고 싶어 하는 소식은 가지지 못한 부끄러운 달음질을 했습니다.

이런 아히마아스의 달음질이 바로 헛된 달음질입니다. 요압에게 인정을 받는 사람으로서 남들이 볼 때 부러워할 정도로 빨리 달릴 수도 있었지만, 아히마아스의 달음질은 다윗이 기다리는 소식의 본질적인 내용이 없는 헛된 달음질이었습니다. 다윗이 듣고자하는 것과 아히마아스가 전하고자 하는 소식 사이에는 큰 괴리가 있었을 뿐입니다. 그래서 그의 달음질은 헛된 달음질이었습니다.

이것은 오늘 우리의 모습이기도 합니다. 오늘도 신앙생활을 하면서 우리는 하나님이 원하시는 것은 관심도 없고 그저 빨리만 달음질을 하려고 몸부림을 칩니다. 마치 정신없이 달리는 것만이 최선인줄 아는 사람들처럼 생활 할 때가 많습니다.

목회자도 하나님이 원하시는 것은 관심도 없고 빨리 달음질하는 것이 능사인줄 압니다. 그래서 성공지향적인 목회를 꿈꾸며 급하게 달려만 나갑니다. 그렇게 달음질을 하다가 목회 말년에 이르러 헛된 달음질만 한 것을 깨닫고 후회하는 경우가 더러 있습니다.

항존직분자가 되려고 정신없이 발버둥을 치며 빨리 달음질을 합니다. 그러나 정작 직분을 받고 나서는 하나님의 뜻과는 전혀 다르게 달음질을 하여 인생 말년에 쭉정이 같은 모습을 하고 있는 직분자들이 얼마나 많은지 모릅니다.

그 때나 지금이나 목적을 상실한 달음질은 헛된 달음질입니다. 그럼에도 너나없이 이런 달음질을 하는 그리스도인들이 얼마나 많은지 모릅니다. 우리는 그렇게 달음질하지 말아야 합니다. 그래서는 안 됩니다.

2. 자신을 위한 달음질은 헛된 달음질입니다.

아히마아스는 승전보를 전하고자 지름길을 택하여 달음질을 하였습니다. 그가 그렇게 강청을 해서 허락을 얻어내고 뛰어간 데는 다 이유가 있었습니다. 바로 자신을 위한 목적이 그 배후에 깔려있었다는 것입니다. 그것은 상식적으로도 알 수 있는 일입니다.

그는 왕이 알고자 하는 내용에 관심이 있기 보다는 자기가 전하고자 하는 것만 전하여 자기 목적을 성취하고자 하는 의도를 가진 사람입니다. 그런 사람은 정확한 소식을 전하는 자가 아닙니다. 그 결과는 30절에 나타납니다.

"왕이 이르되
물러나 거기 서 있으라 하매
물러나서 서 있더라."

속된 말로 떡 줄 사람 생각도 안 하는데 김칫국부터 마신 꼴입니다. 치하를 듣게 될 줄 알았겠지만 상황은 전혀 아니올시다가 되었습니다. 그야말로 달음질을 열심히 했지만 결과는 닭 쫓던 개 지붕쳐다보는 격이 되었습니다. 자기가 원하는 뜻대로 되지 않은 상황입니다.

이 얼마나 허망한 장면입니까. 그야말로 헛된 달음질을 한 모습입니다.

하나님께서 지금 우리에게 원하시는 것이 무엇인줄 아십니까? 그것을 생각해 보셨습니까?

하나님은 어제도 오늘도 우리에게 십자가 사랑을 전하며 실천하라고 하십니다. 하나님께서 가장 기다리시는 소식은 원망과 불평을 하지 않고 이해하고 관용하면서, 용서하고 사랑하면서 십자가 사랑을 이웃에게 전하며 실천하고 있다는 소식, 그 소식을 제일 기다리고 계십니다.

그런데 우리는 교회생활을 하면서 하나님의 마음과는 상관도 없이 모두 자기 마음대로, 자기 뜻대로 생각하고 행동합니다. 그래서 미워하고 시기하며 갈등을 하면서도 자기가 먼저라는 강박관념으로 달음질을 하고 있는 것입니다. 아히마아스의 모습과 똑 같습니다.

교회생활의 모든 기준은 자기 자신이 되면 안 됩니다. 그것은 헛된 달음질입니다. 사울의 일생 달음질이 헛된 달음질이었습니다. 엘리 제사장의 달음질 또한 그랬습니다. 웃시야의 달음질도 헛된 달음질이었고, 가룟 유다의 달음질 또한 참으로 헛되고도 헛된 달음질이었습니다.

그때나 지금이나 자기 자신을 위해 달음질한 사람들의 인생의 결과는 이삭 한 톨 남지 않은 텅 빈 들판과도 같습니다.

우리는 그렇게 달음질해서는 안 됩니다. 예수 그리스도를 목표로 하고 하나님의 영광을 위하여 달음질해야 합니다. 그리할 때 우리의 결국은 하늘의 별처럼 빛날 것입니다.

한 번 주어진 저와 여러분의 인생입니다. 이 귀한 인생 달음질을 어떻게 하시겠습니까?

결코 헛된 달음질을 하며 달려가지 않는 저와 여러분이 되시기를 예수님의 이름으로 축복합니다. 우리가 마지막 완주를 하며 결승점으로 뛰어 들어갔을 때, “주님께서 착하고 충성된 종아, 잘 하였도다. 수고하였도다." 하고 복 주시는 그런 믿음의 달음질을 오늘도 해 나가기를 축복합니다. 아멘!